KB120247

6

계간 **삼천리**
해제집

이 해제집은 2017년도 정부(교육부)의 재원으로 한국연구재단의 지원을 받아 한림대학교 일본학연구소가 수행하는 인문한국플러스지원사업의 일환으로 이루어진 연구임(2017S1A6A3A01079517).

한림대학교 일본학연구소 일본학자료총서 II

〈계간 삼천리〉 시리즈

6

계간 삼천리
해제집

한림대학교 일본학연구소 해제

學古房

한림대학교 일본학연구소 HK+사업단 아젠다는 〈포스트제국의 문화권력과 동아시아〉이다.

이 아젠다는 '문화권력'이라는 문제의식과 관점으로 '동아시아'라는 공간을 어떻게 규정하고 해석할 수 있는가를 모색하고 고민하는 작업이며, 동시에 '제국'에서 '포스트제국'으로 이어지는 연속된 시간축 속에 '포스트제국'이 갖는 보편성과 특수성을 밝히려는 작업이 될 것이다.

이러한 아젠다 수행의 구체적 실천의 하나가 『계간 삼천리』 해제 작업이다.

이 『계간 삼천리』는 재일한국·조선인 스스로 편집위원으로 참가하여 그들의 문제를 다룬 것이며, 구체적으로는 재일조선인 역사학자 이진희와 박경식, 강재언, 소설가 김달수, 김석범, 이철, 윤학준이 편집위원으로 참여하였으며, 1975년 2월에 창간하여 12년간 1987년 5월 종간까지 총 50권이 발행된 잡지이다. 물론 재일조선인 편집인과 필진 이외에도 일본인 역사가와 활동가, 문학을 비롯한 문화계 인사들도 다수 참여하였으며, 이들 중 다수는 현재까지 재일한국·조선인 운동, 한·일 관계를 비롯한 동아시아 근현대사 연구에 관여하고 있다. 이러한 편집위원과 필진이다 보니, 여기에는 한국과 일본을 비롯한 동아시아의 정세분석, 역사문제, 재일조선인의 문화와 일상, 차별문제, 일본인의 식민 경험과 조선체험 등 다양한 주제로 망라되어 있다. 다시 말해서, 이들 기사는 1970년대 중후반과 1980년대 냉전 시대의 동아시아 속 한국과 일본, 일본 속 재일조선인과 한국 등을 가르는 문화권력 지형의 변화를 검토하는 데 유용한 자료인 것이다.

우리는 이 잡지를 통해서 '국민국가의 외부자'이면서 동시에 '국민국가의 내부자'인 재일한국·조선인의 '시각'에 초점을 맞추어 '냉전/탈냉전 시기 국민주의 성격'이 무엇인가에 대해 생각할 수 있는 기초 작업을 수행하게 된다. 이 성과는 한국사회와 일본사회 그리고 더 나아가서 동아시아 속에서 해결해야 하는 '국민국가' 문제나 '단일민족·다민족주의' 문제를 되돌아보게 하는 계기가 될 것이다, 특히 기존 선행연구들이 읽어내지 못한 재일의 세계관, 주체론, 공동체론, 전후 국가론'을 분석해 내어, 기존의 냉전과 디아스포라 문제를 '국가·탈국가'라는 이분법을 넘는 이론을 고안해 내는 데 미약하나마 일조할 것으로 생각한다.

참고로, 이 기초 작업의 주된 대상은 아래와 같다. ①동아시아 상호이해를 위한 기사('가교', '나의 조선체/조선관', '나에게 있어 조선/일본', ②당시의 동아시아 상호관계, 국제정세 시점에 대한 기사, ③조선과 재일조선인의 일상문화에 대한 기사, ④기타 좌담/대담 중 사업단 아젠다와 관련 있는 기사 등이다.

아울러 이 작업을 수행한 과정은 대략 다음과 같다.

먼저 HK연구 인력을 중심으로 TF팀을 구성하였다. 이 TF팀은 2주에 1회 정기적으로 열었으며, '가교(架橋)', '특집 대담·좌담', '회고', '현지보고', '동아리소개', '온돌방(편집후기)'을 해제 작업 공통 대상으로 선정하고 「집필요강」까지 작성하였다. 기본적으로 공동작업이라는 특성상, 「집필요강」을 엄격하게 적용하였으며, 동시에 해제 작성에 개인적 차이를 최소화해서 해제 작업의 통일성과 효율성을 최대한 확보하기 위해 노력하였다. 실제로 수합한 원고에 대한 재검토를 TF팀에서 수행하는 등 다중적인 보완장치를 마련하였다. TF팀은 현재까지 총 3권의 해제 작업을 마쳤으며, 2020년 5월 29일 자로 총 5권의 『계간 삼천리』 해제집 시리즈를 간행하게 되었다.

본 해제집이 재일한국·조선인의 시선을 통해 국가나 민족, 언어에 갇힌 삶이 아니라, 사람이라는 보편적 하나의 '삶'의 세계를 들여다보는 계기가 되었으면 하는 바람이다. 새로운 인식의 사회적 발신을 위해 『계간 삼천리』 해제 작업은 앞으로도 계속될 것이다.

일본학연구소 소장
서 정 완

목차

1983년 겨울(11월) 36호 관동대지진의 시대

1984년 봄(2월) 37호

1984년 여름(5월) 38호

1983년 여름(5월) 34호

교과서 문제에 대한 책임

[架橋] 教科書問題への責任

야마즈미 마사미는 도쿄도(東京都) 출신으로 일본의 교육학자이다. 도쿄대학(東京大学) 교육학부를 졸업하고 도쿄도립대학(東京都立大学) 교수를 지냈다. 음악교육 전문가이지만 히노마루(日の丸)·기미가요(君が代) 문제에 관심을 갖고 시민운동에도 참여하였다. 주요 저서에는『교과서문제란 무엇인가(教科書問題とは何か)』,『히노마루·기미가요란 무엇인가(日の丸·君が代とは何か)』,『학교와 히노마루·기미가요(学校と日の丸·君が代)』 등이 있다. 필자는 이글에서 국민학교 교과서에 실린 전전(戦前)의 역사에 대한 잘못된 기술이 지금의 일본 교과서 문제를 초래했다고 지적하고, 이를 극복하기 위해서는 검토가 필요하다고 말한다.

페이지
14-17

필자
야마즈미 마사미
(山住正己, 1931~2003)

키워드
교과서 문제,
국민학교 교과서,
조선에 대한
교과서 기술,
문부성 교과서 검정,
역사 교과서의 개찬

해제자
김현아

『계간 삼천리』 32호에서 가라키 구니오(唐木邦雄) 씨는 '만약 올해 출판계의 수확이라 할 수 있는 책 한 권을 말하라고 하면『복간 국정교과서(復刊国定教科書)』를 들 수 있다' (「교과서수상(教科書随想)」)고 하였다. 가라키 구니오씨는 '전시하의 교육을 다양하게 반영하고 있는 국정교과서를 철저하게 검증하지 않으면 일본 교과서를 근본적으로 개혁할 수 없다는 결론에 이르렀다'고 말한다.

일본의 교육은 특히 교과서 문제가 심각하다. 향후 교육을 발전시키려면 많은 사람에게 교과서를 검토받을 필요가 있다. 문제시되고 있는 것은 조선을 기술하는 기본자세이다. 『초등과국사(初等科国史)』(상권, 1943)의 경우를 보면 조선은 항상 공격받아 정복되는 원래 약한 나라라는 반면에 일본은 강력할 뿐만 아니라 깨끗하고 아름다운 나라라는 강한 인상을 주려고 기술되어 있다.

문제는 오늘날의 교과서이다. 김달수(金達寿) 씨 등이 고교 일본사 교과서 10여 종류를 검토한 후에 집필한 『교과서에 기술된 조선(教科書に書かれた朝鮮)』(1979, 고단샤(講談社))에서는 전체 기술경향에 대해서 '조선은 중국문화를 전달하는 단순한 중계지 또는 일본 침략의 대상지로밖에 묘사되지 않는다'고 강하게 비판하고 있다.

이러한 문제를 해명하기 위해서는 전전(戰前) 국민학교 교과서에 대한 검토가 불가결하다. 기술되어 있는 내용에 문제가 있을 뿐만 아니라 기술되어 있지 않은 것 또한 문제인 것이다. 『교과서에 기술된 조선』을 보면 '전후의 교과서에는 에도(江戸)시대에 조선과의 선린관계가 회복되는 경위와 그 선린관계가 제시하는 의미를 바르게 기술하지 않고 있다. 이것은 조선에 대한 전전(戰前)의 잘못된 의식을 아직도 버리지 못하고 있는 것은 아닐까'라고 서술하고 있다. 이와 같은 사실은 앞으로 철저한 교과서 검토가 필요하다는 것을 가르쳐 준다.

문부성은 사회과 교과서 검정기준을 개정하고, 이웃 국가와의 근현대 관계에 대해서는 국제이해와 국제협조의 입장에서 배려해야 한다는 것을 첨가하였다. 하지만 문제는 근현대사에만 있지 않다는 점에 주의할 필요가 있다. 1982년 여름에 있었던 교과서 문제는 검정기준의 개정으로 결말이 난 것으로 보이지만 아시아 사람들에게 있어서는 아무것도 해결이 되지 않았다.

1983년 1월 18일에 나카소네 야스히로(仲曾根康弘) 총리가 백악관을 방문한다는 소식이 전해지자 백악관 앞에 영하의 추운 날씨에도 30명 정도의 아시아 사람들이 '역사 교과서의 개찬(改竄)

에 반대'하는 플래카드와 난징대학살 패널 사진을 손에 들고 나카소네 수상에게 항의하려고 기다리고 있었다. 데모에 참여하였던 사람들의 말에 의하면, 이 단체는 작년 8월에 8개 도시에서 결성되어 상호 연락을 취하면서 운동을 추진해 왔다고 한다.

나카소네 수상에게 보내는 공개장에는 '우리는 제2차 세계대전 때 아시아·태평양지역에서 일어난 역사적 사실을 개찬한 일본 문부성의 고등학교 교과서 검정에 강한 관심을 표명한다'는 내용을 시작으로 '역사 교과서는 젊은 세대를 교육하고, 미래의 일본을 올바른 과제로 이끌기 위해 과거의 진실을 기록해야 한다'고 하며 나카소네 총리에게 왜곡을 중단하는 노력을 하도록 요구하였다.

교과서 개찬에 대한 항의가 아시아 여러 나라뿐만 아니라 미국에 거주하는 아시아 사람들에게까지 확대되어갈 경우 일본인은 교과서 문제는 해결되었다고 보지 말고 책임을 지고 끝까지 운동을 추진해 나가야 한다.

가교
사회안전법에 대하여

[架橋] 社会安全法のこと

최성우는 법학 연구자이다. 이글에서 필자는 법치주의란 법이라는 미명 하에 갖은 자의(恣意)를 다하는 법치 독재와는 다른 것이라고 말하였다. 〈사회안전법〉은 그러한 법치 독재가 낳은 악법이다. 거기에 가령 법이라는 이름이 붙어 있다고 하더라도 그것은 권력자의 자의를 숨기는 허식의 베일에 불과하다고 지적하고 있다.

1982년 6월에 옥살이를 하고 있는 한 재일한국인 정치범의 빼앗긴 자유를 회복하기 위한 행정소송이 서울고등법원에서 제기되었다. 이 소송의 발기인 서준식(徐俊植) 씨는 1971년 4월에 형 서승(徐勝) 씨와 함께 '학원스파이단 사건'의 주모자로 한국 당국에 검거되어 국가보안법 위반 등의 죄명으로 '징역 7년'을 선고받았다. 그 후 1978년 5월에 7년의 형기를 마쳤음에도 불구하고 1975년에 성립한 〈사회안전법〉 6조의 적용을 받아서 보안감호처분(保安監護處分)의 대상자가 되어 석방되지 않고 다시 구금되었다.

이번 소송의 쟁점이 되는 〈사회안전법〉이란 무엇인가. 박정희 정권이 무너지면서 1979년 12월에 파시즘 시대의 잔무처리로서 탄압의 칼을 휘둘렀던 대통령긴급조치 9호가 해제되어 많은 정치범이 교도소에서 해방되었다. 사람들은 갑자기 찾아온 〈서울의 봄〉을 기뻐하였고 다음 해 5월에 결성된 복권대책협의회는 모든 정치범의 석방을 실현하기 위해 〈사회안전법〉이 즉각 폐지되어야

페이지
17-20

필자
최성우(崔成右, 미상)

키워드
사회안전법,
재일한국인 정치범,
보안감호처분,
죄형법정주의,
일사부재리의 원칙

해제자
김현아

한다고 (주장)하며 '사회안전법의 폐지에 대해서'라는 제언을 작성하였다.

〈사회안전법〉이 조속히 법률 목록에서 삭제되어야 하는 이유로 7가지 문제점이 논의되었다. 그중에서 특히 흥미로운 것은 (7)의 지적이다. (7)의 논점은 〈사회안전법〉의 '보안감호처분'제도를 전전 일본의 치안유지법체제하의 '예방구금(豫防拘禁)'제도의 현대적 부활로 파악하고 있기 때문이다. 두 제도는 분명히 명칭은 달리하고 있으면서도 그 목적과 기능을 보면 놀라울 정도로 유사하다.

두 제도 모두 '정치범'에 대한 치안대책으로 실시되었고, 또한 그들을 사회로부터 완전히 격리함으로써 파시즘체제의 비판세력을 사전에 봉쇄하려는 입법목적과도 일치한다. 이 외에도 두 제도의 공통되는 특징을 자세히 나열하려면 너무 많아서 일일이 셀 수가 없다. 그리고 일찍이 치안유지법을 모델로 하여 반공법이 입안, 제정되었듯이 〈사회안전법〉도 '예방구금'제도 등을 모델로 하여 그 골격이 형성되었다는 사실을 간접적으로(확실히) 증명해주고 있다. 일본제국주의의 망령은 지금도 〈사회안전법〉이라는 미명 하에 한국 땅에서 설치고 있다고 해도 과언이 아니다.

그리고 '제언' 내용 가운데 (1)의 지적도 중요하다. '사전에 명확하게 규정된 법률을 위반한 행위만이 처벌 받는다'는 죄형법정주의(罪刑法定主義)의 원칙은 행위 처벌만을 인정하고 사상 처벌을 금하고 있다. 하지만 일정한 정치사상을 포기하지 않는다는 것만으로 '재범의 위험성'을 인정하고 자유를 박탈하는 '사회안전법'의 조문은 분명히 죄형법정주의의 원칙에도 위반하는 것이다. 또한 〈사회안전법〉 8조에 의하면 보안감호처분 등의 보안처분은 2년마다 갱신되는 것으로 되어 있는데 그 갱신 횟수에 대해서는 제한규정을 만들지 않았다. 따라서 당국이 원하면 정치범을 평생 교도소에 가두어둘 수 있으므로 죄형법정주의 파생원칙의 하나로서 승인되고 있는 소위 절대적부정기형(絶對的不定期刑)의 금지 원칙

에도 위반하는 것이 된다

1980년 10월에 제정된 신헌법은 12조 1항에서 '모든 국민은 동일 범죄에 대하여 거듭 처벌받지 않는다'고 규정하고, 일사부재리(一事不再理)의 원칙을 누구도 범할 수 없는 국민의 기본권으로서 보증하고 있다. 그런데 형기(刑期)를 마친 후에 새로이 부과되는 보안처분은 일사부재리의 원칙(이중처벌금지)을 정면에서 부정하고 있다. 〈사회안전법〉에 대해서도 이제까지 위헌입법은 아니었는지 의심이 들었던 것도 이러한 점에 근거하고 있다.

가교

만주개척과 조선인

[架橋] 満州開拓と朝鮮人

　　하야시 이쿠는 작가이다. 이글에서 필자는 만주개척에 조선인은 빼놓을 수 없는 존재였음에도 개척민의 수기(手記)와 증언에는 주로 패전 후의 일본인의 참상에 관한 내용이며 조선인에 대해서는 그다지 서술되어 있지 않다. 그리고 개척단사(開拓團史) 등에도 조선인이 개척한 농지를 둘러싸고 일본인 개척단이 분쟁한 경위는 상세히 기록되어 있는데 조선인의 반응은 표현되지 않았음을 문제시하고 있다.

　　쇼와대공황(昭和大恐慌)으로 제사업(製絲業)이 타격을 입었다. 양잠(養蠶)과 제사공장에서 일하는 여공(女工)의 수입으로 생활을 지탱했던 농촌이 궁핍해져서 만주개척에 나섰다. 그래서 나는 오카야(岡谷) 제사업의 경험담을 듣고 만주개척의 부작용에 관해 썼는데 그 작업을 통해 느낀 점은 재만조선인(在滿朝鮮人)에 대한 일본 측의 자료는 많지 않았고 편향적이었다는 것이다.

　　일본인은 주식으로 쌀을 원했기 때문에 만주에서도 조선인의 고위도(高緯度) 벼농사기술을 받아들였다. 조선인이 개간한 논을 개척단 소유로 하고 조선인 소작인에게 벼농사를 짓게 하였다. 조선인들은 조선에서 연행되거나 간도(間島) 근처에서 오지로 이주시켰던 사람들이다. 조선인 수가 증가하자 이번에는 조선인의 이주를 제한하였다.

페이지
21-24

필자
하야시 이쿠(林郁, 미상)

키워드
만주개척단,
재만조선인,
조선인 이주,
조선인의 만주 개간,
조선인 소작인

해제자
김현아

『만주국 최고검찰청 범죄 개요(満州国最高検察庁犯罪概要)』 (1941)에는 '오족협화(五族協和)인데 다년간 고생해서 개간한 토지 전부를 일본이민용지(日本移民用地)로 하기 위해 먼저 거주한 조선 농민을 왜 강제적으로 퇴거시키는가. 조선 농민은 만주 농민과 달리 벼농사 전업(專業)이라 아무데서나 경작할 수가 없다. 어째서 불모지로 쫓아내는가. 토지매입금도 시일이 지나면서 소비하여 금제품(禁制品)의 취급을 하게 되었다'고 조선인 측의 이의제기를 기록하고 있다. 개척단사(開拓團史) 등에도 조선인이 개간한 논의 소유를 둘러싸고 두 개척단이 소송한 경위 등이 상세히 기록되어 있다. 그러나 조선인의 반응에 대한 기록은 없다.

조선인은 만주에서 '만인(滿人, 만주인)'보다 높은 위치에 있어서 조선인도 '만주'의 수익자였다는 일본인도 있다. 중국인보다 상위(上位)였다는 사실로 만주국군 병사의 급료는 일본인, 조선인, 중국인 순으로 격차는 컸다. 차별구조 속에서 조선인은 준(準) 일본인으로 여겨졌기 때문에 현지민과 싸우게 되고 습격을 당했다. 둘 사이가 왜 나빴는지를 문제 삼지 않았고 분단, 역차별의 괴로움, 비애에는 신경도 쓰지 않았다. '만인'과 '선인(鮮人, 조선인)' 사이가 나빠 애먹었다고만 이야기되고 있다.

베이안성(北安省) 미즈호(瑞穂)개척단의 재만(在滿)초등학교 교장의 수기에는 '만주국 창립 초기 또는 그 이전에 소련 영토에서 탈출해 온 조선인이 만주국에 와서도 토착민에게 괴롭힘을 당했다는 이야기가 생각난다. 종전 직후에 제일 먼저 토착 도둑 떼에게 습격당한 것은 조선인 마을이었다. 며칠 후에 조선독립이 전해지고 조선인은 특별 보호를 받게 되었다. 그러자 이번에는 조선인이 함부로 행동하기 시작했다. 패전으로 돈이 없는 개척단에게 과거에 지급되지 않았던 모든 금액을 요구하고 물품을 청구하는 등 닥치는 대로 기물을 파괴하였다'고 적혀있다. 이 문장을 일본으로 귀환 후에 쓴 U교장은 중국에 대한 일본의 침략을 반성하며 신슈(信

州)에서 평화교육에 힘쓴 인물이다. 하지만 글에서는 '선인(鮮人)'이라는 말을 그대로 사용하고 있으며 조선인의 내면은 보이지 않는다.

패전 후 히노마루를 태극기로 바꾸고 '만세— 만세—'를 외치며 억압받았던 모국어를 분출한 조선인의 마음을 이해한 사람은 드물었다. '마치 사람이 변한 것 같다' '우리의 정을 원수로 갚는다'는 등 말하는 사람이 많았다.

앞에서 말한 미즈호개척단은 인원이 약 천명쯤으로 만주에서 제일 풍족한 생활을 하였는데 패전 후에는 그 부유함이 앙갚음의 대상이 되어 중국인들에게 계속 습격을 받고 약탈당했다. 그런데 습격해 오는 무리 속에 안면이 있는 조선인을 보고 재만조선인이 처해있는 복잡한 입장을 알 수 있었다는 사람도 있다.

이 개척단은 궁지에 몰리자 집단자결하여 500여 명의 여자와 아이들이 죽었다. 산으로 도망간 남자들 일부는 조선인 마을에서 숨겨주어 목숨을 건졌다. 이 개척단 외에도 현지민의 습격, 약탈, 소련 병사의 강간, 기아, 영양실조, 전염병 등의 지옥 속에서 조선인에게 도움을 받은 사람들은 그 나름대로 감사하고 있다. 그러나 조선 민족의 문화와 정신을 이해하고 있다고는 할 수 없다. 그렇다고 해도 오랫동안 조선인 마을에 숨어 있던 일본인은 조선인이 중국인보다 높은 위치에 있었기 때문에 받았던 고통, 복잡한 비극이 있었다는 정도는 알고 있다.

가교
겨울밤 편지
[架橋] 冬の夜の手紙

사이토 요시코는 아동문학자이다. 이글은 필자가 일제강점기 평안북도에서 생활하면서 동갑내기 신혼 여성과 친구가 되어 나누었던 여러 이야기와 일들을 떠올리며 지난날을 술회하고 있다.

이제 막 결혼하여 20살이 되는 당신과 나는 처음 평안북도 강계군 문옥면 문항동에서 만났다. 처음 방문하신 날이 생각나질 않는다. 촉탁 의사인 박 선생님의 부인과 함께 저의 집을 방문하셨던 것 같다. 두 분은 엷은 남빛의 한복을 입었던 것으로 기억한다.

처음에 만나 나는 무슨 말을 했는지 모르겠다. 당신은 벽에 걸린 마리아상을 보고 교회 이야기를 하였다. 당신과 나는 둘이서 날을 정하여 성경책을 읽고 기도를 드리기로 하였다. 당신은 이전에 어느 교회를 다니신 것 같았는데, 나는 그저 성경책을 중심으로 이야기를 나누는 것이 무엇보다 즐거웠다. 우리는 성경책 외에도 여러 가지 이야기를 나누었다.

어느 날은 출산 이야기를 하게 되었다. 당신은 침울하고 슬픈 얼굴로 말하였다.

'일본 부인들은 좋겠네요. 시설 있는 병원에서 출산하고 경험 풍부한 조산원이 돌봐주니까. 조선인 중에는 그런 혜택을 받은 사람은 많지 않다. 시골 사람은 배가 많이 불러도 매일 노동을 해야

페이지
24-27

필자
사이토 요시코
(斎藤尚子, 미상)

키워드
편지, 만남, 성경책,
기도, 교제,
민족차별의식

해제자
김현아

한다. 산에 땔감을 하러 가서 진통이 오면 그곳에서 아기를 낳는 일도 있다. 누구도 도와주는 사람이 없으니 혼자서 처리를 하고 아기를 치마에 싸서 집으로 돌아온다.'

그 말을 듣고 놀란 나는 말을 할 수가 없었다. 강한 사람들이구나 하고 나는 속으로 중얼거렸다. 그날의 기도는 당신 차례였다. 당신은 조선 사람들의 가난함을 호소하고 모든 조선 사람들에게 신의 가호가 있기를 기도했다.

당신과 나는 만포진 읍내 시장이 서는 날 걸어서 옷감 천을 사러 갔다. 둘이서 간단한 블라우스를 만들어 입을 생각이었다. 양재 경험이 없는 우리는 부인 잡지를 보고 겨우 만들었다. 하지만 둘이 그것을 입어 보는 날 당신은 오지 않았다. 나는 병이 난 것은 아닌지 걱정하면서 기다렸다.

그런데 당신이 건강한 모습으로 박 선생님 집으로 가는 것을 보았다. 엉겁결에 손을 흔들자 당신은 나에게 와서 뜻밖의 말을 했다.

'연락하지 못해서 미안해요. 저, 관사 어느 부인에게서 충고를 들었다. "구장(區長) 부인과 동갑이라 해도 친구처럼 자주 찾아갈 일이 아니다. 관사에 사는 자기들도 조심해서 찾아가지 않는다. 하물며 당신은 회사 사람이잖아" 하는 말을 들으니 올 수가 없었다.'

'무슨?' 하고 제가 물어보니 당신은 달려서 박 선생님 집으로 들어가 버렸다.

지금 생각해보면, 그럴듯한 충고 속에 일본인의 민족차별의식이 교묘하게 숨겨져 있었다고 생각한다. 당신은 그것을 민감하게 받아들이고 많은 불쾌한 생각을 했을 것이다. 나는 2대째 식민자로 오염된 삶 속에서 당신과 짧은 시간의 교제를 오직 하나의 구원처럼 생각하고 있었다. 그런데 그렇게 생각하는 것조차 오만이었다.

당신과 이별한 것은 제가 첫 출산을 앞두고 임신 8개월의 몸으로 멀리 친정으로 떠나는 날이었다. 산하가 온통 눈으로 뒤덮인 채 청명한 하늘에 비치는 태양이 눈부시게 빛났다. 주변 사람들과 관사에 사는 부인들이 멀리까지 나와서 배웅을 해주었다. 그 사람들 뒤에 서서 조심스럽게 배웅해 주셨던 당신을 나는 잊지 않고 있다.

일본에서의 조선연구의 계보

[対談] 日本における朝鮮研究の系譜

페이지
68-78

필자
강재언
(姜在彦, 1926~2017),
이진희
(李進熙, 1929~2012)

키워드
조선연구,
조선관의 계보,
아라이 하쿠세키
(新井白石),
아메노모리 호슈
(雨森芳州),
조공국사관
(朝貢国史観),
정한(征韓)

해제자
김현아

강재언은 제주도에서 태어났으며 조선근대사, 사상사 연구가이다. 오사카상과대학연구과(大阪商科大学研究科)를 수료하고 1968년까지 조선민족운동에 참가했으며, 하나조노대학(花園大学) 객원교수를 역임했다. 주요 저서에는『조선근대사연구(朝鮮近代史研究)』,『조선의 개화사상(朝鮮の開花思想)』,『조선통신사가 본 일본(朝鮮通信史がみた日本)』,『역사이야기 한반도(歴史物語朝鮮半島)』 등이 있다. 이진희는 경상남도에서 태어났으며 재일동포 역사연구자이다. 전공은 고고학, 고대사, 한일관계사이다. 1984년에 한국 국적을 취득했으며 1994년에 와코대학(和光大学) 인문학부 교수가 되었다. 주요 저서에는『일본문화와 조선(日本文化と朝鮮)』,『조일관계사(日朝関係史)』,『에도시대의 조선통신사(江戸時代の朝鮮通信史)』 등이 있다.

이 대담은 일본에서의 조선연구, 조선관의 계보에 대한 내용을 담고 있다. 왜곡된 조선관을 기초로 하여 축적되어 온 일본인 연구를 바꾸기 위해서는 그에 대응할만한 업적이 제공되어야 한다. 그래서 비판만 할 것이 아니라 일본인이 알아야 할 역사적 사실을 발굴해서 이론을 체계화해 나가는 것이 필요하다고 말한다.

아라이 하쿠세키(新井白石)와 아메노모리 호슈(雨森芳州)

강재언: 에도시대(江戸時代)의 일본 문인들의 조선에 대한 자세는 메이지기의 조선관과는 본질적으로 달랐다.

이진희: 에도시대의 대표적인 학자들은 도요토미 히데요시(豊臣秀吉)의 침략에 대해 몹시 엄정하게 비판하였으며, 조선을 이해하고 선린우호를 돈독히 하려고 노력했다.

강재언: 에도시대의 조선에 대한 자세는 도요토미 히데요시의 침략행위에 대해 비판적 입장을 갖고 대등한 교린(交隣)관계로 조선을 보려고 하였다. 아라이 하쿠세키(新井白石)는 1711년에 헤이레카이에키(聘礼改易) 등 분쟁이 있었지만 『両韓唱和録(료칸쇼와로쿠)』를 읽어 보면 거만한 자세가 아니라 양국이 서로 존경하면서 차분히 말하고 있는 것을 알 수 있다.

이진희 : 아라이 하쿠세키는 막부의 경제 재정비가 자신의 임무이기 때문에 헤이레(聘礼)의 방법을 개선하여 가능한 한 경비를 절약하는 것이 필요했다. 그러한 측면을 보지 않으면 아라이 하쿠세키가 정말로 말하고 싶었던 것을 알 수 없다.

강재언: 아라이 하쿠세키의 헤이레카이에키를 일부 사람들은 일본의 국위선양을 위해서라고 말한다. 그런데 그 내용을 보면 조선 국왕에 대한 일본 국왕으로서 대등한 호칭을 사용하고, 조선 측이 일본의 사절을 부산의 동래에서 환대하고 상경시키지 않았던 것처럼 일본 측도 쓰시마(対馬)에서 접대하려고 했던 것이다. 이것은 재정상의 문제도 있지만, 아라이 하쿠세키는 완전히 대등한 상호주의에서 조선을 보고 있었던 것이다.

이진희: 조선 측이 상경시키지 않고 부산에서 접대했으니까 일본 측도 쓰시마에서 접대하는 것이 좋지 않을까 하는 평등주의의 생각도 당연히 나왔을 것이다. 당시의 접대비용이 100만량이었다고 하니까 대단한 낭비였다. 허례를 폐지하려는 것이 아라이 하쿠

세키의 사상이다. 멸시관을 가지고 있었다는 것은 분명히 잘못된 것이다.

강재언: 아메노모리 호슈(雨森芳州)는 1719년에 조선통신사가 일본을 방문했을 때 교토(京都) 호코지(方広寺)에서 일본 측 접대를 물리친 것으로 인해 공적인 입장에서 제술관(製述官) 신유한(申維翰)과 다투게 된다. 그러나 아메노모리 호슈가 1728년에 쓴 『고린테이세(交隣提醒)』를 보면 미미즈카(耳塚)가 있는 호코지에 들르려고 하는 막부의 의도는 일본의 무위를 과시하는 데에 있었다고 지적한다.

이진희: 아메노모리 호슈는 쓰시마를 통해 부산에 세 번 왔는데 세 번째는 1729년에 외교 교섭 직분인 '재판(裁判)'으로 방문하여 2년간 머물렀다. 이때 아메노모리 호슈가 접촉한 현덕윤(玄德潤)과는 허물없이 이야기하며 조선 측의 관청명을 '성신당(誠信堂)'이라고 이름지었다.

강재언: 아메노모리 호슈는 외교관이면서 훌륭한 학자이고 사상가였다. 조선의 말, 풍속, 습관 등을 알지 못하면 진정한 외교를 할 수 없다는 자세를 가지고 있었다.

이진희: 에도시대에는 두 가지 흐름이 있다. 하나는 기본적으로 조선과의 관계를 선린관계로 생각하려고 한 유학자의 흐름이고, 또 하나는 도요토미 히데요시의 조선침략에 종군한 사람들에 의한 전기물이다. 그 전기물의 대부분은 번주(藩主)의 업적을 칭송하기 위해서 쓰여진 것으로 강인한 찬미론으로 일관하고 있다. 그러나 오오타 가즈요시(太田一吉)의 의승(醫僧)으로서 종군한 교넨(慶念)은 반전사상의 소유자로 전쟁이 갖는 잔학성을 철저하게 증오하고 있다. 이러한 반전사상이 아메노모리호슈와 쓰시마의 마쓰우라 마사타다(松浦允任) 등 에도시대에 제일선에서 외교를 담당한 사람들에게 계승되어 성신(誠信)외교를 위한 『고린테이세(交隣提醒)』와 『조센쓰코타이키(朝鮮通交大紀)』라는 책이 저술되었던

것이다.

강재언: 이러한 유산을 메이지기(明治期)의 학자들은 올바르게 계승하여 심화 발전시켜 나가지 못했다.

조공국사관(朝貢国史観)에 의한 '정한(征韓)'

강재언: 19세기 전반부터는 정한사상(征韓思想)이 나오게 되는데 이것도 조공사상을 기반으로 하고 있다.

이진희: 그 근거는 『일본서기(日本書紀)』의 신공왕후(神功皇后)의 이야기이다.

강재언: 그것이 메이지 이후 일본에서의 조선연구의 기본이 되고 있다.

이진희: 막말에 정한사상이 등장하는 것은 확실하다. 하지만 당시의 정한사상 일부분만을 가지고 그것이 일본의 사상계 전체를 지배하고 있었던 것처럼 파악하는 것은 그야말로 잘못되었다고 생각한다.

강재언: 정한론은 에도시대의 사상계의 아웃사이더인 마쓰시타 손쥬쿠(松下村塾)에서 나온 것이다. 정통파인 명륜관(明倫館) 학자들은 조선통신사가 시모노세키(下関)에 도착할 때마다 우수한 제자들을 데리고 와서 소개하거나 시조에 화답하는 등 양국간의 교류를 소중히 해왔다.

이진희: 이에 대해 요시다 쇼인(吉田松陰) 등의 비주류파는 조선과의 선린을 주창하는 정통파를 비판하는 수단으로서 『일본서기』를 내세웠다.

강재언: 메이지시대의 역사는 정한론에서 시작되어 그 완성으로서 조선'병합'으로 끝났다고 보아도 되지만 역사적 계보 속에서 보지 않으면 안된다.

이진희: 요시다 쇼인의 문하생이었던 야마가타 아리토모(山県有朋)와 이토 히로부미(伊藤博文) 등이 메이지정부를 세우는 주

27

역이 되고, 메이지 군국주의의 바이블로서 『일본서기』를 내세우고 천황중심체제를 구축해갔다.

강재언: 에도시대의 좋은 것을 계승한 것이 아니라 막말(幕末)의 조공국사관(朝貢國史觀)이 기초가 되었다. 조공국사관은 일부 학자의 견해에 그치지 않고 일반 국민에게 역사교육으로 수용되었다. 게다가 의무교육이라서 조공국사관이 국민적 역사의식으로 정착해갔다.

일본인의 조선통치비판론
- 3·1운동 이후를 중심으로 -
日本人の朝鮮統治批判論—三·一運動後を中心に—

다카사키 소지는 이바라키현(茨城県)에서 태어났으며 일본의 역사학자, 한국문제 평론가이다. 도쿄교육대학(東京教育大学)에서 일본사를 전공하였다. 1991년에 쓰다쥬쿠대학(津田塾大学) 학예학부(学芸学部) 교수, 21013년에 쓰다쥬쿠대학 국제관계학과 교수가 되었다. 1995년에 일본 정부를 상대로 조선식민지지배에 대한 사죄와 배상을 요구하는 운동이 와다 하루키(和田春樹)에게 인정받아 아시아여성기금운영심의회위원에 추천되었다. 주요 저서에는 『'망언'의 원형 일본인의 조선관('妄言'の原形 : 日本人の朝鮮観)』, 『식민지조선의 일본인(植民地朝鮮の日本人)』, 『'반일감정' 한국·조선인과 일본인('反日感情'韓国·朝鮮人と日本人)』 등이 있다.

이글에서 필자는 일본인의 지식인에 의한 조선통치비판이 가장 활발하게 이루어졌던 3·1운동 후에 초점을 맞추고 그 시대를 대표하는 종합잡지와 신문에 조선통치에 관한 논문을 발표한 학자들을 선택하여 그들이 어떻게 총독부의 조선통치를 비판하고 어떠한 해결책을 제안했는지를 논하고 있다.

요시노 사쿠조(吉野作造)

요시노 사쿠조는 1916년 6월 『중앙공론(中央公論)』에 발표한 '만주와 조선을 시찰하고(満韓を視察して)'에서 조선총독부에 의한 무단통치를 통렬하게 비판하고 '이민족통치(異民族統治)'의 이

페이지
98-108

필자
다카사키 소지
(高崎宗司, 1944~)

키워드
일본인, 조선통치비판론,
3·1운동, 종합잡지,
신문, 조선총독부

해제자
김현아

29

상(理想)은 그 민족의 독립을 존중하는 것이며 그 독립의 완성으로 결국은 정치적 자치를 부여하는 것을 방침으로 하는 데 있다'고 주장했다.

사실 요시노 사쿠조는 1921년『중앙공론』1월호에 발표한 '조선문제(朝鮮問題)'라는 문장에서 다음과 같이 적고 있다.

'조선인은 …… 형식상은 일본인이 되었지만, 실질적으로는 아직 일본인이 되지 않았다. 그리하여 오랜 노력의 결과 완전한 일본인화되는 것은 우리 내지인의 도덕적 책임이다. 따라서 조선통치정책의 근본요체(根本要諦)가 되어야 한다.'

그러므로 요시노 사쿠조는 '조선인에게 일종의 자치를 인정하는 방침으로 나가야 한다' 는 '조선폭동선후책(朝鮮暴動善後策)'까지 주장했다. 그러나 '조선 민중이 조선 민중의 손에 의해 어떻게 통치되어야 하는지는 일본 그 자체의 이해휴척(利害休戚)에 크게 관계하고 있기' 때문에 '전혀 "조선인을 위한 조선"주의에 방임할 수도 없다'고 하면서 조선의 독립을 부정해 버렸다.

이것이 일본 민주주의의 원형이 되었던 다이쇼(大正)데모크라시를 대표하는 인물 요시노 사쿠조의 조선관이었다.

나카노 세이고(中野正剛)

나카노 세이고는 1920년 3월에『만주와 조선의 거울에 비추고(滿鮮の鏡に映して)』라는 책의 1장 '일본인의 비열사상(日本人の卑劣思想)'에 이렇게 쓰고 있다.

'오늘 우리가 실행해야 할 정책상의 급선무는 폭도 진압이 아니다. … 학교와 공회당(公會堂)을 태우는 것도 아니다. 헌병제도의 부활은 더더욱 아니다. … 위험사상보다도 훨씬 피해야 할 비열사상을 일소(一掃)하는 것이다. 국민적 대반성(大反省) 후에 … 국제무대에서 대의인도(大義人道)를 궁행실천(躬行實踐)하는 것이다.'

당시의 총독부는 3·1운동에 나타난 조선인의 완강한 저항에 놀라고, 그 교훈으로 그때까지의 강압적인 정치를 '문화정치'로 바꾸었다. 이에 대해 나카노 세이고는 '무단에서 회유로 바뀌어도 교만에서 비겁으로 비추어지면 방법이 없다. 그 회유를 민중화해도 꾀어낸 유괴라면 아무런 도움이 되지 않는다'라고 비판하면서 대일본제국헌법을 조선에서 시행하도록 요구했다. 이는 '조선의 자치, 조선의 독립이 현실적인 문제가 되기 전에 먼저 조선과 내지와의 차별을 절대로 철폐해야 한다'고 생각했기 때문이었다. 나카노 세이고의 주장은 어디까지나 조선을 일본에 속박하기 위한 식민지의회 설치론이며 제국헌법 연장론이었다.

이시바시 단잔(石橋湛山)

이시바시 단잔은 1922년 5월 27일자 『동양경제신문(東洋経済新聞)』에 쓴 평론 '조선문제의 열쇠(朝鮮問題の鍵)'에서 '문제의 열쇠는 문화정책도 아니고 그 무엇도 아닌 실로 그 독립, 그 자치임을 알 수 있을 것이다'라고 하였다. 요시노 사쿠조가 1919년 9월호의 『중앙공론』에 발표한 '새 총독 및 새 정무총감을 맞이한다(新総督及び新政務総監を迎う)'에서 문화정치를 내세우는 사이토 마코토(斉藤実)가 총독이 되고, 미즈노 렌타로(水野錬太郎)가 정무총감에 임명된 것에 '이상적이지는 않지만 거의 통치 개혁에 관한 전도(前途)의 광명을 기대하게 할 만한 인선(人選)인 것은 의심치 않는다'고 썼다. 이에 대해 이시바시 단잔은 문화정치를 해도 안된다고 판단하고 있었던 것이다. 사태의 심각함에 직면한 당시로서는 드문 견해라고 할 수 있다. 그러나 이시바시 단잔이 최종적으로 '조선문제의 열쇠'로서 독립과 자치의 어느 쪽을 생각하고 있었는지는 확실하지 않다.

스에히로 시게오(末広重雄)

스에히로 시게오는 3·1운동 직후 1919년 7월호 『태양(太陽)』에 실린 '조선자치문제(朝鮮自治問題)'에서 다음과 같이 조선총독을 비판하였다.

> '이와 같은 때이므로 가령 우리의 통치 방법에 잘못됨이 없고 선정(善政)을 베풀었다고 해도 조선인이 이민족인 내지인의 지배에서 벗어나 분권양립 – 적어도 자치를 얻으려고 하는 것은 크게 의심할 것이 못 된다. 하물며 통치가 그 정도를 잃고 내지인의 그들에 대한 태도가 비문명적임에 있어서랴'

스에히로 시게오는 조선인의 민족주의를 이렇게 파악하고 조선 문제의 해결책으로서 조선인에게 '자치를 허용하는' 것을 계속 제안했다.

'조선인이 자치의 결과 정치적 훈련을 거쳐 독립할 능력이 충분히 되었을 경우 전 민족이 일어나 독립을 요구한다면 독립을 허락해도 지장이 없지 않을까. 허락하지 않는 것이 오히려 이익이 되지 않을까.'

'독립을 허락해도 지장이 없다'는 표현은 언뜻 보기에 진보적이다. 그러나 여기에는 주의 깊게도 '독립할 능력이 충분히 되었을 경우'라는 조선인의 주체성을 무시한 조건이 붙여져 있었다.

재일조선인과 국적법 개정
- '중간시안'으로 보는 국적법개정의 동향 -
在日朝鮮人と国籍法改正—「中間試案」に見る国籍法改正の動向—

아리요시 가쓰히코는 아시아인권센타 사무국장이다. 이글에서 필자는 재일조선인과 일본인의 국제결혼이 증가하고 있는 것은 '재일 = 자이니치'와 함께 살아가는 이상 부득이한 일이다. 하지만 태어나는 아이의 국적 결정은 아이의 장래, 민족의 아이덴티티 등과 불가분의 관계로 피할 수 없는 문제이다. 이번 국적법 개정은 그러한 의미에서 단순히 일본인만의 문제가 아니라 재일조선인 장래에 미치는 문제를 내포하고 있어 일상생활에 매우 중요한 영향력을 행사하는 현실과제라고 말한다. 지금이야말로 국적법개정에 대한 진지한 논의가 필요하다고 견해를 밝히고 있다.

법무성 민사국 제5과는 1983년 2월 1일에 법제심의회의 심의상황에 따른 「국적법개정에 관한 중간 시안」(이하 「시안」이라고 함)과 그에 대한 '설명'을 공표하였다. '시안'은 부모양계주의(父母兩系主義)를 채택하여 지금까지의 '출생 시에 아버지가 일본국민일 경우'라는 부계우선주의(父系優先主義)를 개정하고, '출생 시에 아버지 또는 어머니가 일본국민일 경우는 일본국민으로 한다'는 내용을 담고 있다. 현행법에서는 자녀의 국적 계승이 부모의 성(性)에 따라 차별한 결과 무국적아(無國籍兒)를 낳게 하는 실정이었다. 이번 부모양계주의의 채택은 남녀평등의 원칙을 국적법에서 실현하는 것이며 무국적아가 발생하는 비극을 해소하는 것이었다.

페이지
114-121

필자
아리요시 가쓰히코
(有吉克彦, 미상)

키워드
재일조선인,
국적법개정, 중간시안,
부모양계주의,
국적선택제도

해제자
김현아

그리고 '시안'에서는 이중국적의 해소책으로서 국적선택제도의 도입을 도모하였다. 지금까지 정부는 부계우선주의에서 부모양계주의로 전환하면 이중국적자가 증대할 것이라는 이유에서 국적법의 개정을 주저해왔다. 국적법개정작업에 착수한 이후도 여전히 '이중국적의 발생은 가능한 한 피해야 한다'(土屋文昭, 「国籍法改正に関する中間試案について」, 『法律のひろば』 83년 3월호)는 생각을 중시하였다.

'시안'에 의하면 외국 국적을 갖는 일본국민은 22세가 되기 전에 혹은 20세 후에 이중국적이 되었던 자는 그때부터 2년 이내에 외국 국적을 포기한다는 의사를 선언하고, 정부의 최고(催告)에 의해 외국 국적의 이탈(수속)을 하지 않으면 일본 국적을 상실한다고 되어 있다. 또한 외국 국적의 포기를 선언한 자라도 본인의 지망(志望)으로 외국의 병역에 복무하거나 공무에 종사할 경우는 그때부터 일본 국적을 상실한다고 되어 있다.

'시안'의 국적선택제도는 이중국적의 발생을 극도로 경계해서 '국적취득 = 이중국적의 해소'에 역점을 둔 결과 '국적취득(선택)의 자유 = 개인 의사의 존중'에 충분한 배려가 되지 않았다. 만약 '시안'대로 제도운영이 이루어진다면 부모에 의한 자녀의 국적선택이 (그것도 유아 시기에) 이루어질 가능성이 농후하고, 자녀의 의사가 반영되지 않을 수도 있다. 오히려 이중국적자의 국적선택은 국적 이탈의 자유를 완전하게 보장하고 있는 현행의 국적법 제10조를 운용하는 것으로 충분하므로 새로이 국적선택제도를 도입할 필요는 없다고 생각한다.

원래 국적이란 '일정한 국가의 소속회원 자격'(『広辞苑(고지엔)』)이라고 되어 있다. 하지만 일본에서 생활하는 조선인에게 그 국적은 전혀 다른 의미의 기능을 가진다. 출생하면 취학·취직 등의 기회, 사회보장 가입·수급의 자격, 결혼과 같은 다양한 장면에 반드시 등장하게 되는 것이 국적이다. 그리고 16세가 되면 지문날인을 한 외국인등록증명서를 소지해야 하고, 등록증명서의 국적을 보고 비로소 자신이 조선인이라는 것을 알게 됨으로써 조선 민족의 일원으로 자각하는 일도 있다.

그리고 일본에서 "국제결혼"의 경우, 이번 국적법개정과 직접 관계되는 일본인 여성과 외국인 남성이 혼인한 총수의 약 3분의 2가 재일조선인 남성과의 "국제결혼"이다. 1973년까지 조선인끼리의 혼인이 총수의 반수 이상을 차지하고 있지만, 1976년에는 일본인 남성 또는 여성과의 혼인 수가 52.0%에 달하고 1980년에는 56.7%를 차지하고 있다. 이러한 상황은 당연히 그 혼인 관계에서 태어나는 자녀의 국적에 영향을 미치게 된다.

일본 정부는 지금까지 한국 국적인 자는 물론이며 조선 국적인 자에 대해서도 한국 국적법을 준용하여 취급하고 있다. 한국 국적법이 일본과 마찬가지로 부계우선혈통주의를 채택하고 있는 점에서 볼 때 한국인끼리의 혼인(42.2%)과 일본인 여성과의 혼인 (22.8%)에서 태어나는 아이의 국적은 '한국' 혹은 '조선'으로 전체 65%를 차지하고, 나머지 33.9%의 일본인 남성과의 혼인에서 태어난 아이는 일본 국적을 취득하게 된다.

앞으로 국적법개정으로 부모양계주의로 전환되면 전체 56.7%를 차지하는 일본인과의 혼인으로 태어나는 아이 즉 아버지 혹은 어머니의 한쪽이 일본인인 아이는 모두 일본 국적을 태어나면서 보유하게 되는 것이다. 단 일본인 어머니에게서 태어난 아이에 대해서는 '한국' 혹은 '조선'의 국적을 함께 보유하게 된다. 따라서 일본인과 혼인한 재일조선인의 아이가 일본 국적을 계승하는 사례가 지금까지 이상으로 증가할 것은 분명하다.

'시안'의 국적선택제도에 관련하여 특히 재일조선인에게 3가지 문제점이 있다.

첫째는 일본 국적 유지를 희망하는 일본 국적과 한국 국적 또는 조선 국적의 이중국적을 갖는 자는 출생해서 22세가 되기 전에 한국 국적 또는 조선 국적의 포기를 요구받게 된다. 이 점에서 유아기에 부모에 의한 국적선택이 이루어질 가능성이 강하고, 아이 자신의 의사가 충분히 반영되지 않은 채 국적이 결정될 우려가 있다. 국적이 다른 부모에게서 태어난 아이는 두 개의 국적을 가짐으로써 두 개의 언어·역사·문화·생활습관을 습득한 후 자신의 아이덴티티를 어느 나라(민족)에서 찾을지를 주체적으로 결정하는 것이 자연스럽고 바람직할 것이다.

둘째는 외국 국적을 포기하는 취지의 선언을 한 일본 국적과 조선 국적을 갖는 자에 대해 외국 국적의 이탈 절차를 밟으라는 일본 정부의 방침에서 보면 한국의 국적법을 준용한다. 이는 주일한국 대사관 등의 창구에서 조선 국적의 이탈 절차를 밟도록 하는 것은 사실상 불가능한 것을 강요하는 것이다.

셋째는 '본인의 지망으로 외국의 공무(외국의 국적을 갖고 종사할 수 있는 것으로 제한함)에 종사했을 경우 그때부터 일본의 국적을 상실한다'는 규정은 그 해석에 따라서 재일외국인이 취직할 권리를 사실상 침해하는 것이 된다. 특히 재일조선인은 여전히 취직의 기회균등이 보장되어 있지 않으므로 일시적으로 본국의 기관(재일 공관 등)에 취직할 수도 있다. 따라서 이와 같은 이유로 일본 국적을 상실하게 하는 것은 재일조선인이 처해있는 현상에 비추어 보더라도 타당하지 않다고 말할 수 있다.

기록
또 하나의 나라
[記録] もう一つの国

나카무라 마사에는 교사이다. 이글은 필자가 1980년에 마산의 대학에 재직하고 있을 때 일본인으로서 그 당시의 한국의 사회상을 두 가지 시선에서 바라보고 느낀 경험담을 기록한 것이다.

구테타

나는 1980년 3월에 마산의 어느 대학에 부임했다. 1979년 10월에 박정희 대통령 피살사건으로 한국은 민주국가의 도래를 직전에 두고 뜨거운 분위기에 휩싸여 있었다. 내가 부임했을 때 TV는 매일 서울 거리의 데모 모습을 방송하고 있었다. 서울에서 점차로 지방 도시로 파급되고 민주국가의 탄생을 바라는 대학생·고등학생의 데모가 일어났다. 신문은 사전검열로 인해 여기저기 삭제가 되었지만 그렇게 삭제된 곳이 다시 검열에 대한 무언의 저항이 되고 있었다.

마산의 대학에서도 '오늘은 수업이 없다'고 하는 불안정한 날이 계속되고 학부 단위의 학내데모가 있거나 교문 밖에서 기동대와 충돌이 있기도 했다. 일본에서 대학분쟁이 격렬했던 시절에 학창시절을 보냈으므로 학생과 기동대의 대치는 나에게는 낯익은 모습이었다. 서울에서 학생들의 데모가 날이 갈수록 과열해지는 것과 달리 마산에서는 아직 극히 산발적이고 비교적 평온하였다.

페이지
152-159

필자
나카무라 마사에
(中村昌枝, 미상)

키워드
구테타, 학생데모,
민주주의,
반일캠페인, 매스컴

해제자
김현아

5월 17일 마산에서도 드디어 대규모적인 거리데모가 계획되었다. 그날 오전에 교정에서는 전통예능보존동아리 학생들이 가면극을 펼쳤다. 마당극이 끝나자마자 구경하던 학생들은 정문 앞에 모여들어 거리데모에 나섰다. 대학 측과 학생회가 협의하여 교수가 앞뒤 좌우에 붙어서 질서 정연하게 걷고, 코스도 학교에서 약 5, 6킬로 앞의 마산역까지로 미리 결정되어 있어서 도쿄에서 자주 볼 수 있는 경찰관이 수행하는 퍼레이드 데모와 같았다. 기동대와 경찰들과도 충돌하는 일 없이 행진하는 학생들을 바라보는 시민의 표정도 평화로운 그 자체였다.

나는 5시 넘어 하숙집에 돌아와 식사를 마치고 TV를 틀었다. 서울역 앞에는 5만 명의 학생이 모여 반정부집회를 열었다고 방송한다. 이승만 대통령을 퇴진하게 했던 과거 학생들의 힘이 되살아난 것 같았다. 나는 낮에 있었던 데모행진으로 피곤했는지 졸음이 몰려왔다. 시계를 보니 12시가 가까웠다. 이때 갑자기 계엄령이 전국으로 확대되었다는 자막이 나왔다.

대학에는 군대가 주둔하고 학생은커녕 교수조차도 출입금지 되었다. 데모를 주도해 온 학생과 가면극 공연을 한 학생들은 경찰에 체포되거나 친구들 집으로 도망을 다녔다. 어느 교수는 '민주주의는 그렇게 간단히 소유할 수 있는 것이 아니군요'하면서 깊은 한숨을 내쉬었다. 그 말 앞에서 본디 '한국에는 민주주의가 탄생할 토양이 아니다'라고 누가 말할 수 있겠는가. 유럽 국가들도 수많은 시행착오를 거쳐 많은 피를 흘린 끝에 민주주의를 쟁취하였다. 그리고 일본의 경우는 패전과 동시에 민주주의라는 뜻밖의 행운을 부여받은 것에 불과하다고 할 수 있다.

반일캠페인

한국과 일본과의 사이에 무언가 마찰이 생기면 임진왜란(도요토미 히데요시의 침략)으로 거슬러 올라가 이야기를 시작하는 것이 보통 한국 사람들이다. 그리고 그때마다 일어과에 재적하는 학생들의 기분은 가라앉는다. 한국의 저널리즘이 반일캠페인을 고조시킬 적마다 그들은 매우 힘들어했고 떳떳하지 못하다는 생각을 하였다. 그들이 가장 두려워하는 것은 일본어를 전공하고 있다는 이유로 '너 친일파이지'라고 듣게 되는 일이었다.

60억 달러 차관문제가 난항을 겪었던 시절 어느 신문을 보아도 '소노다망언(園田妄言)'의 네 글자가 제1면 톱뉴스에 크게 실려 국민감정을 부추기고 있었다. 그리고 NHK가 겨우 조선어강좌를 열게 되었다는 이야기를 듣고 기뻐한 것도 한순간 이내 왜 '한국어강좌'로 하지 않는 것인가라는 캠페인이 며칠이나 계속되었다.

아무리 매스컴이 반일캠페인을 전개해도 그것에 개의하지 않고 일반 사람들은 대체로 냉정했다. 내가 일본인이라고 해서 당장 캠페인대로의 태도로 나오는 사람은 한 사람도 없었다. 어느 날 버스 안에서 학생과 일본어로 말하고 있으니 마침 술에 취한 승객이 '야, 여기 쪽발이 아가씨가 있네'라고 시비를 걸어온 적이 있었다. 그러나 주위 사람들은 무관심한 체하며 학생은 오히려 미안한 듯이 '선생님, 마음에 두지 마세요'라고 신경을 써주었다.

한국의 초등학교 국어 교과서에는 반복해서 이순신 장군이 일본을 격퇴한 이야기를 싣고, 대도시에는 반드시 이순신 장군의 커다란 동상이 남쪽(일본)을 향해 세워져 있다. 그리고 초등학생은 학년이 올라가면서 교과서에 3·1정신이란 무엇인가라는 이야기가 나오기 때문에 일본에 대한 감정이 좋을 리가 없다. 어린이들은 태어날 때부터 가족의 이야깃거리 속에서 일본에 대한 감정을 민감하게 알아채고 초등학교 입학 전에 이미 일본을 가장 싫어하는 나라로 생각해 버리는 것이다.

온돌방
おんどるばん

문자대로의 노작 시즈오카현(静岡県) 후지시(富士市)·가토 이쿠오(加藤郁夫)·공무원 28세

계간 삼천리에 연재된 가지이 노보루(梶井 陟) 씨의 '조선문학 번역의 변천'을 매회 흥미롭게 읽었다. 지금까지 충분히 밝혀지지 않았던 조선문학을 일본에서 찾아 조사하는 것은 매우 힘든 일이라고 생각한다. 또한 '온돌방'의 '연재를 마치고'를 읽고 문자대로의 노작이라고 느꼈다. 최종회의 연보는 개인적으로 하는 작업이었다면 특히 많이 힘들었으리라 생각한다. 제20호에서 '재일조선인문학' 특집이 있었는데, 이번에는 조선문학을 특집으로 해주었으면 한다.

하루라도 빨리 시정을 후쿠오카현(福岡県) 온가군(遠賀郡)·나카지마 히데오(中島栄男)·대학 강사·63세

조선과 일본 두 나라의 주민은 수천 년 이전부터 서로 왕래가 있고, 다른 나라 사람들과는 비교되지 않을 만큼 밀접한 관계에 있었다. 그런데 메이지(明治) 이후의 잘못된 교육에 의한 일본인의 교만함과 조선 및 조선인에 대한 인식 부족이 오늘날의 조선과 일본의 관계를 순조롭지 못하게 하고 있다.

일본과 조선의 두 민족이 진정한 우호 평화 관계를 유지하기 위해서는 일본은 고대 이후 한반도에서 기술과 학문, 예술 그 외 사회

페이지
254-256

필자
독자

키워드
조선문학, 계몽,
조선인식, 가교,
근대일본

해제자
김현아

40

생활 전반에 걸쳐 어느 정도 은혜를 입어왔는지, 그와 달리 근대 일본이 얼마나 불합리한 것들을 조선에서 해왔는지를 깊이 반성해야 한다.

우리 일본인은 고대부터 현대에 이르기까지 조선과 일본의 역사적인 사실에 대해서 다시 공부할 필요가 있다. 나는 『계간 삼천리』를 일본인에게 계몽하는 책으로서 높이 평가하고 있으며 한사람이라도 많은 일본인이 읽고, 조선 및 조선인에 대한 잘못된 생각이 하루라도 빨리 시정되기를 바라고 있다.

계몽되는 잡지 미야자키현(宮崎県) 기타모로카타군(北諸県郡) · 사가라 마사유키(相良政之) · 무직 · 73세

일찍이 조선의 경상북도에서 17년 간 교원으로 있으며 아이들을 가르쳤다. 열정을 기울여 교육에 정진했다고 자부하고 있었는데 계간 삼천리를 애독하면서 깊은 반성과 죄악감을 가지게 되었다. 그 아이들과 헤어진 지 37년 남짓이 되었지만 지금도 여전히 매월 정다운 편지를 많이 받고 있다. 이제부터 진정한 우정이란 무엇인가를 생각하면서 살아갈 생각이다. 앞으로도 우리가 계몽될 수 있는 내용의 잡지가 되어 주기를 진심으로 바란다.

앎의 소중함 후쿠오카현(福岡県) 기타큐슈시(北九州市)) · 노시타 야스토시(野下保利) · 대학 조교 · 28세

역사가 좋아서 어릴 적부터 다양한 잡지와 역사서를 읽었는데 지인과 대화를 했을 때 조선에 관해서는 전혀 지식이 없음을 알게 되었다. 그래서 건네받은 것이 계간 삼천리였다.

2, 3편의 논문을 골라 읽었는데도 나의 조선에 대한 인식은 몇 가지 사실을 오인하고 있다는 것을 알 수 있었다. 조선경시 혹은 멸시에 물들어 있었던 것인데, 지인에게 물어보니 그 의식조차 희박했기 때문에 어떻게 할 수가 없었다. 아마 전후에 태어난 우리

세대들은 조선에 대해 정확하게 배운 적이 없어서 전혀 관심이 없다. 따라서 잘못된 인식을 지닌 사람이 많다는 생각이 든다.

계간 삼천리가 이러한 상황을 조금이라도 해소하기 위한 무기가 되고, 사회과교육의 개선이 전면적으로 이루어지는 날까지 계속 간행되기를 기도하고 있다.

작은 가교를 목표로 가가와현(香川県) 미토요군(三豊郡)·나카노 미노루 (中野実)·무직·75세

전전(戰前)에 재조일본인(在朝日本人) 60만 명의 사람들은 거의 고향으로 돌아가서 각자의 직업을 갖고 있어 오늘날에는 귀환자라는 말도 풍화되어 버렸다. 귀환자들은 자신의 생활이 안정되자 직업별 단위로 모임을 만들어 매년 예전의 거주지나 벳푸(別府)와 교토(京都), 가쓰우라(勝浦) 등 명승지에서 1박 2일 정도의 친목회를 가져왔다. 처음에는 노인이 많고 식민지 시대의 회고담이 중심이었는데 지금은 조선에 살았던 시절의 초등학교 동창회와 같은 경향이 강하다. 그리고 지금 새로운 전기를 맞으려고 한다.

그 일례가 전라남도 해남군 해남읍에 거주했던 사람들을 중심으로 한 '해남회(海南会)'의 움직임이다. 이 모임의 총무는 네야가와시(寝屋川市)에서 조경업을 하는 다니구치 노보루(谷口登) 씨이다. 지금까지 18회나 한국에 가서 묘목을 제공하는 등 한일친선에 힘쓰고 있다. 다니구치씨가 3년 전부터 해남에서 귀환한 사람을 대상으로 친선여행을 하고 있다. 과거에 살았던 지역이 몰라볼 정도로 성장을 이룩하고, 모교가 건재한다는 사실에 모든 사람이 감격의 눈물을 흘렸다. 마을의 유지가 성대한 만찬회를 개최해 주었다고 한다.

때에 따라서 우리 귀환자들은 과거 일본제국주의 시대의 오점을 중대시한 나머지 오늘의 분단을 고정적으로 생각하기 때문에 양 민족 간의 가교를 다소 거북스럽게 생각하는 경향이 없지는 않았

다. 그러나 생각해보면 국가와 국가의 친선도 국민 한 사람 한 사람
의 행동을 통해서 실현해 가는 것이 중요하다. 그런 의미에서 '해남
회'의 모습은 사소한 것일지라도 양 국가를 잇는 하나의 작은 가교
라 할 수 있다.

새로운 의구심 가나가와현(神奈川県) 가와사키시(川崎市)·다카하시 가
즈유키(高橋和幸)·사진작가·31세

패전 후 어느 정도의 시간이 지나자 식료품과 의류도 충족되고,
교육도 좋고 나쁜 것이 일정 수준을 유지할 수 있었던 시기에 자란
나는 조선인의 마음속 깊이 뿌리내린 침울함을 오랫동안 이해할
수가 없었다. 그리고 김달수씨의 『쓰시마마데(対馬まで)』와 『교키
노 지다이(行基の時代)』 등 문학작품을 통해서 재일조선인의 불
합리한 차별에 대항하는 활력을 이해할 수 있게 되었다.

근래 겨우 중국에 관한 문헌을 볼 수 있게 되었다. 하지만 역사
를 배우는 데 있어 이웃 국가이며 예전부터 가장 관계가 밀접했던
조선의 문헌은 많지 않고, 서점에 진열된 책은 모두가 어두운 내
용이 많다고 느끼는 것은 지레짐작일까요. 이러한 일면만으로 이
웃 국가를 이해하면 어떻게 될지 새로운 의구심을 느낀다. 이러한
의미에서 시야가 넓은 내용을 담고 있는 계간 삼천리에 기대하고
있다.

담배 파는 처녀 중국(中國) 길림성(吉林省)·유동호(柳東浩)·62세

37년 전의 일이다. 일본의 침략군과 목숨 걸고 싸운 우리는 그들의
항복을 다그치며 관내에서 동북으로 진출하여 하얼빈에 이르렀다.

전쟁이 끝나고 얼마 되지 않았을 무렵 20살 정도의 일본인 처녀
가 길거리에서 담배를 팔고 있었다. 하얀 피부에 자그마한 귀여운
처녀였다. 중국인 개구쟁이 소년 2, 3명이 그 처녀가 팔고 있는 담
배를 길바닥에 내팽개쳤다. 여자는 아무 말 없이 내던진 담배를

줍는다. 그러자 또 와서 괴롭힌다. 천진난만한 아이들은 일본인을 증오하고 있었던 것이다. 하지만 그 처녀에게 무슨 죄가 있을까. 그녀의 순진한 마음에 새로운 증오의 씨앗을 뿌려서는 안된다고 나는 생각했다.

나는 헌책방에 가서 그녀가 읽을 만한 책을 찾았다. 이와나미문고(岩波文庫)의 『봄의 새싹(春の芽ざめ)』을 골라 책 뒷면 표지에 '슬퍼 마라 순진한 처녀여/거센 바람이 불더라도 쓰러지지 마라/방해가 무서워서 벌벌 떨지 마라/강하고, 바르고 건강하게 살아라/-어느 병사로부터'라고 썼다. 다음날 그 책을 가지고 담배 파는 처녀가 서 있는 거리로 갔다. '소설 읽나요?'라고 묻자 '네, 읽습니다'라고 처녀가 대답했다. '그럼, 이걸 드리겠다'고 하고, 나는 담배 위에 놓고 그 자리를 떠났다. 그날 오후 우리 부대는 하얼빈을 떠났다.

다음 해 봄 하얼빈에 돌아와 보니 그녀의 모습은 없었다. 그 후 그녀는 무사히 귀국할 수 있었던 것일까, 지금 어떻게 지내고 있을까, 생각하곤 한다. 계간 삼천리를 읽고 나서 문득 옛날 일이 떠올라서 펜을 들었다.

새 지폐의 "얼굴" 편집부·사토 노부유키(佐藤信行)

내년 가을부터 일만 원, 오천 원, 천 원 지폐에 후쿠자와 유키치(福沢諭吉), 니토베 이나조(新渡戸稲造), 나쓰메 소세키(夏目漱石)가 등장한다. 그들이 근대일본의 대표적인 지식인인 것은 인정하더라도 과연 '근대사상의 선각자' '개명적(開明的) 국제인' '근대문학의 아버지'로서 무조건 예찬할 수 있을까. 만약 그들을 정부 위정자와 다른 이치에서 '근대'에 다가가려고 했다고 평가한다면 그들의 '근대'사상에 있어서 조선·아시아가 어떻게 파악되고 있었는지가 당연히 문제시되어야 할 것이다. 예를 들면 나쓰메 소세키는 '만주' 기행 중에 그 인상을 '한 사람을 보아도 불결해 보이지만, 두 사람 모이면 더욱 보기 흉하다'라고 쓰고 있다. '탈아입구(脱亞

入歐)' 의식을 구체화했던 그들의 이러한 측면을 모두 버리고, 그들의 '근대'사상이 인기가 있는 그 사실 자체는 우리 일본인의 역사 인식에 대한 일면을 말해주고 있는 것은 아닐지. 그런 점에서 그들의 얼굴을 인쇄해 넣은 일본 지폐가 한국, 대만, 동남아시아를 "활보한다"는 어리석음조차도 상상할 수 없다.

그들과 동시대를 살아온 가시와기 기엔(柏木義円)은 전쟁이 '국민자유독립의 정신'을 위축하여 '국민품성'을 타락시킨다고 하며 '비전'을 주장하였다. 또한 '만약 조선에 문명의 사상을 따르게 하는 지사(志士)가 있고, 독립 자치의 땅을 이룩하려고 하는 자가 있으면 어찌할 것인가'라고 날카로운 질문을 계속 던졌다. 가시와기 기엔 등에 의해 불붙은 '양심의 등불'은 근대 일본에서 주류는 될 수 없었지만 나는 그것에서 가능성을 본다.

편집을 마치고

編集を終えて

페이지
256-256

필자
이진희
(李進熙, 1929~2012)

키워드
교과서 문제,
일본인의 조선관,
침략과 저항,
선린(善隣)의 역사

해제자
김현아

작년 교과서 문제를 계기로 일본에서는 아시아 여러 민족의 '마음'을 너무 몰랐다는 반성이 고조되었는데, 독자들로부터 일본인의 조선관을 다루어달라는 요청이 다수 있었다. 그래서 서둘러 '근대일본의 사상과 조선'을 기획하였다.

이번 호의 각 논문에서 알 수 있듯이 올바른 조선관을 지향하려면 전전에 대한 엄격한 점검과 그것을 토대로 한 새로운 방향을 결정하는 것이 바람직하지만, 과거의 양국관계에 대한 정확한 이해도 빼놓을 수 없는 문제라고 생각한다. 일본에서는 메이지(明治) 이후, 무로마치(室町)시대와 에도(江戸)시대의 오랜 선린관계가 무시되고, 여전히 침략과 저항이라는 도식만으로 양국관계가 이야기되고 있기 때문이다. 확실히 이웃 국가라서 침략하고 침략당하는 여러 은수(恩讐)도 있었으나 그것을 넘어선 선린(善隣)의 역사가 훨씬 길다.

계간 삼천리는 앞으로도 그러한 선린의 역사를 발굴해내는 데 힘쓰고자 한다. 조선의 역사와 문화의 소개에도 많은 지면을 할애할 생각이다. 이번 호부터 연재를 시작한 나카무라 다모쓰(中村完) 씨의 '훈민정음의 세계(訓民正音の世界)', 오무라 마쓰오(大村益夫) 씨의 '대역(対訳)·조선근대시선(朝鮮近代詩選)'은 그러한 시도의 하나이다. 기대해 주세요.

특집 기획에 대해서 다양한 요청이 쇄도하고 있다. 계간이라는

사정도 있어 충분한 대응을 할 수 없지만 가능한 한 최선을 다하려

고 한다. (편집위원 이진희)

1983년 가을(8월) 35호

내 손안의 우륵于勒

[架橋] 私の中の于勒

페이지
14-16

필자
이양지
(李良枝, 1955-1992)

키워드
다나카요시에(田中淑枝),
우륵(于勒), 무속(巫俗),
가야금, 멋

해제자
전성곤

이양지는 재일한국인 2세의 소설가이다. 일본식 이름은 다나카요시에(田中淑枝)로 초등학교 때 부모님이 일본국적을 취득했기 때문에 이양지도 일본국적을 취득하게 되었다. 와세다대학(早稲田大学) 사회학부에 입학했다가 중퇴한다. 1980년 5월 처음으로 한국을 방문했고, 이후 무속(巫俗) 무용, 가야금, 판소리를 배우게 된다. 1982년에 서울대학교 국어국문학과에 입학하고, 유학 중에 집필한 「나비타령」을 『군상(群像)』에 발표하면서 아쿠타가와상(回芥川賞) 후보에 오르게 되었다. 1989년에 『유희(由熙)』를 발표하고 제100회 아쿠타가와 상을 수상한다. 그러나 이후 급성폐렴에 걸려 37상의 나이에 세상을 떠났다. 이 글은 서울에서 유학중에 배운 가야금, 무속 무용 등에 대한 잔상을 기록한 것이다.

우륵(于勒)이라는 인명을 '우륵'이라고 읽는다는 것을 안 것은 가야금을 배우기 시작했을 때의 일이다. 낮에는 서울대학 예비과정에 다니고 저녁에는 가야금 연주와 창(唱) 그리고 무속(巫俗) 무용 연습장을 왕복하는 날들이었다. 우리말(모어, 母語)은 조금 능숙해졌지만, 발음 부분에서 크게 상처를 받는 것은 창을 연습할 때이다. 이미 일본에서 산조(散調)라는 독주곡을 배우고 있었기 때문에 가야금 반주 소리는 어려움 없이 들을 수 있었다. 그러나 그것에 맞춰 입을 벌려 소리를 내기 시작하면 그 순간에 선생님의 꾸짖음이 들려온다. 뒤에서 연습 순번을 기다리던 제자들의 시선, 한숨 소리, 게다가 비웃는 소리도 섞여 나는 얼어붙어 버린다.

그러는 사이에 예습과 복습 요령이 생기기 시작했다. 하숙집 방에서 선생님의 레코드를 몇 번이나 들어본다. 내일 연습 때 선생님은 아마도 이 부분을 이렇게 연주하고 저렇게 노래할 것이다. 선생님이 하는 대로 흉내를 내면 된다. 내일이야말로 혼나지 않을 것이라고 조금 용기를 갖고 다음날 연습장에 간다. 그렇지만 나의 버릇은 크게 달라지지 않는다. 반세기동안 판소리를 계속해 온 선생님의 낮고 두터운 목소를 직접 가까이에서 듣고, 레코드로는 느낄 수 없는 자력(磁力)과 같은 것 앞에서 정체불명의 무엇인가가 내 목청을 할퀸다. 목이 아프다. 그런데 이것은 노래를 너무 불러서 그런 것이 아니다.

어린이 노래자랑에서 어른들 흉내를 내고 있는 어린이들의 모습을 떠올린다. 선생님을 흉내 내어 똑같이 노래를 부르면 된다고 생각해도 왠지 자신이 어린이로 보이고 동시에 그렇게 보이는 것에 대해 부끄러움을 의식해 버린다. 나는 갈 곳을 잃은 어린아이였다.

선생님은 무당(무녀)이라는 것에 대한 자긍심이 몸속에 배어있다. 마음이 맞는다고 해야 할까 살풀이춤을 추고 있을 때 내 마음은 편안해졌다. 눈앞에서 함께 춤추고 있는 선생님의 신체, 그곳에서 흘러나오는 선생님만의 멋을 느낀다. 그 자연스러움을 받아들인다. 점차 그날 춤을 통해 선생님의 감정의 기복이나 컨디션을 알 수 있게 되었다. 서울에서의 생활 중에는 아무리 바빠도 10분간은 살풀이를 단 한번이라고 춤을 춘다. 죽은 오빠에 대한 공양, 그 마음도 있었지만, 유일하게 말이 없는 시간이기 때문에 나는 더욱 살풀이의 자력, 선생님의 멋을 느끼며 그것에 대해 자신이 얼마나 집중할 수 있을까를 시험하고 있었다는 것이 맞을 듯하다.

'소리 저편에 우륵이 있다' 이것은 일순간의 환상이다. 아무도 없으며 올 사람이 아무도 없어 걱정할 것이 없는 조용한 연습실에

51

서 가야금을 켜고 있는 사이에 나는 내 몸을 관통해 지나가는 무엇인가를 느꼈다. 가야금을 켜고 노래를 부르면서 나는 자력이라는 것, 멋이라는 것에 대해 수수께끼를 풀고 있었던 것이다. 가야금 앞에 펼쳐진 가사(歌詞) 노트처럼 내 안의 자문자답(自問自答), 그 자문자답이야말로 나였으며 나를 둘러싸고 있는 상황이었고, 내 역사 그것 모든 것을 일괄하고 있는 나는 나밖에 없고, 그 내가 이렇게 가야금을 켜고 있는 것이다. 7번째 현에서 4번째 현으로 옮기는 계면조(界面調)가 어려워서 몇 번이나 다시 연습했다. 이러한 나, 이렇게 하고 있는 나만의 호흡, 나만의 호흡 장단을 갖고 있을 터이다. 그렇게 생각해도 된다고 생각할 때 홀연히 소리 저쪽에 아니 소리 속에서 '우륵'을 느꼈다.

가교
폭로하고 싶은 '다치소작전'
[架橋] あばきたい「タチソ作戦」

우쓰키 슈호는, 우쓰키문화연구소(宇津木文化研究所)에 근무한다. 본 글에서는 전전에 있었던 '다치소작전'에 대해 적고 있다.

나는 오사카부 다카쓰키시(高槻市)에 살고 있는데, 이 다카쓰키시의 나리아이(成合)지구의 작은 산에는 지금도 수십 개의 터널이 남아있다. 국철(國鐵) 다카쓰키역에서 3킬로미터 정도 북동쪽에 떨어져 있다. 그곳에서 동쪽으로 6키로 정도 떨어져서 도요토미 히데요시(豊臣秀吉)가 아케치 미쓰히데(明智光秀)와 전투를 벌인 곳으로 오야마자키(大山崎) 천왕산(天王山)이 있다. 1944년 10월부터 1945년 8월 천황이 패전을 방송하던 날까지 일본군은 다카쓰키 시역(市域)에서 '다치소작전'이라는 비밀 작전을 전개했다. 그 중심이 된 것이 나리아이의 계곡에서의 대규모적인 지하 터널망 만들기였다.

대본영이 전국 각지에서 대규모의 지하 터널 망을 만드는 것을 결정한 것은 1944년 초여름이었다. 이미 패전은 시간문제라는 것을 알고 있었던 대본영이 미군의 제공능력이나 폭격 파괴력을 계산에 넣고 터널의 입구 크기나 터널 망에 대한 규격까지 결정했다. 그것은 현존하는 터널들의 공통 규격이 인정된다는 것을 보면 틀림없는 것으로 나리아이의 지하 터널망은 전국에서 다섯 번째의 크기이다.

페이지
17-20
필자
우쓰키 슈호
(宇津木秀浦, 미상)
키워드
다카쓰키시(高槻市),
다치소작전, 조선인,
민족차별, 반환
해제자
전성곤

다치소작전이라는 군의 비밀 호칭은, 다카쓰키의 '다'와 지하라는 '치카', 그리고 창고라는 '소우코'의 약칭인데, 작전은 지하 터널망 만들기라는 토목공사로 한정된 것이 아니었다. 처음에는 중부 군사령부가 들어가는 것이라고 전해졌었는데, 공습이 격해지자 한신(阪神)사이의 항공기 공장이 폭격을 받기 시작하자 독일제로서 아주 적은 선반공작기계를 반입하는 것으로 제1지하터널망에서는 생산작업이 시작되고 제2지하 터널망 만들기가 조금 늦게 진행되어 제3의 장소가 설정되고 시굴 작업이 시작된 흔적이 남아 있다.

군인, 징용공, 근로동원 학생 등 조선인 작업원은 7천명장도 모여 있었다. 그 중에서는 강제로 조선반도에서 연행되어 온 집단이나 가족이 모두 이주해 온 여러 형태의 조선인 집단이 있었고, 그 가족까지 포함하면 2만 5천명 정도로 추정된다.

다카쓰키에는 공병대 제4대대 병사(兵舍)가 있었고 헌병대도 있었는데, 이 다치소작전의 방계인 다른 작전도 있었던 모양으로 시내 타지구에서도 군인이나 조선인 작업원이 터널 공사를 하고 있었다. 토목공사가 리드하는 다치소작전은 전쟁 상황의 추이에 대응하여 지하공장이 되어 갔고, 만약 미군이 상륙해 오면 군사령부나 군대의 본거지로 사용하여 주변이 전쟁터로 변하는 것은 당연한 것이었다. 그때 다치소작전은 전투 작전으로 변해 간 것이라고 추측된다.

지금은 세월이 흘러 다치소작전의 전모를 복원하는 것은 어렵다. 그렇지만 나는 어떻게 해서든 군의 작전 청사진을 무엇이었는가를 보고 싶다. 내가 전쟁 기록을 남기는 '다카쓰키시민 모임' 대표가 되고 이 모임이 현재 목표를 다키소작전 실태조사와 기록화에 집중하고 있다. 그것과 동시에 내 자신의 반평생을 되돌아보고 이는 피할 수 없는 일이라고 생각하게 되었다. 지금도 수십 명의 조선인 노인들이 시내에서 그때의 고통스러운 기억을 품고 생존해 있으며, 나라아이를 중심으로 한 조선인 거주 지역의 조선인은 민족차별을 받고 생활하고 있다. 나리아이의 거주지 그것으로 원지주(原地主) 일본인 농민은 군이 필요 없다고 할 때까지 농지를 빌려주었기 때문에 일본군이 해산했으니 빨리 땅 주인에게 반환해주길 바란다. 계속 거주하는 것은 불법이라고 주장하고 조선인은 우리들은 거주지권이 있다. 책임은 불법으로 이곳에 연행해 오누 강제노동을 시킨 일본정부에 있다고 주장하여 재판은 끝나지 않고 있다. 다치소작전의 흔적은 다른 것도 있지만, 조사하기 쉬웠던 패전 직후 어째서 이를 시작하지 않았는가라는 후회가 밀려온다.

전생원全生園의 재일조선인

[架橋] 全生園の在日朝鮮人

히라바야시 히사에는 재일조선인운동사연구회 회원이다. 저서로는 『강제연행과 종군위안부(強制連行と従軍慰安婦)』(1992)가 있다. 이 글은, 일본에 강제연행 된 재일조선인 중에 한센병 환자 경험에 대해 적은 글이다.

가끔씩 전화를 걸어오는 Y씨의 인사말은 좀 독특하다. 인사말이 '식사하셨습니까'이다. 나는 이 말을 들으면 '아, Y씨구나'라는 생각이 들고 누가 전화를 했는지 금방 알 수 있다. 그 목소리는 따뜻한 마음이 넘치고 마음이 편치 않을 때에도 이 말을 들으면 마음이 편안해 진다. 해방 전 재일조선인들의 인사말은 언제나 '식사하셨습니까'라고 주고받았다는 이야기를 이전에 들었었는데, Y씨는 당시의 인사말을 그대로 사용하고 있다. Y씨는 히가시무라야마시(東村山市)에 있던 다마전생원(多摩全生園)에 살고 있던 한센병환자였다.

내가 한센병 요양소에 있는 다마전생원을 처음 방문한 것은 작년 11월이다. 릿쿄대학의 야마다 쇼지 선생님에게 권유를 받아 함께 동행하게 되었다. 그때까지 내 머릿속에 있었던 한센병에 대한 지식은 '소도(小島)의 봄'이라는 옛날 영화나 아카시 가이진(明石海人)의 노래, 호조 다미오(北条民雄)의 소설인 「생명의 초야(いのちの初夜)」 등을 통해 얻은 과거의 이미지뿐이었고, 현재 것은

페이지
20-23

필자
히라바야시 히사에
(平林久枝, 미상)

키워드
다마전생원
(多摩全生園),
한센병환자,
호조회(互助會),
연금제도, 고향방문

해제자
전성곤

아무것도 알지 못했다. 구사쓰(草津)의 요양소에 있는 김하일(金夏日) 씨의 가집(歌集)을 감동적이게 읽은 적은 있는데, 전체적으로 내 머릿속에서 재일조선인에 대해서는 알지 못하고 있었다.

그날 전생원 소셜 센터에 모인 것은 남성 6명, 여성이 1명이었는데, 초면인 나를 반갑게 맞아주었다. 마침내 개인사를 이야기해 준 남성 4명 중 도일(渡日) 동기가 2명은 징용이었고 2명은 강제연행이었다.

올해 4월 9일 저녁에는 전생원의 벚꽃놀이가 열렸다. 원내(園內)에는 벚꽃이 만개해 있었다. 회의장 집합소에는 자유롭게 움직일 수 있는 환자들이 거의 출석하여 매년 한 번있는 벚꽃놀이를 즐겼다. 제3부 연회로 이어지고 노래를 피로했다. 노래를 시작한 것은 호조회(互助會)의 장로인 도구라(戸倉, 한국명 문수봉) 씨의 에사시오이와케(江差追分)라는 홋카이도 민요였다. 85살이라고는 생각할 수 없는 낭랑한 목소리였다. 도구라 씨는 1929년에 전생원에 입원했는데, 벌써 반세기를 넘기고 있다. 1930년대에 들어서 전생원의 조선인도 10여명이 늘어났다. 도구라 씨는 동포 모임을 만들기 위해 분주하게 움직였다. 동포를 설득하고 호조회를 통해 결속 필요성을 이야기했고 회비를 모아 중증환자에게 위로금을 보내는 활동을 했다.

재일조선인 한센병 환자는 강제연행이나 차별의 역사가 붙어 다닌다. 그런 외중에서 재일조선인도 한센병 환자도 인간이라는 점을 증명하기 위해 싸워왔던 사람들이 지금 가장 기대하는 것은 무엇일까. 외국인에게도 공평한 연금제도, 고향방문, 조국 통일, 세상 사람들이 말하는 한센병에 대한 과학적인 인식과 이해 등등 여러 목소리가 나올 것이다.

재일조선인 교육과 나
[架橋] 在日朝鮮人教育と私

페이지
23-27

필자
우치야마 가즈오
(內山一雄, 미상~2007)

키워드
부락어린이,
민족차별,
피차별부락,
괴뢰정권, 독립국가,
한신(阪神)교육투쟁

해제자
전성곤

우치야마 가즈오는 덴리대학(天理大学) 교수를 역임했고, 오랫동안 부락해방, 인권연구소 식자부회(識字部会) 부회장을 지냈다. 부회장으로서 식자(識字) 교재만들기 등에 노력했다. 우치야마 가즈오는 전국재일조선인교육연구협의회의 대표도 지냈다. 재일조선인교육의 이론적 지주의 한사람으로서 70년대 이후 재일조선인 교육운동을 견인한 중심인물이었다. 생애를 교육운동에 바쳤다. 1990년대에 들어서자, 전국재일조선인교육연구협의회 전국운영위원회가 노선 대립으로 분열을 겪게 된다. 재일조선인교육운동은 혼돈의 시대를 맞이했던 것이다. 노선대립 배경에는 재일조선인의 당사자 운영에 대한 평가의 차이에 있었다. 오사카 이외의 전국운영위원회원들 중에 「민족학급(民族学級)」 실천이 오사카의 일부만으로 가능한 실천으로 타지역의 참고에는 안된다는 풍조가 있었다. 이에대해 우치야마를 비롯한 전조교(全朝教) 오사카멤버는 어린이들의 많고 적음의 문제가 아니라 어린이들의 정신적 충족감을 유지하기 위한 민족 강사 지도에 의한 「민족학급」 실천은 효과적이라고 보았고, 이것은 충분히 전국에서 참고할 만하다고 주장했던 것이다. 대표저서로서는 『인권교육의 기초이론(人権教育の基礎理論)』, 『재일조선인과 교육』, 『현대의 차별과 인권(現代の差別と人権)』(공저) 등이 있다.

"조선이라는 말을 듣는 것만으로 내 자신은 조선민족에 대해 왜 조선인이 이 세상 생겨났는가, 왜 나는 일본인으로 태어나지 못했는가라고 생각하며 몹시 분개해 했다." 출생기를 '무거운 짐을 지고'라는 제목으로 한 아이가 이야기했다.

이는 필자의 최초의 저서인 『부락 어린이 모임 - 현상과 과제』 (1972년 오사카시 교육연구소)의 한 소절이다. 처음으로 재일조선인 어린이들의 생각을 접했을 때의 충격이 지금도 선명하게 남아 있다. '부락어린이 모임'이란 피차별부락의 어린이들 모임이었다. 나와 조선인의 만남도 지금 되돌아보면 피차별부락을 통해서였다.

대학 졸업 후 처음으로 취직한 초등학교, 그것도 오사카의 아사히구(旭区)에 있던 피차별부락 지역의 교원이었다. 부락 어린이들과 조선 어린이들과의 만남이 있었다. 그것은 대체적으로 저학력, 조잡하고 거친, 가정 붕괴라는 매우 엄중한 문제를 끌어안고 있었다. 물론 '착한 아이'라고 불리며 좋은 성적이나 행동이 우수한 학생도 있었지만, 문제가 있는 아이를 살펴보면 부락이나 조선 아이들이 적지 않다.

1950년대 후반 당시에는 근평(勤評)반대투쟁으로 학교에서는 크게 소란스러웠다. 나도 조합 분회 책임자로서 그 상황의 한가운데에 있었다. 지역과의 연대를 목표로 밤에는 지역구 좌담회를 열고 어려움에 처한 어린이들 가정방문도 반복해서 실시하고 있었다. 그러나 아직 지역에 부락이나 조선과 관련된 주체 측의 조직이 전무에 가까웠고 '근평(勤評)은 전쟁의 한 사도쓰카(里塚)'라는 슬로건에 보이듯이 모든 것을 전쟁과 평화, 민주주의 일반론에 단락적으로 해소하는 정치주의적 편향이라는 당시의 풍조로부터 나도 자유롭지 못했다. 역시 눈앞의 조선인 존재자체로부터 출발하고 실천을 통해 스스로의 교육 모습을 검증해 갈 필요가 있었다.

'일본 학교에 재적하는 조선인 아동·학생의 교육을 생각하는 모

59

임'의 창립집회는 1971년 9월 24일, 오사카시 히가시구(東区) 오사카시립히가시중학교(大阪市立東中学校)에서 개최되었다. 휴일임에도 불구하고 두 개의 전체집회, 다섯 개의 분과회로 구성되고 약 400명 정도가 결집했다. 나는 제3분과회의 '민족차별을 극복하는 교육내용을 생각한다'는 주제의 사회를 맡았다. 여기에는 일본인 교사와 재일조선인 교육 관계자들로부터 새롭게 민족차별 실태를 보여주는 사례가 보고되었다. 여기서 인상 깊었던 것은 꺽쇠(「」)를 붙여 한국을 표기한 것에 대한 문제였다. 분과회 보고자의 문제 제기 속에 한국을 괴뢰정권이라고 정의하고 「한국」이라며 꺽쇠 괄호를 붙여서 표기하고 싶다고 말했다. 당연히 재일조선인 관계자들을 중심으로 반론이 이어졌다. '괴뢰'라는 굴욕발언은 승복할 수 없다는 것이었다. 꺽쇠를 붙인 것은 독립국가라고 인정하지 않는 표현이라고 하는 등 반론이 나왔다. 이 논쟁을 통해 다시 남북통일 시점에 서야 하는 것의 중요성과 끊임없이 문제를 눈앞의 어린이들의 교육실천에서 새로 보아야 한다는 것의 소중함을 배우게 된다.

최근 '조선'이라는 용어를 둘러싸고도 논의가 있었다. 조선은 조선인민공화국 즉 북측을 가리키는데, '한국/조선'이라고 해야 한다는 것이다. 주체 측에서 스스로를 어떻게 부를지는 타인이 개입할 문제가 아니라고 보았다. 그러나 일본인 측으로부터의 호칭을 선택하라고 한다면 남북통일이 입장에서 '조선, 조선인'이라고 나는 하고 싶다. 그것이 조선 전체의 총칭(総称)으로서 종래부터 정착해 온 것이라는 점도 있다. 그러나 무엇보다도 일본인이 조선, 조선인이라는 호칭과 부즉불리(不即不離)의 관계로서 차별적으로 몸에 베인 뒤틀린 민족관이 일반적으로 현존한다. 그 극복을 위해서 일부러 조선, 조선인 호칭에 구애를 받지 않을 수 없다. 다시 말해서 호칭의 문제라기보다는 우리 일본인의 조선 인식의 문제인 것이다.

1983년 4월 24일 한신(阪神)교육투쟁의 날, 전국재일조선인 교

육연구 협회가 발족했다. 본 글의 모두에서 언급한 '무거운 짐'을
일본인 스스로의 것으로 하여 짊어지고 갈 것을 결의하면서 본 글
을 맺고자 한다.

재일조선인의 현재와 장래
[対談] 在日朝鮮人の現在と将来

페이지
28-40

필자
강재언
(姜在彦, 1926-2017),
오누마 야스아키
(大沼保昭, 1946-2018)

키워드
법적지위,
외국인등록법,
국제법학자, 정주화,
다민족사회

해제자
전성곤

강재언은 제주도 출신의 재일 역사학자다. 『계간 삼천리』의 편집위원을 맡았다. 일본 각 대학에서 역사학자로 활동했다. 오사카상과대학(大阪商科大学)에서 수학했고, 재일조선인 운동에 참여했다. 오누마 야스아키는 야마가타현(山形県) 야마가타시(山形市) 출신이다. 1969년 도쿄(東京)대학 법학부를 졸업했다. 1970년 3월에는 다시 도쿄대학 법학부 정치 코스를 졸업한다. 1970년 4월부터 1973년 10월까지 도쿄대학 법합구 조수(助手), 이후 조교수, 교수를 지냈고 2009년 퇴직했다. 법학자이며 전공은 국제법학이다. 이 글은 강재언과 대담 형식으로 재일조선인 문제를 법적 지위, 다민족사회의 문제로 다루어 진행한다.

〈보편적 과제로서〉

강재언: 『계간 삼천리』에서는 제8호에서 이미 재일조선인 특집을 기획한 이래 독자들의 요청도 있어 계속적으로 1회 정도씩 재일조선인 문제를 특집으로 다루어 왔다. 10년 동안에 법적지위를 비롯해 재일조선인을 둘러싼 상황의 변화를 통렬하게 느낀다.

오누마 씨가 미국에 가기 이전에 집필하여 『법학 협회 잡지』(6권, 3, 8호. 97권 2, 3, 4호)에 발표한 「재일조선인 법적 지위에 관한 고찰」이라는 논문이 있다. 이는 종래 우리들이 재일조선인 문제를 다룰 때 차별이 어떠어떠하다, 식민지지배가 어떠했다는 내용을 중심으로 다루었는데(물론 그것은 틀린 것은 아니다), 오누마 선생님은 더 넓은 시야에서 국제법학자로서 문제를 검토하고 있다. 이 논문이 단행본으로 간행된다고 한다.

오누마 야스아키: 출판사로부터 재촉을 받고 있는데, 좀 늦어지고 있다. 이 논문은 국적문제를 중심으로 집필한 것인데 좀 많이 가필할 부분이 있다. 조금 더 재일조선인의 법적 지위 전반에 대해, 예를 들면 외국인등록법 문제라던가 직업선택 자유의 문제, 국가공무원 임용 문제 등등 포괄적으로 다루고 보고 싶다고 생각하고 있다. 그리고 나는 작년부터 '재일한국·조선인'이라는 표현을 사용하고 있는데, 여기서는 재일조선인이라고 총칭해 두기로 한다.

강재언: 미국에 2년간 체재했는데, 그곳에서 본 마이너리티(소수자) 문제라던가 여러 가지 느낌이 있었던 것은 아니었는지.

오누마 야스아키: 미국도 그렇지만, 특히 서유럽에 있어서의 외국인 노동자의 문제 그들 정주화의 문제가 크로즈 업 되고 있었다. 지금 서유럽 여러 나라에서는 이민족 노동자와 그 가족이 인구의 2.3%에서 많은 곳은 수십%를 차지하고, 한 국가에 수십만에서 4, 5백만 명에 이르고 있다. 그들은 모국에서 가족을 데리고 오거나 불러왔으면 사회의 일원으로서 생활하게 되었다. 그렇기 때문에 일본이 지금까지 재일조선인 문제로서 갖고 있었던 문제에 지금 서유럽 여러 나라는 더 큰 스케일에서 직면하고 있는 것이다. 그리고 이 문제는 틀림없이 세계적 규모로 '식민지배의 붕괴 = 탈식민지화'에 수반되는 문제인 것이다. 보편성이 있는 것이다.

강재언: 제2차 세계대전 이후 이민노동자 문제는 서유럽뿐만 아니라 북유럽 여러 나라에서도 많다. 지금부터는 재일조선인 문제를 일본 일국의 틀 안에서 보는 것이 아니라 세계적 시야에서 이를 보고 세계적 레벨에서 일본에서의 이들에 대한 처우가 어떻게 되어 있는가라는 시점에서 볼 필요가 있다.

오누마 야스아키: 재일조선인이 자신들의 문제로서의 특수성,

역사성을 보는 것이 중요한데, 그와 동시에 특수 속에 보편이 있다는 관점을 소중히 하고 싶다.

〈다민족사회에의 도정〉

강재언: 본래 재일조선인이 일본사회 속에서 두 개의 언어를 말하기도 하고 두 개의 문화, 역사, 생활 습관, 전통을 갖는 이민족집단으로서 존립하고 있어도 좋다고 생각한다.

오누마 야스아키: 일본 사회의 입장에서는 오히려 존재하는 것이 좋다.

강재언: 그런데 일본정부 의도는 일본사회 속에 그러한 소순민족의 존재를 허락하지 않는 다는 것이다.

오누마 야스아키: 결코 인정하려 하지 않고 있다.

강재언: 그런 와중에 재일조선인 사회의 세대교체의 문제를 생각해 보자. 일본 출생 세대가 1974년 통계에서 75%를 차지하고 대체적으로 10년에 8%씩 증가하고 있다. 74년부터 9년이 지나고 있는데 현재는 확실하게 일본 출생 세대가 전체 세대의 80%를 초과하고 있다. 10세 전후에 부모에 의해 일본에 온 사람들은 조선 출생이라는 것만으로 실제로는 의식적인 면에서도 일본출생자들과 거의 차이가 없다. 그렇기 때문에 조만간에 100%에 달할 것이다. 그렇기 때문에 지금부터 재일조선인은 일본정부가 생각하듯이 일본이 단일민족 사회에의 균질화라는 것으로 해소되어가는 것이 아니라 자신들의 전통이나 언어, 생활 습관을 지키며 살아가는 방향이 점점 더 필요해 지고 있는 것이다. 거기에는 젊은이들에 대한 교육 계몽활동이 중요해 지는데, 이것을 실행할 수 있는 것은 실제문제로서 커다란 조직밖에 불가능한 것이다. 그렇지만 현실에서는 충분한 활동이 이루어지고 있지 않다. 그것은 장래 커다란 불안 재료이다.

오누나 야스아키: 내가 생각하기에는 일본도 장래 우여곡절은 있겠지만, 동남아시아 여러 나라로부터 이민족 노동자를 받아들이지 않으면 안되게 될 것 같다. 일본과 타 아시아 여러나라와의 경제적 격차가 이렇게 크게 있는데, 일본은 아시아 여러 나라에 물건을 팔아 이익을 남기고 있는 한편 노동력시장은 막아 놓고 있다. 일본도 여러 나라와 무역마찰로서 일본은 농업생산시장이나 금융시장을 막아놓고 있다고 말해지는데, 가장 큰 문제는 노동력 시장이다. 일본과 같은 국제적 외압에 약한 나라가 이것을 이를 유지할 수 있을까 의문이다.

오누마 야스아키: 재이조선인이 독자의 문화적 전통을 갖고 이질적인 발상으로 게다가 일본사회의 일원으로서 살아가고 일본인은 그들과 함께 살아가는 그러한 훈련을 지금부터 해 가야 일본이 장래 다민족사회가 되기 위한 중대한 일인 것이다. 그렇기 때문에 일본인은 물론 재일조선인도 자신들의 방어적인 의미뿐만 아니라 오히려 자신들의 문화적 전통을 유지하고 일본사회의 일원으로서 사는 것은 자신들이 자긍심을 갖고 살기 위해서도 필요하고 또한 일본사회 전체를 위해서도 도움이 된다는 적극적인 자세를 가졌으면 한다.

강재언: 재일조선인이 존립해 가는 것이 일본사회를 진정한 의미에서의 국제화하는데 중대한 훈련의 장이 되고, 여러 가지 실험의 장도 되는 것이다.

새로운 공동체 형성을 위한 시론
新しい共同体形成のための一試論

고스기 가쓰지는 철학자이며 목사이다. 시즈오카현(静岡県) 아마타쓰시(天龍市) 출생이다. 1963년 시즈오카대학(静岡大学)을 중퇴하고, 1965년 도쿄신학대학(東京神学大学)을 졸업한다. 이후 대학원에서 석사과정을 수료한 후 1968-70년에 서울대학과 대한신학대학 석사과정을 수료한다. 1974년 일본 기독교단 목사를 지내다가 1977-83년에 함부르크대학 박사과정을 수료한다. 시즈오카산업대학(静岡産業大学) 조교수, 교수를 역임했다. 저서로는 『현대 동아시아론의 시좌』(1998), 『현대 청년과의 대화』(1999), 『현대세계와 인간부권』(2003) 등이 있다. 이 글은 필자가 한국과 독일에서 유학한 경험을 바탕으로 새로운 공동체 형성에 대한 이론적 세계를 제시하는 내용이다.

이 소논문은 두 번의 유학체험에 촉발되어 낳게 된 결과물이다. 아시아 유학과 유럽 유학이다. 나는 1968년 한일조약이 체결 되던 해에 대한민국에 입국하여 3년 후인 70년 봄에 귀국했다. 햇수로 3년 대한민국의 수도 서울에서 조선기독교사를 연구할 기회를 얻었다. 이웃나라의 근대사를 일본의 그것과의 관련 속에서 특히 기독교의 조선반도 및 일본열도의 역사적 전개라는 시점에서 배울 수 있었다. 일본 근대사를 포함해 아시아에 있어서의 근대사의 제상(諸相)을, 말하자면 아시아적 시좌에서 재검증하는 것의 중대성

페이지
64-72

필자
고스기 가쓰지
(小杉赳次, 1942~)

키워드
유학체험, 한국유학,
독일, 신내셔널리즘,
현대공동체론

해제자
전성곤

66

과 긴급성을 어슴푸레하긴 하지만, 크게 눈뜰 수 있었던 것 그것이 한국유학의 최대의 수확이었다.

그리고 1977년부터 올 2월 하순 귀국 때까지 나는 서독에 있는 대학에서 연구생활을 보낼 기회가 주어졌다. 독일에 간 이유 중 하나가 내 개인의 사상적 막힘에 대해 어떻게든 로고스(말, 논리, 이론)적으로 정리하고, 가능하다면 새로운 지평을 개척하고 싶다는 매우 실존적인 야심이 있었기 때문이다.

나는 독일에 가지 직전에 직면해 있던 사상적 혼미함을 찢고 내 나름대로 새로운 국면과 지평을 발견했다. 그런데 이상하게도 나에게는 서독에 빠졌다거나 '저쪽에서는'이라는 식의 유럽 편애는 일절 없다. 생각해 보면 나의 유럽생활은 시종일관 뭔가 '깨어있는 사고', 비도취감에 지배받았다. 아마도 이 감정은 15년전 아시아 유학 즉 한국 땅에서 홀로 일본인으로서 체험하면서 배운 여러 가지 일들과 무관계적인 것이 아니었다. 나는 이 '깨어있는' 감정을 소중히 하고 싶다고 생각하며 이 비도취감을 로고스로 표현하길 바라고 있다. 근대주의의 세례를 좋든 싫든 영향을 받은 나에게는 이 작업은 불가결한 것이다. 그것은 단순한 반동으로서의 아시아주의자가 되는 것이 아니라도 말이다.

인식과 변혁 – 전환기로서의 현대

분명히 현대는 종족이나 민족 혹은 국가지상주의 등 기성 개념을 갖고서는 도저히 포괄해 낼 수 없는 신국면에 조우했으며 대치하게 되었다. 사람들은 이를 '인류적 발상의 시대'라고 부르고 있다. 인류사 해석에 활용되는 모든 개념의 재검토와 인류사를 구성해 온 모든 요소(factors)의 발본적인 재편성 작업이 불가피하게 요청되는 시대이기도 하다. 60년대 이후의 신내셔널리즘 – 이것을 민족주의라고 이해하든 민족자결주의라고 번역을 바꾸든 – 이라는 깃발과 운동으로 상징되는 남북문제의 근원적 해명에 대해서도 현재 크게 그리고 날카로운 도전을 실시하고 있는 것은 아닐까.

인식은 프로세스가 있다고 말한 것은 모택동 사상의 한 중요한 요소이다. 그런데 변혁에의 견고한 의지와 불굴의 정렬을 결여시킨 인식작업은 이성의 홀로걷기 즉 해석론의 틀을 한발도 초출(超出)하지 못하는 자기만족적인 지적 유희에 지나지 않는다. 이성적 인식을 초월한 파토스가 존재하지 않으면 안된다. 마르크스에 의하면 이 파토스란 말 그대로 부조리적 현실에 대한 변혁의 의지인 것이다.

나는 현대세계에 있어서의 공동체의 모습, 즉 현대공동체론을 선택하고 싶다. 바꾸어 말하자면 어떻게 우리들은 함께 생존해 갈 것인가라는 과제야말로 역사의 일대 전환기를 사는 현대인의 가장 초미의 문제 중 하나라고 나는 생각한다. 동아시아에 눈을 돌려보면 우리들은 여기에 실로 많은 공동체를 발견한다. 정치공동체, 종교공동체, 민족공동체, 그리고 문화공동체 등이 그것이다. 문제는 이러한 공동체가 현존한다는 인식이 아니라 그것들이 현대 세계에 진정으로 인간 공동체인가, 인간 해방과 인간 복권에 기여하고 있는가라는 물음에 있다.

공동체 의식의 각성

공동체의식이란 귀속의식의 하나로서 단순하게 혈연적 공동체의 각성과는 다르다. 아마 인류사에서 완전하고 순수한 혈연적 공동체는 존재하지 않을 것이다. 인류는 혼혈종족의 집합체이다. 혈근(血根)이나 혈연, 혈통은 항상 정치권력과의 관련 속에서 -보다 엄밀하게 말하자면 후자에 의한 전자의 나쁜 이용의 결과로서- 과도하게 강조되고 편협한 의미 부여가 이루어져 왔다. 피는 물보다 진하다고 자주 동아시아의 민족주의와 연결시켜 논자들은 말한다. 분명히 일면적으로 진리를 내포한 표현이다. 그러나 공동체의 자기 규제화라는 방향으로 이것이 전용(轉用)될 때 태평양전쟁 하의 일본사회의 '종의 논리'(다나베 하지메〈田辺元〉)처럼 악용되는 현실이나 '아리아 조항' 도입정책에 나타난 독일의 제3제국의 슬라브계 북유럽인종절대화에서 볼 수 있듯이 매우 배타적이면서 동시에 자기폐쇄적인 외적/내적 구조를 창출하기에 이른다.

혈연공동체는 그러한 의미에서 단순하게 긍정될 수 있는 것이 아니라 자기상대화와 외부에의 자기 해방화 작업을 경유할 때만이 유의미해 지는 것은 아닐까.

개(個)의 완전한 말살이라는 희생에 있어서만 성립할 수 있는 공동체가 존재한다. 일본의 메이지기 이후 천황제국가·사회는 결국 개의 철저한 부정 위에서만이 건설할 수 있었던 전체주의 공동체였던 것은 아닐까.

일본인으로서 내가 진정으로 눈뜨는 것은 일본인이 아닌 타자와의 해후에 의해 비로서 가능해진다. 이질적인 타분(他分)과의 대치, 접섭(接涉)을 경유하여 올바르게 자신에게 각성하게 된다. 60년대초 나는 기독교신자로서의 자기 정위(定位)를 결정하는 것으로 일본사회의 정신적 전통 속에서 이분자가 되기 시작했다. 태평양전쟁 종결까지 기독교 신도들은 마르키스트들과 함께 일본적 정신 풍토, 특히 당시 국체에 합치하지 않는 존재로서 이단자의 위치에 놓이게 되었다. 전쟁을 모르는 세대인 나에게는 이단으로서의 자기규정이 도달하지는 않았지만, 나의 종교적 자기정위에의 결정 이후, 오늘날에 이르기까지 이 일본사회에 대해 일종의 위화감을 가져왔다. 그렇지만 아의 이러한 이분자적 감각은 어디까지나 일본이라는 틀 내에서의 감각인 것으로 그러한 한계점에서는 부정적 혹은 일말의 체념까지 수반하는 것이었다고 말할 수 있다. 나에게 있어서 처음으로 진실한 이질적인 타자와의 만남은 60년대 후반부터 시행한 한국유학을 통해서였다.

지금 시점에서 해석해 보면 이러한 취지의 야유를 받았다. 즉 너는 1968년이라는 역사적 상황 속에서 조선과 너의 조국 일본과의 우호와 화해를 논하고 있다. 그렇지만 1910년 이후의 역사를 비롯해 근대 조선 일본관계사를 피부로 체험해 온 우리들은 그렇게 간단하게 몰역사적으로 우호라던가 정신주의를 내세운 말로만으로는 안된다. 몰역사적 자세는 반역사주의이다. 그렇기 때문에 우리들로서는 그렇게 간단하게 너의 연설에 동의할 수 없다는 것이다. 인간은 역사를 중성적 존재로서 살 수는 없다. 초역사적으로도 몰역사적으로도 혹은 반역사적으로도 생존할 수 없다.

역사적 사실관계를 역사에 있어서의 진실한 관계로 바꾸어가는 것에 대한 개안이다. 여기서 새롭게 스스로가 귀속하는 공동체를 현상유지로부터 보다 인간다운 그것에의 변혁하려고 하는 의지와 희망이 창조된다. 그렇지만 동시에 진실만에만 고집하려는 생의 자세는 기존 공동체가 내부에서 갖는 부정적 제요소, 자기폐쇄성이나 자기절대화, 체념적 운명론, 그리고 피나 이데올로기의 과도한 과장에 기인하는 배외주의 등을 엄격한 도마 위에 올려놓을 것을 요구한다. 나는 한국 땅에서 처음으로 아시아의 창조적 타자를 만난 것이다.

새로운 공동체 형성에의 제언이다. 현대는 글로벌한 사고와 발상의 전환이 요청되는 지구적 규모의 시대라고 규정한다. 그것은 다름 아닌 우리들이 새로운 공동체 건설을 이론적으로도 실천적으로도 개시해야한다는 인식에 서는 것을 의미한다. 일본이 패전과 함께 그 기만성을 폭로한 국체관념에 상징되듯이 국가는 그것 자체로는 몰가치적 존재이다. 민족 혹은 민족주의도 마찬가지이다. 전통이든 문화이든 종교조차도 즉자적으로는 중립적 가치를 보유하고 있지 않다. 가장 중요한 것은 총체(總體)가 누구를 위해 창조되고 기능하고 있는가라는 시좌의 확립이다. 내가 의거하는 세계관을 상호 제시하는 곳에서 로고스에 의한 논의를 전개하고, 이는 막스 베버의 종교사회에서 있어서의 일대 사상이라는 것을 나는 알고 있는데, 즉자적으로는 중립을 표방하고 있는 학문-정치학이든 역사학이든 오늘날 이 명제가 특히 중시되고 있는 것은 아닐까. 영위 주체가 서있는 장(場)을 명확하게 하는 것이 없이는 현대는 절개 할 수 없다. 일본 주재 70만의 이웃나라 사람[民]이 오늘날 피투성이의 고투 속에서 스스로의 입각점과 해방의 근거, 방향, 내용을 모색하고 있다. 여기서 제시되는 입장과 해방의 질이 동시에 일본사회의 의거해야할 입장과 지향해야 할 해방의 그것과 올바르게 연결될 때 민족과 국가와 계급을 넘는 새로운 공동체 형성의 길이 열려가는 것은 아닐까. 우리들은 공로(共勞)와 공투(共鬪)란 이것을 가리키는 것이라고 나는 확신한다.

지금 「자이니치」를 생각한다

이 글은 재일조선인 사회에서는 일본 출생의 2세·3세가 90% 가까이를 차지하게 되고 동시에 각각의 가치관도 다양화 겼다는 점에 착안하여 2세가 1세로부터 계승해 온 것을 다음 세대 3세, 4세에게 이어가는 것이 어려워진 상황을 포착하여 세대를 이어가는 것에 대해 논의 한다. 특히 부모의 역할이 큰데, 어머니로서 역할에 대해 논한다.

이효자: 저는 1957년생으로 이와쿠니(岩国)에서 태어났고, 2년 전에 결혼하여 도쿄로 왔다. 조선인 남편과 생후 8개월 된 아들과 함께 살고 있다. 저는 초등학교 4학년 때까지 일본인 학교를 다녔는데, 항상 고독한 느낌이었다. 자신이 말하고 싶은 것도 말하지 못하고 뒤에서 두발 세발 떨어져서 모두에게 따라가는 것 같은 학교생활이었다. 그것이 소학교 5학년부터 민족학교로 옮겨 그곳에서 처음으로 저고리를 입고 우리말(모국어)를 공부하면서 새로운 세계를 본 것 같은 감동을 느꼈다. 공부에 대해서도 적극적이었고 조선인이라는 것에 자긍심을 갖게 되었다.

조정희: 저는 1949년생으로 오카카의 이쿠노쿠에서 태어나 소학교 4학년까지 그곳에 있었다. 11년 전 대학시절의 동급생인 일본인과 결혼하여 8살이 된 딸이 있다. 결혼 이후에도 계속 직장생활을 했으며, 개인지 『수유리통신』을 간행했다.

페이지
88-97

필자
이효자(李孝子, 미상),
조정희(曺貞姬, 미상),
박복미(朴福美, 미상),
전화자(全和子, 미상),
위량복(魏良福, 미상)

키워드
모국어, 귀화, 동포,
본명, 통명

해제자
전성곤

박복미: 3살짜리 남자아이와 둘이 산다. 나중에 이야기하겠지만 저는 귀화를 했다. 저는 1943년 가고시마의 최남단 어항(漁港) 마을에서 태어났다. 마을에서 조선인은 우리집 뿐이었다.

위량복: 귀화한 것은 언제쯤인가?

박복미: 취직이 정해졌는데 회사 측에서 가능하다면 귀화해 줄 것을 요구했다. 그래서 아버지가 수속을 밟아 주었다. 그때 담임 선생님이 걱정을 해 주었는데, '귀화하는 것이 좋은지 아닌지 나는 잘 모르겠다. 네가 정할 일이다'라고 말해주었다. 나는 귀화를 해도 조선인이라는 것은 변함이 없을 것이라는 마음이 있었다. 그것은 지금도 바뀌지 않았는데, 그렇지만 재일조선인의 입장을 알게 됨에 따라 귀화했다는 '부담감'을 느끼게 되었다. 결혼도 조선인이 좋다고 믿어버린 것이 실패의 원인의 하나이다. 귀화를 해서 잃어버린 것은 무엇인가라고 생각하기도 하지만, 구체적으로는 보이지 않는 것으로 한마디로 표현하는 것은 어렵다.

전화자: 저는 5년전에 동포와 결혼했고 지금은 4살과 2살 아이가 있다. 1951년 도쿄에서 태어났고 소학교부터 계속 일본인 학교를 다녔다. 중학생 때에 친구들에게 이지메를 당했고, 분한 생각이 들었지만, 그들의 멸시에 대해 그것을 되돌려줄 강함이라고 할까 조선인으로서의 긍지를 갖지 못했다. 오히려 자신이 조선인이라는 것에 등을 돌리고 있었다고 생각한다. 그런데 고등학교 2학년 때 일본인 학교에 다니고 있던 '조선인 학생 모임' 멤버가 우리집을 방문해 주었고 그 모임에 참가하게 된 것이 민족 문제를 긍정적으로 의식하기 시작한 계기가 되었다. 그때까지 내 자신 안에 많은 것이 쌓여있었기 때문에 그것이 촉발되어 참가하게 되었던 것이다.

〈2세로서의 곤란함〉

위량복: 1세는 모습 그 자체가 조선이었기 때문에 그것을 보면서 2세는 계승해야 할 것이 있었는데, 그런 것처럼 3세, 4세에게 무엇인

가를 전하려고 생각하면 우리들 2세는 자각적이지 않으면 안된다.

전화자: 그렇지만 저는 1세의 생활자체에서 긍지를 갖고 사는 모습이 당연하게 자식에게 비춰지는 것은 형태를 바꾸어서라도 아이에게 줄 수 있지 않을까하고 생각한다.

이효자: 저는 도중에 민족학교에 들어갔는데, 처음에는 아버지, 어머니라고 말하기 어려웠다. 뭔가 어색했다.

박복미: 나는 현대어학교에서 조선어의 자체 강좌에 참가하고 있다. 아이를 낳고부터는 아이도 데리고 가고 있다. 저에게 조선어를 배우는 것은 조선인이라는 것을 확인하기위한 하나의 커다란 작업이다. 나라의 역사도 배우고 민족적인 것에도 촉발되기 때문이다. 그것이 자기 자신을 키워가는 것으로 내가 노력하고 탐색하고 있는 모습을 아이가 봐 주면 고맙겠다.

조정희: 저는 지금 개인지를 간행하고 있는데, 이것은 동포와 함께 「재일」을 생각해 가고자 해서 만든 것이다. 어떤 의미에서는 누구나 '속박이나 굴레'가 있지만, 자기 자신 속의 민족성이라던가 인간성을 소중히 하여 그것을 표출하면서 가지 않는한 일본 사회 속에서는 안된다고 생각한다. 따로 재일조선인론을 만들려고 생각하는 것은 아니지만 현재의 상황이라는 것은 누군가가 오피니언 리더가 된다는 것이 아니라 조선인 한 사람 한 사람이 대표가 되어 만들어 가지 않으면 안되는 시대라고 생각한다.

전화자: 조정희 씨처럼 나는 이렇게 하겠다고 확실한 삶의 방식을 표명할 수 있는 것을 나도 빨리 도출하고 싶지만, 저에게는 조선이 뿌리를 내리지 못하고 있는 듯합니다. 조선인은 '이렇게 해야 한다'는 부분이 있었다.

조정희: 직장에 들어가면 주변 사람들이 모두 일본인이다. 자신 내부에서 자신의 세계를 만들어 놓지 않으면 들어갈 수 없었다. 그렇다고 항상 조선을 의식하여 내세우는 것은 아니었다.

박복미: 저 같은 사람은 귀화해서 법률적으로는 일본인이지만,

그래도 조선인이다라고 말하고 있다.

조정희: 민족의식을 갖고 있는 사람만이 어떻다 저떻다하는 것이 아니라, 여러 입장의 조선인을 염두에 두지 않으면 안된다. 내 자신은 항상 흔들리면서 자문자답을 반복하고 있다. 그렇지만 일본 사회 속에서 조선인으로서 살기위해서는 여러 가지 폐해가 있으며 그것을 혼자서 극복해가는 것은 어렵다.

〈본명을 쓰는 것〉

위량복: 우리들은 항상 조선인이라는 것을 자기주장으로 해 가지 않으면 일본사회 속에 파묻혀서 그 모습이 보이지 않게 되어버린다는 곤란함이 있다. 그것은 1세가 살아온 시대와는 또 다른 것이다.

이효자: 저는 민족학교 그리고 직장에서 언제나 동포들 사이에 있었고 결혼 후 처음으로 주위의 일본인들과 교제를 하게 되었다. 그렇지만 처음부터 자신이 조선인이라는 것을 말해두지 않으면 뭔가 불안하다.

조정희: 본명을 사용하고 있지 않는가?

이효자: 지금 살고 있는 곳은 '외국인 거절'이었다. 그것을 남편이 교섭해서 입주했다. 그런 일도 있고 해서 통칭명을 사용하고 있다.

조정희: 그런데 처음부터 본명을 사용하면 문제가 되지 않지 않은가?

전화자: 아니 이효자씨의 경우는 반대로 통칭명에 구애받지 않는다는 것 아닌가.

조정희: 항상 그렇게 말하는 사람이 있긴 하지만, 그럼 왜 본명을 사용하지 않지라고 나는 생각한다.

이효자: 그렇지만 나는 조선인이라는 것을 감추는 것은 아니며, 결코 이로써 괜찮다고 생각하고 있는 것은 아니다. 이 일본사회에

서 살아가는 한 때로는 어찌할 수 없는 일도 있으니까.

박복미: 본명을 사용하는 것은 정말 어려운 일이라고 생각한다. 실제로 본명을 사용하여 학교에 들어갔을 때 아이가 받는 고통은 매우 크다.

박복미: 내 경우는 주민센터에 통지한 것은 일본명이었고 아이가 보육원에서 조선명을 사용하는 것은 실질상으로는 안된다. 그렇기 때문에 이름이라는 것으로 아이가 자각하는 부분이 없기 때문에야 말로 부모의 작용이 크다고 생각한다. 그러한 것도 있어서 아이를 민족학교에 보낼까 생각하기도 했다.

조정희: 여하튼 식민지지배의 잔재인 통칭명은 우리들 세대에 끝내고 싶다.

〈세대를 이어간다는 것〉

위량복: 각자가 자신 내부에서 민족을 표현해 가고 「재일(자이니치)」의 위치를 찾아내는 것이 중요하다. 그러한 작업을 축적해 가지 않으면 조국에 대해서도 또한 일본에 대해서도 진정한 의미에서 '마주하는 것'이 아니라고 생각한다.

박복미: 해답은 찾을 수 없지만, 알렉스 헤일리(Alexander Palmer Haley)의 『루트(Roots)』를 보았을 때 크게 감동했다. 자신이 귀화를 한 입장이기 때문에 조선인이라고 하는 하나의 형태에 의존할 수 없는 것도 있다. 그렇기 때문에 나는 최소한 자신이 조선인이라는 것, 그래서 역사라던가 민화 등 조선에 관한 것을 아이들에게 이야기로 전해주려고 생각하고 있다.

위량복: 민족성을 유지하기 위해 여러 장소에서 갈등도 있을 수 있는데 그 속에서 한발 내딛고 「재일(자이니치)」의 민족적, 문화적인 공통기반을 만들어 내어 일상생활과 연결시켜가고 싶다. 그를 위해서는 가능한 일부터 시작해 가지 않으면 안된다.

나에게 「자이니치」란
「세대」를 생각한다
[私にとって「在日」とは] 「世代」に思う

정조묘는, 재일한국인 2세이다. 오사카시(大阪市生)에서 태어났고, 1969년 고베대학(神戸大学) 문학부를 졸업했다. 이후 오사카시립대학(大阪市立大学) 대학원에서 석사과정을 수료했고 오타니대학(大谷大学) 교수를 역임했다. 아시아태평양인권정보센터 평의원, NPO법인 재일코리안 고령자 지원센터 이사장 등을 역임했다. 『고대 조선(古代朝鮮)』 등의 저서가 있다. 이 글은, 통칭명을 사용하는 것에 대한 의식의 차이와 세대 차이에 대해 적고 있다.

아버지는 선원수첩을 준비하여 언젠가 고향 땅을 밟을 예정이었는데 그것을 이루지 못한 채 1959년 47세의 나이로 타계했다. 어머니는 일본인이었기 때문에 우리 가족은 귀화가 쉽다고 하여 아버지의 죽음과 함께 우리들은 조선과의 인연이 끊어질 것이라고 생각하면서도 아직도 어머니도 우리들 자매도 한국적(韓國籍)인 채로 남아있다. 아버지의 죽음 이후 한국적을 갖는 것에 아무런 전망도 없음에도 불구하고 귀화를 하려고 하지 않은 것은 단 하나 먹고 사는 것에 정신이 없어서 일본도 조선도 관계없었기 때문이다. 그러한 의미에서 1세는 그렇다고 치고 2세, 3세가 민족성에 관여하게 되는 것은 젊었을 때 열정이 있었을 시기하고 의식(衣食)이 채워진 이후의 경우가 아닌가하고 생각한다. 내 경우는 전자 쪽이다.
고등학교 3학년 때 같은 반에 나와 마찬가지로 통칭명을 사용하

페이지
98-100

필자
정조묘
(鄭早苗, 1944~2010)

키워드
통칭, 취직차별, 편견,
민족학교, 국적

해제자
전성곤

는 남자아이와 허(許)라는 성을 가진 남자 아이가 있었다. 나는 통칭명이 당연한 것이라고 생각하고 있었고 그것에 모순도 느끼지 않고 있었기 때문에 본명을 사용하는 허 군을 특별히 대단하다고 생각하지도 않았다. 그런데 허군이 중국인이라는 것을 알고 내 내면은 흔들렸다. 통칭명에 너무 익숙해 있어서 동포나 일본인 사이에서는 기준이 되지 않았던 문제가 본명을 당연하게 상요하며 학교에 다니는 중국인의 존재를 알고 비로서 처음으로 '왜'라고 느끼게 되었다.

졸업식 때 내 졸업 증서에는 '마쓰나미 사나에(松波早苗)' 옆에 작은 글씨로 '정(鄭)'이라고 적혀있었다, 나는 그것이 너무나도 작게 느껴졌고 당시는 아무런 민족성도 갖지 않았지만, '마쓰나미(松波)'는 사용하지 않기로 결심했다. 나는 민족차별을 직접 받은 적도 없고 편안한 생활을 보냈다. 그러나 그러한 나에게 가장 큰 고민은 아버지가 조선인이었다는 점이었다. 소학교 재학 중에 담임선생님이 조선인 아동들을 불러 '이런 통지가 와 있으니 집에 가서 보여주어라'라고 말했다. 민족학교로부터 온 안내서를 건네주었다. 나는 몸이 움츠려드는 것을 느끼면서 그것을 손에 받아들었다. 그리고 '나는 다르다. 이 아이들과 다르다. 반은 일본인이다'라고 마음 속에서 외치면서 같은 안내서를 갖고 있는 조선인 친구를 보고 있었다.

왜 일본인이 되지 않았는가라는 이 물음에 대해서는 정확하게는 표현할 수 없지만 조선인 측에 서게 된 요소라면 몇 가지 적을 수 있다. 조선인 입장이 항상 불리한 것, 이유도 없이 일본인에게 미움을 받고 차별을 받는 것, 저항운동을 해 온 사람들이 많다는 것이 그것이다. 이들 요소에는 생활에 도움이 되는 것은 하나도 없지만, 그런데 나에 마음을 끄는 일들이었다.

지금도 변하지 않는 취직차별, 편견의 부정적인 면은 단단하게 일본에 존재하고 있다. 그렇지만, 1세인 아버지가 19살 때에는 부산시에서 가난하게 살면서 일본에 건너가려고 뜻을 세우고 있었고, 2세인 내가 19살 때는 조선의 조(朝)자를 보는 것도 듣고 싶지도 않았다. 단지 아리랑과 도라지의 아름다운 선율에만 의지하고 있었다. 지금은 3세의 10살이 되는 딸은 일본 학교에서 '산토끼', '고향의 봄', '색동저고리'를 배우고 와서 2세인 나에게 가르쳐주는 시대가 되었다.

부정하고 싶다는 생각이 들면서도 그래도 조선과 마주해 온 우리들 2세가 의식(衣食)이 충족된 지금, 민족에 무관심 혹은 부정하는 경향이 강해지고 있는 듯하다. 먹는 것과 입는 것이 충족되고 보다 안정을 심정은 나도 잘 이해가 된다. 그러나 부모로서 3~4세의 자신의 아이들에 대해 아이가 선택할 여지를 충분히 주는 접촉방식을 항상 마음에 준비해야 할 것이다. 국적의 틀을 넘어 그것은 필요한 것이라고 생각한다. 일본인 이상으로 커다란 과제를 가득 업고 있으면 일본적도 한국적도 조선적도 하나가 되어 과제를 함께 이야기하는 것에 로망을 갖고 있는 것은 내가 물러터진 탓일까.

나에게 있어서의 「자이니치」란

함께 산다

[私にとって「在日」とは] ともに生きる

정기만은 후쿠오카시(福岡市)에서 태어났다. 1989년 이마리시(伊万里市)의 훈련학교에서 요업(窯業)을 배운다. 조선 가라쓰(朝鮮唐津)에 매료된다. 이후 후쿠오카현(福岡県) 고가시(古賀市)에서 활동한다. 이 글은 저자가 한국을 방문한 이후 감상을 기록한 것이다.

나는 1959년 후쿠오카(福岡)의 조선인 마을에서 태어났다. 이웃 일본인이 사는 지역과의 경계에 '벽'이 만들어졌다. 통용문도 만들어지고 밤이 되면 그 문은 잠겨졌다. 소학교에 가게 되었을 때도 일본인·조선인 모두 서로를 피하는 형용하기 어려운 학교생활을 보내지 않을 수 없었다.

이러한 상태가 '왜 일어나는가' 이유도 알지 못한 채 내 마음 속에는 '열등한 조선' 인식만이 머릿속을 맴돌았다. 그리고 '조선'을 감추고 그곳으로부터 도망치려는 자세를 취하게 되었다. 14살이 되고 내가 외국인등록증명서를 갖게 되었을 때 형들은 계속해서 취직 차별에 직면했다. 그때 울면서 견딜 수밖에 없었던 우리들 가족에게 '귀화'이야기가 나왔다. 아버지와 어머니는 화를 냈고 울기도 했는데, 어쩔 수 없이 동의 했다. 내 입장은 뭔가 소중한 것은 잃어버리는 것은 아닌가하는 막연한 두려움과 불안으로 반발하기는 했지만, 귀화를 반대할 명확한 논리를 갖지 못하고 있었다.

페이지
100-102

필자
정기만(鄭琪滿, 1959~)

키워드
외국인등록증명서,
귀화, 민족성,
국가권력, 본명

해제자
전성곤

80

'귀화' 한 후 나는 새롭게 '알지 못한다'는 아니 '알지 못했던 것'에서 오는 지금까지의 마이너스 조선 인식 속에 '안으로부터의 민족성'을 인정해 온 것을 알게 되었다. 어제까지의 자신이나 '아버지, 어머니'그리고 할머니의 관계가 서류상으로 변했다고 해도 각각 다른 인간이 되었는가라는 의문이 들었다.

일본 국가권력에 의해 재일조선인은 교묘하게 자민족 포기를 강요당한다. 동포로부터 '귀화는 심정적으로는 이해하지만, 행위로서는 인정하기 어렵다'는 이야기를 자주 듣는다. '귀화'하지 않을 수 없었다고 생각한 내 자신도 또한 지금은 그러한 생각을 더욱 강하게 갖고 있다. 그렇지만 과연 나는 조선인이 아닌 것이 되었는가. 그것에 저항하는 여지는 없는 것일까. 국가에 의해 관리·강요 당한 적(籍)에 의해 조선인으로서의 자기 자신의 존재 그것이 사라질 수 가 없는 것이다.

이리하여 귀화에 반발하는 과정에서 자기 자신의 안으로부터의 민족성을 도출한 나는 그때까지의 자신이 부정해 온 것을 부정하고, 탈환하지 않으면 안된다고 생각하게 되었다.

아버지가 말하는 '우리 민족은 운운'이라는 말 속에는 항상 일본 국가권력에 의해 둘도 없는 자기의 삶[生]이 좌우되어 온 것에도 불구하고 결코 흔들림 없는 민족성을 본다. 1세인 아버지에게 있어서 그것은 관념적인 민족성이 아니라 사는 법, 존재 자체에 있는 민족성이며, 토착성이라고도 말할 수 있을지도 모른다. 그리고 일본에서 태어나고 자란 나에게 있어 그 민족성이란 빼앗기고 스스로가 감추어 온 것 속에 있었다. 내가 처음으로 본명을 사용한 것은 조선인 교육을 테마로 하는 모임에 참가해서 이다. 그때까지 동포와 접했을 때 '일본 국적'이라는 것에 적지 않은 '빚을 진 느낌'이었는데, '너는 조선인이지 않느냐. 본명으로 자기소개를 해 보아라'라고 말해지는 대로 며칠 전에 외운 조선어 발음으로 자신을 표현했다. 이것이 구체적인 시작의 하나였다.

1982년 가을 동포들이 사는 땅 한국에 갔다. 먼저 시모노세키(下關)에 도착한 나는 관부페리의 대합실 분위기에 순간적으로 깜짝 놀랐다. 후쿠오카를 떠나 수년 간 도쿄에서 살던 나는 대합실에 앉아있는 동포 아주머니들의 얼굴이나 주고받는 조선어 회화에서 내가 태어나고 자란 조선인 마을에서의 지워져가던 기억이 갑자기 되살아났다. 아주머니들은 각각의 생활을 많은 짐들과 함께 한 몸으로 지고 현해탄을 되돌아가는 것이다. 그곳에 흔들림 없는 강함을 느끼게 된다. 배 안에서 소학교 저학년 정도의 여자 아이 둘이 있었다. 고향으로 돌아가는 것일까. 할머니와 어머니와 함께 얌전하게 앉아있다. 어머니로부터는 일본명으로 불리고 있었다. 그녀들은 지금부터 어떻게 살아갈까. 가능하다면 본명으로 살아갔으면 하는 마음이 든다. 자신이 지금까지 일본 명으로 살아 온 쓴 경험과 중첩시켜 본다.

그리고 돈이 다 떨어질 때까지 한국 전국을 걸어보았다. 그곳에서는 지금까지 나를 키워준 그리고 언제나 식은땀을 흘리게 만든 그 말들, 동작, 풍속이 강렬하게 나타났다. 그것은 당연한 것인데, 그러나 나에게 있어서는 그렇지 않았다. 이 땅에서 만난 친구들로부터 '왜 너는 우리말을 못하는가'라고 몇 번이나 질문을 받았다. '너와 나는 현재 사는 장소, 지금까지 살아온 상황이 다르다. 그 입장으로부터 말을 하고 일해가지 않으면 안된다', '너는 결국, 이 땅에 돌아와서 살지 않을 것이다.'

앞으로 어떻게 될 것인지는 불확실하지만, 우선 '재일(자이니치)로부터 출발하여 되찾아야 할 것이 많이 있다. 이 땅에서 함께 살 일은 없을 지도 모른다. 그러나 유예시간이 필요하다. 이런 생각을 하면서 일본으로 돌아왔다.

나에게 있어서의 「자이니치」란
「자이니치」라는 것
[私にとっての「在日」とは] 「在日」ということ

김수길은 영화감독이며 각본가이다. 오사카예술대학(大阪芸術
大学) 단과대학 문학부 미디어·예술학과 특임교수, 오사카예술대
학 예술학부 영상학과 겸임교수이다. 이 글은 『계간 삼천리』제18
호를 읽은 경험과 재일(자이니치)의 내용이 무엇인지에 대해 논하
고 있다.

지금 이 글을 적고 있는 책상 위에 한권의 책이 놓여있다. 그것
은 바로 「특집·재일조선인이란」의 글이 실린 『계간 삼천리』제18
호이다. 이 책을 산 것은 4년 전 여름, 고교 3학년 때이다. 목차를
열어보고 이틀 만에 전부 읽어버리겠다고 도전하는 용기를 가졌던
그 날의 자신 모습이 선하게 떠올라 조금 유쾌한 기분이 들기도
했다.

지금에 와서 그때 왜 그렇게 흥분이 되었던 것일까를 생각해 보
니 제18호의 이곳저곳에 범람하듯이 인쇄된 「재일(자이니치)」라는
말이 그 원인 인듯하다. 솔직한 이야기로 내가 「재일(자이니치)」라
는 것을 의식하기 시작한 것은 아마 그날부터일 것이다. 그때까지
도 재일조선인 작가의 소설 등을 몇 편인가 읽기는 했었지만, 「재
일(자이니치)」 그 자체를 의식하기에는 이르지 못했다. 말할 것도
없이 내가 모두에서 적은 '가슴을 후벼 파는 것'이란 「재일(자이니
치)」를 확실하게 의식했을 때의 마음의 움직임, 즉 제18호의 내용

페이지
106-109

필자
김수길
(金秀吉, 1961~)

키워드
재일(자이니치), 소설,
편견, 콤플렉스

해제자
전성곤

을 보면서 마치 주문이라고 외는 듯이 몇 번이고 자이니치, 자이니치, 자이니치라며 중얼대던 자신을 생각하는 것에서 베어 나오는 현재의 복잡한 감정인 것이다.

「재일(자이니치)」를 의식하는 것에 일본에서 태어난 후 18년 세월을 필요로 했던 것에 나는 지금 내일이면서도 놀라지 않을 수 없다. 돌고 돌아서 자신의 것으로 하게 된 「재일(자이니치)」이다. 아니 자신의 것으로 했다고 말할 수 없을 것이다. 잡았다고 생각하는 순간, 손가락 사이로 빠져서 떨어져 버리는 모래처럼(모래는 결국은 확고한 대지를 만드는 한 알 한 알이 될 수 있지만) 「재일(자이니치)」란 결코 단순한 대체물이 아니다. 22살이 되려고 하는 지금도 내 것으로 하고 있는가 어떤가는 단언하기 어려운 실정이다.

과연 자신이 살아가기 위해 혹은 창작을 하기위해 「재일(자이니치)」에 대해 생각할 때 자주 정신의 부자유스러움, 경직되는 것을 느끼고 있었던 것은 혹시 스스로가 둘러 친 「재일(자이니치)」에 대한 편견의 실에 자기 자신이 얽매여있었던 것은 아닌가. 「재일(자이니치)」를 마이너스의 대상, 콤플렉스 그것 자체로 취하고 있던 자신의 과거에 너무 구애를 받아 필요이상으로 신중하고 동시에 완고하게 대치하고 있었던 것은 아닐까.

이것을 생각하게 되었을 때 내 의식은 분명히 약간정도는 자유를 느꼈다. 한정된 견해로 「재일(자이니치)」를 보려고 하는 것이 아니라 다양하게 각각이 개성적으로 「재일(자이니치)」를 생각해 가면 좋은 것이 아닌가하는 것을 직감했다.

나에게 있어서의 「자이니치」란

조선인으로 10년

[私にとっての「在日」とは] 朝鮮人として10年

고이삼은 한국 제주도 출신의 부모 사이에서 1951년 도쿄에서 태어났다. 대학 졸업후에는 『계간 삼천리』 편집부에서 일하고, 신간사(新幹社)를 1987년에 창립했다. 출판 활동을 통해 재일한국·조선인을 둘러싼 문제들이나 제주도 4.3사건에 대해 관여해 왔다. 이 글은 고이삼 자신이 부모들로부터 이어받은 조선적인 것과 그것에 대한 자기 상대화에 대한 의식을 적고 있다. 그리고 그것이 1970년대의 모습과 어떤 관련이 있는지를 적고 있다.

최근 『세계』(83년 3월호)의 우치야마 히데오(内山秀夫)의 『현상 타파의 정치론』을 읽고 그가 막스 베버(Max Weber)의 '제군, 10년 후에 다시 한 번 이 점에 대해 이야기해보자'라는 것을 인용하면서 논하는 것을 보고, 사물을 10년 규모로 생각하는 시점의 중요함을 느꼈다.

그래서 인 것은 아니지만, 10년전 나는 무엇을 하고 있었는가라는 생각이 들지 않을 수 없다. 1973년 4월 나는 희망을 품고 대학에 들어갔다. 거기서 반드시 자격시험을 통과하여 일본인에게 멸시당하지 않고 일본에서 살아보고자 했다. 그것은 내가 21년간 살아오면서 내 자신이 낸 결론이었다. 누구에게도 의지하지 않고 자신의 힘만으로 살아가겠다는 기합 같은 것이었다.

그때까지 내 내부에는 조선은, 분명하게 부모의 태내(胎內)에서

페이지
109-111

필자
고이삼
(高二三, 1951~)

키워드
우치야마
히데오(内山秀夫),
가부장제, 봉건성,
민주화 운동, 70년대

해제자
전성곤

키운 것이었다. 어머니의 얼굴, 이야기하는 방식, 걷는 방식 그것들이 틀림없이 조선이었다. 어머니에 비하면 아버지는 일본인으로 착각할 정도의 유창한 일본어를 구사하고 있었다. 그러나 가정 내에서 봉건적인 가부장제를 강하게 남겼고 특히 제사에 대해서는 엄격했다. 학교 수업을 쉬어서라도 그 날은 반드시 집에 있지 않으면 안 될 정도였다. 그것은 일본인 사회에는 표면에 보여주지 않는 밀교적인 요소를 갖고 있고 나에게 절대적인 힘을 갖고 압박해 왔고 반듯이 계승하지 않으면 안 되는 것으로 생각하게 되었다. 아버지도 지금은 제사의 불합리성은 충분히 알고 있고 자신의 제사는 하지 말라며 사후의 일을 걱정했다.

그러나 나의 조선이 이러한 가정 내에서 키운 것은 다행한 일이라고 말하지 않으면 안된다. 조선어는 말하지 못하지만, 같은 세대의 사람들에게 비교한다면 나는 자신이 매우 짙게 조선을 갖고 있다고 느낀다. 생활 감각이나 사물의 사고방식에 따라다니는 조선은 얼룩처럼 달라붙어 있어 역으로 지금은 그 속의 봉건성을 어떻게 떨구어 낼까를 걱정하고 있다.

부모의 태내에서 가만히 있었던 나의 조선은 조선사를 알게 되면서 움직이기 시작했다. 본국의 정세를 일체감을 갖고 생각하게 되면서 생겨나게 되었다. 동시대를 사는 동세대의 삶의 방식에 의해 나는 조선인으로서 한발을 내딛게 되었다.

그런데 그곳에는 하나의 딜레마가 있었다. 본국의 민주화 운동의 훌륭함을 말하면 말할수록 그것을 내 자신의 문제로 연결하여 생각하면 운동의 공백감을 의식하지 않을 수 없다는 점이다. 그것은 단순하게 운동에 대해서만이 아니라 개인적인 문제에서도 말할 수 있다.

나의 조선은 관념적인 면에서는 강고한 것으로 완성되었다. 그러나 조선인으로서의 내실을 보면 '아직'이라는 것을 인정하지 않으면 안된다. 무엇보다도 내가 콤플렉스를 갖는 것은 유창한 서울

말로 말하는 본국에서 온 사람들에 대해서 이다. 손발도 안 나아고 목소리도 안 나오는 것이다. 32살이 되려고 하는 나인데, 조선인으로서 살기 시작해서 만10살밖에 안된다. 그곳에서 생기는 모순이라고 말하면 거기까지이지만, 뒤늦게 조선인으로서 살기 시작했다고는 하지만, 조선인으로서의 자립화는 힘이 들어도 이루어내지 않으면 안된다.

나는 70년대를 청춘시대로서 살았고 장래를 결정하는 인격형성도 그곳에서 이루어졌다. 70년대에 기대하는 마음은 매우 강하다. 70년대를 함께 산 동세대의 사람들이 현재는 개별적으로 흩어져서 그곳에서 기른 공통인식을 계속 유지하고 있지 않고 있다면 그것보다 슬픈 것은 없다. 앞으로 10년 후를 바라보고 살아간다는 것은 개인적인 삶뿐 만 아니라 일정의 공통인식을 가진 사람들이 사회적인 힘이 되도록 작용해 가는 곳에 현실성을 띤 가능성이 있는 것은 아닐까하고 생각한다.

나에게 있어서의 「자이니치」란

「재미在米」에서 「자이니치」를 생각한다

[私にとっての「在日」とは]「在米」から「在日」を考える

이정순은 효고현(兵庫県)에서 태어났다. 리쓰메칸대학(立命館
大学)을 졸업하고 오사카대학(大阪大学) 대학원에서 석사과정을
마치고 미국 미시건주립대학(Michigan State University) 박사과정
을 졸업했다. 1976년 「우리집 3대기(わが家の三代記)」가 『계간삼
천리』 제1회 입선작품으로 선정되기도 했다. 1979년에 남편과 함께
미국으로 건너가 현재 미국 워싱턴에서 살고 있다. 이 글은 이정순
씨가 미국에 건너가 정착하는 과정을 설명하면서 재일조선인을 미
국인에게 어떻게 설명해야 하는가에 대한 고민을 적고 있다.

1975년 『계간 삼천리』 창간호 이래의 애독자 중 한사람으로서
제33호를 미국 서남 끝의 뉴멕시코에서 손에 넣어 감개무량해 하
고 있다. 72년 7·4 남북공동성명 이후 고양된 통일에 대한 갈망에
찬물을 끼얹은 남북당국자의 교섭을 지켜볼 수밖에 없었던 그 당
시 『계간 삼천리』의 출현은 재일동포의 문화 계몽이야말로 지금부
터 긴 재일의 도정에 필요한 활동이라는 것을 계시하는 것이었다.
그로부터 8년의 세월이 흘렀다.

3년 전 생활이 보장된 연구 활동을 찾아 미국에 건너 온 남편을
따라 시카고 외곽의 노스웨스턴대학(Northwestern University)에 2
년간, 미시건(Michigan) 주(州)의 주도(州都)에 있는 미시건주립대
학(Michigan State University)에서 1년간 살고 올해 멕시코 국경 근

페이지
111-112

필자
이정순(李貞順, 1942~)

키워드
재일동포, 미국,
재일조선인,
아이덴티티, 재일

해제자
전성곤

88

처로 이사해 왔다.

미국은 대부분의 대학에 공통적인 것이 있는데 이 대학에서도 대학원에서 연구에 종사하는 학생 반수가 외국에서 온 유학생이다. 여름에는 박사과정에서 연구하는 한국에서 온 유학생이 남편의 지도학생으로 오게 되었다. 남편은 일본에서 태어나고 자랐는데도 일본에서의 연구생활은 얻지 못했던 직장을 미국에서는 얻을 수 있었던 만큼 그 기쁨은 매우 크다.

우리들에게 있어서 일본은 외국임에 틀림이 없는데, 그리운 땅이기도 하다. 양친부모나 형제가 살고 있고 오랜 교재를 해 온 지인들이 있으며 일본어가 네이티브처럼 되어 있다. 미국에는 의지할 만한 육친이 있는 것도 아니고 영어가 부자유스러운 나에게 여기서 정주가 과연 가능할까라고 비관적인 생각이 드는 경우도 있다. 그리고 깊은 산속에서 길을 잃고 헤매는 적막감에 뒤덥힐 때도 있다. 그러나 할머니나 어머니가 해 온 것처럼 나도 어떻게는 헤쳐나가 보겠다고 내 자신에게 말하고 있다.

재일조선인이 미국을 여행할 때 언제나 경험하는 것인데, 미국인은 일본에서 태어나고 자란 우리들을 일본인이라고 말한다. '아니다. 틀리다. 조선인이다'라고 말해도 한국에서 와 있는 '진짜 조선인'에 비하면 우리들은 모두 일본인과 같은 기분이 든다. 그러한 것을 설명하면 미국인은 '그럼 너는 조선 루트를 가진 일본인으로, 이탈리아계나 독일계 미국인과 같은 것'이라고 말한다. '아니 그렇지 않아. 나는 조선계 일본인이 아니라, 〈재일하는 조선인이다〉'라고 말해도 그들은 이차이가 쉽게 이해되지 않는다. 즉 국적을 물었을 때 조선인 앞에 '재일(자이니치)'를 붙이지 않으면 내 아이덴티티를 설명하는 유일한 말인 '재일조선인'이 미국인이나 그 외의 외국인들에게는 이해를 하지 못하는 표현이며, 조건이기도 하다. '재일'하고 있는 내 동포의 조건은 세계에서 이해하기 힘들 정도 복잡하고 특이하고 곤란하다고 말할 수 있는 것은 아닐까.

박추자 씨와 본명선언

[在日朝鮮人③] 朴秋子さんと本名宣言

신기수는 교토시(京都市) 출생이다. 고베대학(神戸大学) 경영학부를 졸업하고, 대학원을 다니다가 중퇴한다. 기록영화『에도시대(江戸時代)의 조선통신사』,『해방의 날까지(解放の日まで)』,『다카쓰키 지하 창고 작전(高槻地下倉庫作戦)(다치소)』등의 작품을 발표했다. 1974년부터 영상문화협회대표를 지냈고, 덴리대학(天理大学)에서 강의를 했다. 1984년부터 청구문화 대표를 지냈고 조선통신사 연구의 제1인자로서 활약했다. 이 글은 박추자 씨를 등장시켜 본명 사용에 대한 입장을 소개하고 있다.

10년 전 학생운동이 고양되는 와중에 박추자 씨는 본명을 사용할 것을 결심했다. 같은 대학에 다니는 일본인 다카키 미치아키(高木通明) 씨와 결혼했을 때는 문패에 다카키 씨의 이름과 함께 본명을 내걸었다. 그것이 그녀에게 있어 인간성 회복에의 방파제이기도 했다. 그런데 5년 전에 그녀는 본명이라는 것 때문에 취직을 거부당한다.

민족차별의 부조리를 고치고, 본명을 사용하는 어떻게 보면 당연한 것이 재일조선인에게 있어서 어떤 의미를 갖는가를 묻는 운동이 시작되었다. 추자 씨가 사는 다카쓰키시의 동료들과 동포가 많이 사는 오사카시 이쿠노구(生野区)의 인권을 지키는 모임이 중심이 되어 운동은 지속되었다. 그리고 작년에 기록영화를 만들어

페이지
145-146

필자
신기수(辛基秀, 1931~)

키워드
민족차별, 본명,
영화, 해방, 투쟁,
이름

해제자
전성곤

서 만많은 사람들에게 호소하기로 했다. 영화 렌즈 앞에서 모든 것을 다 보여주어야 하는 추자 씨는 머뭇거렸지만, 동료들과 함께 제작 운동을 진행하기로 했다.

추자 씨는 영화에 등장하기를 원하는 둘째 오빠를 만나기 위해 태어나고 자란 스이타시의 오타비초(御旅町)를 몇 년 만에 방문했다. 이미 부모님은 돌아가셨고, 큰 오빠는 귀화했다. 조선적인 것 모든 것에 등을 돌리고 살아가는 둘째 오빠가 카메라 앞에서 설 것을 동의해 주었고 이에 대해 추자 씨는 감사해 하면서도 과연 대화가 성립 될까 걱정이 앞섰다.

'일본인처럼 행동해 온 내가 많은 사람들 앞에서 본명을 선언하고 나서는 사람들과 거짓 관계였던 것이 진실의 확실한 인간관계로 변화했고, 있는 그대로의 심정을 이야기하는 친구가 생겨났다. 민족적 주체 회복은 일본에 사는 조선인의 존재 증명이다'

눈물을 머금으면서 말하는 추자 씨의 이야기에 눈을 감고 듣고 있던 오빠는 '나는 요시모토(善元)로 괜찮다. 본명인 박으로는 살아 갈 수 없으며 그것은 싫다'고 답했다. 대화의 접점이 생기지 않는다. '아이들은 어떻게 되는데'라고 되묻자, 오빠는 말을 그만두었다. 박 씨 일가의 해체만이 아니라 인간성도 파괴하는 일본사회의 차가운 차별의 심연에 서있는 오빠의 고뇌에 찬 얼굴에 형제자매가 자란 오타비초(御旅町)가 중첩된다.

스이타시의 오타비초에는 일찍부터 조선인이 살고 동포 촌락이 형성되었다. 그녀가 자란 1950년대 후반부터 1960년대에는 동포들의 생활은 거의 밑바닥이었다. 밀조주를 생활 기반으로 하는 집도 많았고 위법이라며 적발하러 오는 경찰관이 새벽에 들이닥치고 증거 물건으로서 압수되기 직전에 독항아리를 깨는 어머니들의 비통함에 젖은 목소리들이었다. 추자 씨의 기억은 가정에서 나오는 오래된 옷 등을 재생하는 공장에서 더러워진 기계를 청소하기 위해 사용하는 쓰레기처럼 부유(浮游)하기도 하고, 침전하기도 한다.

부모님은 해방의 기쁨도 한 순간, 밑바닥 생활을 하며 아이들을 키웠다. 되찾은 본명은 사용하기 어려웠고 창씨개명 때 사용했던 이름인 '요시모토'로 통용하지 않을 수 없었다. 추자 씨도 독특한 인토네이션을 가진 조선이라고 지칭되는 것으로부터 탈피하기위해 일본인의 가면을 쓴 생활을 보내지 않으면 안 되었다. 성장해가는 오빠와 여동생들이 민족적인 것을 잃어가고 있을 뿐만 아니라 동포사회로부터도 튕겨져 나오게 되었다.

그녀의 투쟁은 동포들 같은 세대의 친구들의 국어(조선어) 공부 모임이나 지역 써클 활동 등으로 이어졌다. 두 아이에게 '너희들은 일본과 조선의 피가 반씩 있는 국제인이다'라고 가르치고 있다. 그렇지만 부계우선 혈통주의의 현행 국적법 아래에서는 아이들은 일본적으로 다카키라는 성을 사용한다. 추자 씨에 있어서 아이들이 동화의 파도에 휩쓸리지 않을까하는 불안이 있다. 영화 「이름(なまえ)」는 많은 사람들의 협력과 도움에 의해 올 6월에 완성했다.

온돌방
おんどるばん

빛나는 존재 오사카부(大阪府) 사카이시(堺市)·쓰지이 류사부로(辻井龍三郞)·조리사·52세

사카이시 교외에 있는 센보쿠(泉北)고고자료관(考古資料館)에서 약 5분정도 되는 곳에 뉴 타운이 있다. 이 곳에 3LDK 집에 5명 가족이 살고 있는데, 점유율이 때문에 부인으로부터 불평을 듣는 이유가 책들 때문이다. 이 책들 중 3분의 1이 조선에 관한 책이다. 그중에서도 창간호에서 34권에 이르는 『계간 삼천리』는 특별한 존재이다. 조선전쟁이 끝날 무렵 이것과 관련을 하게 되면서 지방공무원을 퇴직하고 이후 24년간 조선 요리의 조리사로 한결같이 지내고 있다. 10년 동안은 근무하고 있는 회사 경영방침으로서 민예 고기 요리의 이름 아래 지금은 일본에서도 유수의 야키니쿠(燒肉)를 중심으로 하는 회사로 성장하고 있다. 금후에도 좋은 기획을 기대하고 있다.

유니크한 기획 시즈오카현(静岡県) 가케가와시(掛川市)·스즈키 마사에다(鈴木まさ枝)·회사원·28세

새롭게 연재를 시작한 오무라 마스오씨의 『조선근대 시선(詩選)』은 아주 유니크 한 기획이라고 생각한다. 원어(原語)와 일본어 번역이 두 개가 게재되고 있는 점이 매우 좋다고 생각한다. 나는 조선어에 대해서는 전혀 알지 못한다. 그렇지만 언젠가 원시(原詩)

페이지
254-256

필자
지이 류사부로
(辻井龍三郞),
스즈키 마사에다
(鈴木まさ枝),
김양추(金良秋),
강재언

키워드
조리사, 번역,
고사명(高史明),
일본국적, 국적선택,
'8·15'

해제자
전성곤

도 맛볼 수 있도록 지금부터 공부하고 싶다. 원 시를 읽을 수 있으면 분명히 시 맛도 한 층 더 좋아질 것이다.

생각지도 않은 확장 도쿄도(東京都) 고쿠분지시(国分寺市)·기무라 쇼이치(木村 昭一)·공무원·49세

부끄럽게도 지금까지 조선에 대해 자신과는 상관이 없다고 생각하고 또한 무서운 나라라는 이미지만 갖고 있었다. 지금 생각해 보면 얼굴이 빨개진다. 본 『계간 삼천리』를 처음 손에 넣은 것은 제29호의 특집 「다카마쓰 쓰카 고분과 조선」에 흥미를 가졌기 때문이다. 이 이후 매호 읽고 있다. 본 잡지의 광고를 보고 가지무라 히데키 씨가 편집한 『조선현대사 안내』를 읽었다. 또한 고사명(高史明)의 『소년의 어둠(少年の闇)』을 읽으면서 잡지 『지금 인간으로서』를 알게 되고 내 시야는 생각지도 않게 넓어졌다.

먼저 역사와 문화 시즈오카현(静岡県) 하마마쓰시(浜松市)·이치카와 히로시(由井才子)·교원·50세

나는 영어 교사가 된지 27년째가 되는데 어학을 가리키고 있는 관계로 한글에도 큰 관심을 갖고 있다. 그렇지만 현재 한글을 배우기 전에 우선 조선 문화, 역사, 생활을 아는 것이 선결과제라고 생각한다. 이러한 내 판단에서 『계간 삼천리』는 매우 참고가 된다.

민족과 국가 도쿄도(東京都) 나카노구(中野区)·이철해(李哲海)·회사원·22세

민족이란 나에게 무엇인가라는 문제를 최근 생각하게 되었다. 민족을 정의하려고 생각한다면 대체적으로 혈통으로부터 일 것이다. 실제로는 어려운 일이다. 문화로부터 정의하려고 해도 어떤 문화도 타문화의 영향의 크다고 생각되기 때문에 단일 그것이 곧바로 독자적인 것이라고 말할 수 없을 지도 모른다. 그런데 불행하게도 조선과 일본에서는 민족과 국가(국적)을 동일시하는 듯하다. 일본국적을 가진 자는 일본민족이라고 하는 사회통념이 완성되어 있는 듯하다. 조선에서도 그러하다. 나는 재일조선인 문제를 매우 복잡하게 하고 있는 원인이라고 생각한다. 왜냐하면 미국처럼 민족, 국가(국적)을 나누어서 생각해 보면 좋든 싫든 민족이 다르지만 사이좋은 사회 참여가 가능하다고 생각하기 때문이다.

국제법 개정 도쿄도(東京都) 오다구(大田区)·김양추(金良秋)·주부·37세

본 『계간 삼천리』제34호, 아리요시 가쓰히코(有吉克彦) 씨의 「재일조선인과 국적법 개정」은 많은 공부가 되었다. 국적법 개정 그것은 여성차별철폐를 위한 일본의 전진이라고 받아들이고 있다. 그러나 아리요시 가쓰히코씨가 지적한 것처럼 이번 중간시안은 '국적선택의 자유 = 개인 의지의 존중'이 아니라 '국적 선택=이중국적 해소'에 역점을 둔 내용이라고 여겨진다. 재일조선인으로서 스스로의 민족성을 유지하는 것이 곤란한 현상(現狀)을 생각할 때 그것과 크게 관련되는 중간 시안에 대해 결코 무관심으로만 있을 수 없는 마음이 든다.

'8·15'에 생각한다. 편집위원·강재언

'8·15', 말할 것도 없이 일본의 패전에 의한 조선 해방일이다. 벌써 38년째를 맞이하고 있다. 식민지지배 시기에 태어난 나는 1945년 4월에 징병검사를 받았다. 제2 을종(乙種)으로 합격한 나는 빨간색 엽서 통지서가 언제 올지 불안한 날들을 보내고 있었다. '8·15'는 민족 해방일 이었을 뿐만 아니라 나에게 있어서는 천황을 위해 개죽음을 당할 뻔한 수난으로부터의 해방일이기도 했다. 민족해방의 기쁨과 미소에 의한 남북분단에 대한 분노, 그리고 그

이후 3년간에 걸친 남북전쟁. 정신없이 역사는 흘러왔다. 7월 4일 자 『마이니치(每日) 신문』에는 서울특파원이 조선전쟁 발발 33년 과 정전 30년을 기념하여 한국 국영 TV인 KBS의 '이산가족 찾기 특별 방송'에 대해 적고 있었다. 조선 전쟁 중에 북에서 남으로 피 난한 사람들로서 이산한 가족들의 이야기이다.

6월 30일 저녁 2시간 정도의 방송 예정이 반향이 커서 1일 오전2 시까지 연장되었고, 2일에도 3일에도 오전 9시부터 오후 7시까지 특별생방송을 계속했고, 여기에 등장한 약 5000명 가족 중에 약 4000쌍의 부모, 형제를 찾아냈다.(7월 3일 현재) 71년 8월에 남북적 십자사 사이에 이산가족 재회를 테마로 교섭을 시작했는데, 78년 3월에 북한 적십자사는 회담에 불참을 통보하고 중단되어 버렸다. 고도의 정치문제로서 남북통일 문제는 제쳐두고 동족내부의 순수 한 인도 문제조차 해결할 능력도 성의도 없는 말하자면 지도자들 로부터 해방되는 날은 언제일까.

편집을 마치고
編集を終えて

지난 7월 9일 밤 NHK가 방영한 「한국 TV·찾는 사람들·조선전쟁의 그늘에서」를 보았다. 부모를 찾기 위해 모여든 방송국 앞의 인파, 서울과 대전 혹은 제주, 부산 스튜디오에서 화면을 바라보면서 30여 년 전의 기억을 더듬으면서 자매라는 것을 서로 확인하는 진진한 눈들. 서로 눈물을 흘리면서 포옹하는 형제자매, 아들과 재회하여 실신한 어머니, 그리하여 북쪽에 있는 어머니는 살아있다면 백 살이 된다고 눈물을 흘리는 노(老)신사가 비춰졌다.

휴전이 성립되고 30년이 되는데 전쟁 상흔은 깊게 남아있다. 지금도 친형제와 생이별한 채로 사는 사람은 남북 합쳐서 약 1000만을 넘는다고 한다. 지금 남북의 위정자에게 절실하게 요망하는 것은 평화적 통일에 대한 미사여구보다도 생이별한 육친들이 적어도 소식이라고 서로 확인할 수 있는 방법을 강구하는 것에 있다. 그를 위해 적십자회담을 열어야 할 것이다. 서로 이야기를 할 수 있는 자리에 앉는 것이 분단의 벽을 넘는 유일한 길이기 때문이다.

독자 여러분의 강한 요청에 응하기 위해 '오늘의 재일조선인'을 특집으로 꾸몄다. 이번에는 2세·3세 등장에 노력을 기울였는데, 그들의 다양한 가치관과 삶의 방식에는 깊이 생각할 것이 있었다. 금후에도 그들이 던진 문제에 대응하기 위해 지면을 할애해 가고 싶다.(편집위원 이진희)

페이지
256

필자
이진희
(李進熙, 1929~2012)

키워드
NHK, 조선전쟁,
휴전, 적십자회담

해제자
전성곤

1983년 겨울(11월) 36호
관동대지진의 시대

지구촌의 놀라운 아이

[架橋] 地球村のびっくり子ども

모리사키 가즈에는 일본의 시인, 논픽션 작가, 방송작가로 일본 방송작가협회회원, 일본각본가연맹회원이다. 조선 대구에서 출생 했으며 이후 후쿠오카를 근거지로 광산, 여성사에 대해 많은 논픽 션과 시집을 간행했다. 이 글에서는 패전에 대한 개인의 기억과 감상에 대해 서술했다. 매스컴과 미디어에서 조선인 피해나 식민 지에 대한 인식이 결여되어 있는 점을 지적하였다.

이 시기 30대 사람들과 이야기를 하는 동안 시간에 대하여 느꼈 다. 예를 들어 8월 패전 선언의 날이 가까워지면 매년 전쟁에 관한 의뢰가 들어온다. 나는 귀환(철수)이야기나 그 경험을 통해 전쟁의 비참함을 생각한다고 말하며 만주개척단이나 남미 이민 이야기를 한다. 나는 "구식민지 조선에서 자란 사람입니다"라고 하면서 입장 이 달라도 괜찮은지 묻는다.

다시 말해 패전 직후에 태어나거나 전후에 태어난 방송기자나 잡지 편집자 등을 대상으로 이야기를 하는 것이다. 이들은 전후에 출판된 것을 통해 편파적인 지식을 가지고 있으며 공습도 먼 이야 기이다. 나는 식민지라는 것은 단순히 개척한 토지가 아니라 일본 정부로부터 주권을 빼앗겨서 일본의 영토가 되어 일본 서민의 소 유를 허가한 식민지 민족의 영토라고 말한다.

"따라서 지금 신흥 단지가 일본에 생기는 것처럼 단지 내 학교

페이지
14-17

필자
모리사키 가즈에
(森崎和江, 1927~)

키워드
패전, 조선, 식민지,
일본의 영토,
민족의식

해제자
석주희

도 슈퍼도 있는 것처럼 일본에 소도시와 전혀 다르지 않는 일본인 마을이 조선 가운데 생기는 것입니다. 그리고 거기에서 자라난 아이들이 자신의 사는 곳은 일본이라고 인식합니다. 육체노동은 피지배자 민족이 하므로 개척은 물론 물건을 배송 받으며 청소를 도움 받기도 했습니다. 죄의 깊이에 대해서는 이민이나 개척단과 비교해서는 안 됩니다."

그러면 상대는 한숨을 쉬며 "마을이 있었습니까" 라고 한다. "마을 뿐 아닙니다. 골프장도 있었고 아이들 학원이나 배움도 지금과 같았습니다. 내지라고 말한 일본에서는 실업률은 30%정도였던 시기에도 식민지는 지배민족인 일본인 서민의 생활은 일본 내지의 월급보다 60% 증가했으므로 가난함을 알지 못했습니다. 신세계를 꿈꾸는 생활이었습니다."

식민지에서의 투쟁은 지식으로서 알고 있던 사람도 있다. 나 자신은 현재 한국의 민족 의식이 강하게 흐르고 있다는 것을 (매스컴에 종사하고 있는 관계로) 직업상 상식적으로 안다. 그러나 '왜 그것이 발생했는가'라고 한다면 조선 총독부의 식민지 정부 정책에 저항하여 독립을 염원한 것이라고 볼 수 있다. 독립 운동의 탄압 기록을 대충 훑어 본 사람도 있다.

"그렇다면 당신이 가해자라는 것입니까" 성실한 언론인 중견자가 나에게 묻는다. "나는 그렇게 생각합니다. 당신은 어떻게 생각하십니까", "(저는) 생각해 본 적 없습니다. 회사에 돌아가서 기획을 재검토 해보겠습니다.", "검토 부탁드립니다 … 식민지 일본인의 아이들이 자신의 세계에서 입장을 객관적으로 볼 수 없었던 것은 시대 뿐 만은 아닙니다. 당신의 아이도, 지금의 나도 조금도 다르지 않다고 생각했습니다."

교과서에서도 가르치지 않는 세계의 현실은 매스컴에 종사하는 젊은이들의 사상적인 역량이 포함된다. "세계는 지구촌이 되었지만, 인간의 시점은 잠자리의 눈처럼 복안이 되지 않네요." 지구상에 아시아 가운데에도 죽음의 문턱에 있는 아이들이 많다고 말해도 어떻게 실감하면 좋을지 잘 모른다. 어른은 그것을 알고 있으면서도 일본과 일본 국민의 평화가 중요하기 때문에 신경 쓰지 않고 국가의 정책이 되지 않는다. 국가는 민간의 목숨에는 관심이 없다.

해방 후 한국 정책이 메이지 유신 이후의 일본처럼 단일민족, 민족의식의 고양이라는 일체의 파편에 의해 이루어지는 것이 걱정이다. 일본을 보는 것만으로 충분하지 않다. 아시아는 다민족이 혼재한 민족국가로 미래를 모색해야 한다.

가교
오타 줄리아
[架橋] おたあジュリアのこと

모리 레이코는 소설가, 극작가로 후쿠오카시에서 출생했다. 1950년 규슈문학에 참가하여 [레엔느가 있는 풍경]를 발표했다. NHK후쿠오카 방송국 작가 그룹의 멤버가 되어 방송작가로도 활동했다. 이 글은 오타 줄리아라는 작품을 쓰게 된 동기와 한국 방문의 경험을 서술하였다. 역사적 사실과 함께 조선인과 크리스천을 떠올리며 오타 줄리아를 구상했다는 점을 밝히고 있다.

올 봄, 오타 줄리아를 주인공으로 장편 '삼채의 여자"를 상영했다. 조선반도에서 일본에 온 여성, 오타 줄리아 마음이 끌린 것은 언제였는가. 5, 6년 전에 옛날 동인지 잡지에서 제주도 출신의 K에게 소설을 써보지 않겠냐는 이야기로부터 내 마음에 오타 줄리아가 깃들었던 것 같다.

오타 줄리아 이름은 일본에서는 알려져 있지 않다. 지금 남아있는 자료에서 보면 오타 줄리아의 모습 가운데 사회적으로도 형이상적인 의미에서도 현대를 관통하는 주제가 잠재되어 있는 것을 볼 때 그것을 집필할 자신은 없었다. 소설을 쓰기 전 한 번쯤은 조선반도의 땅을 밟아야 한다고 생각하며 시간이 흐른 가운데 국제 결혼을 하여 미국에 사는 자매를 방문할 기회가 있었다. 그 여행에서 "모킹버드가 있는 마을"이라는 작품을 하여 아쿠타가와상(芥川賞)을 수상했다. 그 덕에 알게 된 편집자가 한국통이라는 것을

페이지
17-20

필자
모리 레이코
(森 禮子, 1928~2014)

키워드
오타 줄리아, 임진왜란, 기독교, 일본군, 조선반도

해제자
석주희

알고 오타 줄리아를 생각했다.

　일본군의 폭력과 학살을 자행한 전적을 걷는 것은 괴로웠으나 자연히 풍부한 조선반도의 바람, 땅, 소박한 사람들은 첫 여정에 힘들었던 나를 보듬었다. 나는 필요한 자료가 있어 작년 가을 다시 한 번 조선반대와 대마도에 취재를 가서 작년 1월호부터 잡지에 연재를 시작했다. 그러나 나는 작품을 쓸 때 작중 인물과 그 인물이 놓여있는 정황을 설정하는 것으로 연재를 시작한 시점에서는 역사적 사실이 날라든 돌처럼 보인다. 그 사실을 열거하면 다음과 같다. 이것이 당시 시대상황으로 이국에서 사는 인간의 상황을 겹쳐서 그렸다.

1. 오타 줄리아(오타아는 일본에서 부르는 이름. 오타 줄리아는 크리스천이 된 후에 붙여진 이름)는 어린 시절 임진왜란을 만나 조선에서 일본을 끌려왔다.
2. 고니시유키나카(小西行長)부인에게 양육되어 그 곁에서 시중을 들었다.
3. 세키가하라 전투에서 고니시 가족이 멸망한 후 1605년 경 도쿠가와이에야스가의 어물꾼으로 일했다.
4. 크리스찬이었기 때문에 이에야스가 기독교 금지를 하게 된 1612년 3월 슨푸성에서 오시마섬으로 흘러들어왔다.
5. 1월 후에 니지마섬으로 이송되었다.

가교
방재훈련과 제2의 관동대지진
[架橋] 防災訓練と第二の「関東大震災」

나가이 다이스케는 이 글에서 관동대지진에 대해 방재훈련과 관련하여 국가의 역할에 대해 논하였다. 필자는 관동대지진 당시 경찰이나 군의 역할이 국민을 보호하는 것이 아니라 오히려 재일 조선인에 대한 피해로 이어진 것에 대해 의문을 가졌다. 관동대지진 당시 조선인에 대한 차별과 학살이라는 무참한 결과를 나은 것에 대해 생각해야 한다고 보았다.

올해는 관동대지진(1923년 9월 1일)으로부터 60년째이다. 9월 1일을 방재의 날로 정한 일본에서는 매년 이 날을 중심으로 각지에서 여러 방재훈련을 실시한다. 최근에는 좀 더 대규모로 시행했다. 이는 도쿄, 가나가와, 시즈오카 등 10도현에서 개최한 '종합방재훈련'으로 작년 300만 명을 상회하여 올해는 약 1600만 명이 참가했다. 관동대지진 60주년은 조선인 학살 60주년이기도 하다. 국가권력이 최대로 강권을 발동하여 치안유지를 위해 계엄령 하에 자행된 학살은 무책임한 유언비어에서 비롯되었다. 그러나 그 배경에는 명백히 조선인 차별과 차별의 뒤에는 의심암귀가 있었다. 방재훈련에는 관동대지진 그리고 조선인 학살로부터 배운 교훈이 있는 것인가. 아니면 그것은 훈련으로서 유효한 것인가.

자위대도 방재훈련에 적극 참가하고 있다. 자위대 방재훈련 출동에 대하여 다른 참가기관의 노조는 '헌법을 위반한 자위대와는

페이지
20-23
필자
나가이 다이스케
(永井大介, 미상)

키워드
관동대지진,
조선인학살,
외국인등록법,
지문날인,
조선인 차별

해제자
석주희

함께 할 수 없다'고 반발하고 있다. 최근에는 매스컴이 이에 대해 적정성을 논의하게 되었다. 지금은 방재훈련이나 재해구조에 자위대가 출동한 것은 당연한 모습이 되고 있다.

관동대지진 직후, 경찰이나 군은 패닉을 방지를 하기는 커녕 오히려 반대로 대응했다. 경찰관 사망자만 93명으로 경시청의 기능은 반감했다. 경찰력만으로 치안을 유지할 수 없다고 판단한 총감은 근위사단에게 출병할 것을 요청하고 정부는 같은 날 계엄령을 시행했다. 히비야 공원 내에서 임시경비본부를 설치하고 체제를 세운 경시청은 '혼란에 편승하여 불령한 조선인이나 주의자가 불온한 계획이나 폭행을 하는 것이 있다'고 판단하여 불온불령의 죄로서 다음날부터 군과 공동으로 조선인 사회주의자에 대한 '보호'를 명목으로 대규모 예방검거를 실시했다. '조선인이 건물에 방화했다', '우물에 독을 탔다' 등의 이야기가 유포되는 사이에 경찰과 군은 이에 대응하기 위해 계엄을 발동했다.

다시 이야기를 현대로 돌리자. 경시청은 1년 전, 지진발생시 경비계획을 일부 수정하여 야간이나 휴일에 지진이 발생했을 때, 경찰서에 집결하여 이전 시스템을 수정하여 교통이 정지하지 않도록 시간이 걸리더라도 모든 경찰관은 자신의 본래 위치에 가도록 하였다. 이로서 재해가 장기화되더라도 경찰 기구는 충분한 기능을 발휘할 수 있다.

현 체제의 시점에서 경시청은 무엇을 하든 매뉴얼도 상세하게 정해져 있다. 형사부는 사체의 처리 등을 담당하며 공안부는 '시찰대상자'의 정보 수집을 주로 한다. 보통 반체제 조직이나 인물을 일상생활의 세부까지 철저히 마크하는 것이 공안경찰의 숙명이지만 혼란이 발생하는 가운데 경찰의 이러한 행동은 사람들의 불안과 동요를 더할 수 있다.

9·1 직전인 8월 30일 도쿄지방재판소에서 외국인등록증명서 갱신 시 지문날인을 거부하여 외국인 등록법 위반으로 기소된 한종

석의 최초 공판이 시행되었다. 그 가운데 한종석은 관동대지진 시 조선인 학살을 '일본 내 외국인 박해의 전형적인 사례'라고 하며 '외국인 등록법에서 지문날인은 재일외국인을 범죄자로 취급하는 것으로 타 민족차별의 정신은 나치의 유대학살, 그리고 조선인 학살 시절과 전혀 변하지 않았다. 이 법률은 법 아래 평등에 반하며 (조선인 뿐 아니라) 일본인에게도 악법이다"고 주장했다. 그러나 한종석의 외침과 각지에서 확대되는 지문날인 거부 움직임에도 불구하고 일본 정부는 외국인 등록법을 수정할 움직임을 보이지 않고 있다. 결국 지금의 일본은 관동대지진의 시기 일본과 다르지 않는 것인가.

관동대지진 60년을 생각하다

[架橋] 関東大震災六〇年に思う

페이지
23-27

필자
강덕상(姜德相, 1923~)

키워드
관동대지진, 조선인,
민중, 진상조사

해제자
석주희

강덕상은 시가현립대학 명예교수이자 일본의 사학자로 한국 근현대사를 연구했다. 1932년 경상남도 함양에서 출생했다. 2020년에는 독립기념관 학술상을 수상했으며, 재일코리안 역사자료관 조사위원회 위원장, 자료관장을 거쳤다. 2013년에는 『관동대지진과 조선인 학살』을 출판했다. 이 글에서는 관동대지진 60년을 맞이하여 일본 정부의 입장과 조사가 확실히 진행되지 않은 점을 지적하였다. 일본인 스스로 관동대지진을 포함하여 전전과 전후의 문제에 대해 자각하지 못하고 있다고 보았다.

60년 전 1923년 9월 1일에 발생한 관동대지진. 당시 6,7천명의 조선인이 학살 된 것을 알고 있는 사람은 적지 않지만 어떻게 이렇게 많은 생명을 잃었는지 그리고 어디서 누구에게 학살되었는지, 알려지지 않은 상태인 것을 아는 사람은 많지 않다. 이 사건으로 살인죄를 받은 사람은 단 한 명도 없던 이상한 사건이다. 상대가 조선인이라면 살인을 해도 용인된다고 생각하면 무서운 시대인 것이다.

그러나 진상조사를 한 일본 민중의 의식에는 이유가 있었다. 민중에게 남겨진 기록을 보더라도 학살 사건은 지진의 일반론에 들어가서 핵심을 향해 있지 않다. 최대 피해를 받은 것은 지진도 화재도 아닌 '조선인 사냥'이었으나 이것을 그대로 솔직히 기록하지 않앉다. 몇 명의 조선인이 생명을 걸고 손이 닿는 한 조사를 하여 진상의 일말을 잡으려는 것과 자기 체험을 입에서 입으로 전달하는 것과는 다르다. 약 6500명으로 추정되는 희생자 수도 조선인 조사에 의한 것이다.

사건 직후 만약 일본의 민중이 권력의 방해를 떨치고 진상조사를 했다면 이정도로 숨겨지지 않았을 것으로 생각한다. 시간이 지나도 민중의 손으로 사실을 밝히려는 움직임이 없었을 것이라는 생각이 들었다. 일부 좌익 계열의 잡지나 정당의 기관지가 권력의 테러행위를 고발한 것은 있으나 개개인의 사실을 발굴하여 추모하는 자세는 보이지 않았다. 이는 단순히 권력의 방해에 관한 문제만은 아니다.

대일본제국의 속박이 없었던 패전 후, 조선인 학살사건의 결함에 대한 것은 보다 명확하다. 일본의 민중이 전후에 말하는 진상구명에 있던 것은 사회주의자 사살사건이다. 전쟁 직후 신문, 잡지에서는 동지들의 생각으로 진실은 이것이라는 논의가 있었으나 조선인 문제는 진점을 보이지 않고 무관심한 채로 두었다. 여기에는 사실을 알고 싶어하지 않은 민중이 그대로 드러났다.

전후 사회주의자나 자유주의자가 대일본제국의 범죄자의 책임을 묻지 않았는지 지금도 이상한 생각이 든다. 부분적이나마 해명한 것은 20년 전 사건 후 40년째 되던 때였다. '한일 회담'의 진행이 일본민중의 의식을 바꾼 것인지 잘 모르겠으나 「역사학 연구」, 「노동운동사 연구」, 「역사평론」, 「사상」 등의 학계지 특집이나 개별논문에 실렸다. 자료집 「현대사 자료 6 관동대지진과 조선인」, 「관동대지진에서 조선인 학살의 진상과 실태」도 간행되었다. 이를 계기로 사건의 진상규명이 되었는가 하면 그것은 조금 다르다. 앞서 말한 자료집 「관동대지진과 조선인」은 편집자가 재일조선인이다. 또한 개별 논문은 재일조선인 연구자가 많다. 이에 대해 어느 신문 기자가 다음과 같이 작성하였다. "일본인 친구들은 이러한 출판물이 조선인인 우리들의 손으로 이루어진 것은 슬프다고 말할 수밖에 없다. 피해자의 입장에서 피해를 조사하는 것은 정당성과 동시에 불쾌감을 느꼈다"

일본인은 왜 자신의 문제에 대해 생각하지 않았던 것인가. 조선인으로서 지금까지 고발자가 되고 싶지 않은 좀 더 상호 신뢰 관계로 있고 싶다는 바람이 있었기 때문이다. 우리들은 8월 15일 일제가 해방한 날이라고 말하지만 일본 민중은 지금도 의문도 갖지 않은 채 '종전'을 사용하고 있다. 이것이 "전전도 전후도 무엇도 알지 못했다"라는 그대로 이어지고 있다.

관동대지진 사건이 지금까지 잘 알려지지 않는 것은 왜인가. 최근에 조금씩 빛을 보이기 시작했다고 생각한다. 그 중 한 사례가 8월 중순에 완성한 기록영화 '숨겨진 조흔'이다. 영화학교를 다닌 일본인과 조선인들의 이야기를 통해 일 년에 걸쳐 촬영한 성과이다. 희생자 노인이 사건을 목격한 일본인의 손을 잡고 '분했습니다'라고 하는 장면은 압권이다.

특집
관동대지진과 조선인 학살
[特集] 関東大震災と朝鮮人虐殺 ― 民衆運動と研究の方法論前進のために

야마다 쇼지는 릿쿄대학 교수로 일본사학자이다. 1930년 사이타마현에서 출생했다. 이 글에서는 관동대지진 당시 발생한 조선인 학살에 대해 사료와 출판된 연구서를 통해 상세하게 소개하고 있다. 조선인 학살 문제를 민중과 민족 연구와 연계해 나가야 한다고 강조하고 이를 위해서는 지역사회에 착목한 연구가 필요하다고 서술하였다.

조선인 학살사를 둘러싼 민중운동과 연구 현황

관동대지진에서 조선인 학살사건을 조사하고 추적하는 것은 최근에 들어서야 겨우 일본인 대중 운동이 되었다. 이러한 움직임은 관동대지진 50주년 전후에 시작했다. 그 성과는 조일협회(日朝協会)도시마(豊島)지부의『민족의 가시 - 관동대지진과 조선인학살의 기록(民族の棘―関東大震災と朝鮮人虐殺の記録』(1973)이나 관동대지진 50주년 조선인 희생자 조사 추모사업실행위원회의『숨겨져 있던 역사 - 관동대지진과 사이타마의 조선인 학살사건(かくされていた歴史―関東大震災と埼玉の朝鮮人虐殺事件』(1974)이라는 결실을 맺었다.

60주년을 향한 오늘날 운동의 주체가 변화했다는 점에 주목하고자 한다. 그것은 1978년 6월 24일 〈치바현 관동대지진과 조선인

페이지
39-49

필자
야마다 쇼지
(山田昭次, 1930~)

키워드
관동대지진, 조선인
학살, 민중, 지역사회,
조선인 노동자

해제자
석주희

희생자 추도·조사실행위원회〉의 발족이나 1982년 12월 3일 〈관동대지진 시 학살된 조선인 유골을 발굴하는 위령의 회〉 발족(준비회는 같은 해 7월 18일 결성)으로 나타났다. 50주년 운동의 중심이 조일협회였다면 〈추도·조사실행위원회〉와 〈발굴하는 위령의 회〉의 회원의 대부분이 조일협회나 그 외 조선·한국 문제의 운동단체, 연구회와 관계없는 완연한 아마추어 지역 주민이다.

이들의 활동이나 성격에 대해서는 추도·조사실행위원회의 『부당하게 죽임당한 사람들-관동대지진과 조선인(靑木書店, 1983)』, 발굴하는 위령의 회의 『지진과 학살-1982년 9월 제1차 시굴보고』 (1982), 졸고인 "관동대지진으로부터 60년 도쿄 시타마치의 조선인 학살사건 발굴 운동-" 조선인 유골을 발굴하는 위령의회 〈조사보고서〉(『역사지리교육(歷史地理敎育)』 1983년 9월호)를 참조하길 바란다.

60주년에는 50주년 행사 이상으로 대중의 에너지가 분출했다. 일본 문화에 대한 도전도 일어났다. 발굴하여 〈영령하는 회〉의 호소에 의해 모든 단체로 구성된 〈재난 아래 조선인 학살과 현대일본을 생각하는 모임〉은 올해 9월 4일 오후, 학살지점인 키네가와바시(木根川橋)의 아라카와(荒川)하천가에서 순난자에 대한 제사를 올렸다. 이것은 어느 재일조선인 회원의 문제제기를 통해 많은 시간을 들여 토론한 후에 결정된 것이다.

확실히 주민들의 대중운동을 통해 조사·추모 운동이 진행되고 있다. 그러나 이론적인 측면에서 조선인으로부터의 문제제기를 통해 진전이 있었는가. 유감스럽게도 없었으며 운동의 일원으로서 이 점을 반성을 해야 한다.

조선인 학살을 둘러싼 민중의 의식과 행동

강덕상씨는 관헌은 "민중의 불만을 살짝 애국심으로 전환하여 권력의 풍압을 다른 곳으로 돌린다"고 말한바 있으나 민중의 '애국심'은 대단했다. 나라시노(習志野)의 기병 제13, 14연대가 가메이도(龜戸)에 도착한 것은 9월 2일 오후 1시경 또는 2시경이었다. 연대는 우선 가메이도역에서 열차 변경을 했다. 조선인을 열차에서 끌어내렸고 칼과 총검 아래 조선인이 차례로 쓰러졌다.

조선인 학살에서 학살용의자를 제출한 재판 지원에 이르기까지 모두 마을의 세력가의 지휘 아래 이루어졌다. 조선인 폭동발언은 헛소문이라고 생각해도 "두려워서 말할 수 없었다"는 상황을 만든 것은 이단, 이설도 배재하는 무라 체제였기 때문이다.

이상과 같이 사이타마현의 민중의 동향을 보면 국가 의식과 함께 마을의 유력자의 지휘 아래 공동체 의식이 상당히 강해졌음을 지적할 수 있다. 공동체 = 자연촌은 1889년 시행된 시제 정촌체제에 의해 행정촌으로 합병되어 러일전쟁 후 지방개량운동에 의해 구촌의 임야소유권이 행정촌으로 흡수되어 공동체의 경제적 기반이 약해지게 되었다.

공동체 질서 중 하나인 오오아자(大字)의 젊은 청년 조직은 마을 단위의 청년회로 통합되어 지부가 되었고 청년회장은 국가 기구의 말단에 있는 정촌장으로 취임하게 되었다. 오오아자에 산재한 신사는 '한 마을 하나의 신사 정책' 아래 정비되어 국가신도를 정촌 내에 침투시키는 정책이 실시되었다. 이처럼 행정촌 내에서 지주와 소작 간의 계급 대립이나 부락 상호 간 지역 대립을 없애고 행정촌이 '국가를 위한 공동체'가 되도록 국가에 의해 강력하게 추진되었다.

미나미카츠라(南葛) 서부에서는 주로 군대보다는 자경단의 행동이 활발했다. 이 지역에서 조선인 학살이 많았던 이유를 몇 가지 생각할 수 있다. 첫째는 아라가와 공사인부나 중소공장의 토건인부, 잡부로 조선인 노동자가 가메이도(龜戸), 오오지마(大島), 고마쓰가와(小松川), 스나초(砂町)를 중심으로 미나미카츠라에 거주하고 있던 것이다. 하지만 이는 학살의 지역적 조건에 지나지 않는다. 도시 일본인 노동자가 왜 적극적으로 학살했는가, 그 내적인 원인을 명확히 하기 위해서는 이 지역의 사회변화를 볼 필요가 있다. 일본인 미숙련 노동자는 조선인 노동자들에 의해 직장을 빼앗겼다는 위기감을 가지고 있었다. 당시 미나미카츠라에서 노동조합간부로 활동한 도자와 진자부로(戸沢仁三郎) 씨는 일본인 하급노동자보다 저임금으로 일하는 조선인 노동자가 "일에 있어서 경쟁 상대"가 되었으며 "일반시민과는 다른, 한층 더 나가 조선인에 대한 반감"을 가지도록 했다고 회상했다.

이처럼 피차별자가 라이벌로 등장했을 때 대지진이 발생하여 조선인 폭동 유언비어가 유포되었다. 나는 일본인 하급노동자는 공장경영자, 노동자 보스, 가주 등의 지휘 아래 공동체 즉 자경단을 결성하여 라이벌을 살해한 것이라고 추정하고 있다. 무엇보다 그 기저에는 탈아입구관에 입각한 대국적인 우월의식이 청일, 러일전쟁의 승리, 조선합병에 의해 일본 민중에 깊이 침투한 것을 잊어서는 안 된다. 마지막으로 하나의 방법론적인 제언으로서 조선인 학살사의 연구에도 지역 사회사의 시각이 도입되어야 한다는 점을 더하고 싶다.

특집
관동대지진·조선에서의 반향
[特集] 関東大震災·朝鮮での反響

다카사키 소지는 일본의 역사학자로 한국문제 평론가이자 쓰다 주쿠 대학 명예교수 이다. 아시아여성기금 운영심의회 위원장을 역임했다. 이 글에서는 관동대지진에 대해『동아일보』,『조선일보』, 일본 유학생의 증언 등을 통해 당시 조선에서의 반응과 움직임에 대해 상세히 서술했다. 조선총독부와 일본 총무성이 관동대지진 조선인 학살 사건을 축소하고 은폐하려는 사실이 있었음을 밝히고, 이를 규명하려는 한국 내 운동과 활동가에 대해 서술하였다.

특파원 파견

조선에 사는 사람들이 9월 1일에 발생한 관동대지진에 대해 아는 것은 다음 날인 2일이 되어서였다. 조선인이 경영하는 조선어 신문『동아일보(東亜日報)』는 2일호에서 "일본의 노비(濃尾)지방에 대지진이 있어 도쿄에서의 전신전화가 모두 불통이 되었다"는 오사카로부터의 짧은 전보를 게재하고 있다. 그 후 대지진이 있었던 것이 노비지방이 아닌 관동지방이라는 것, 그것도 미증유의 피해를 입었다는 것을 알게 되자 동아일보는 그 날 두 번에 걸쳐 호외를 발행했다.

관동대지진에 대한 동아일보의 대응은 많은 조선인의 감정을 반영한 것이다. 3일호는 '걱정되는 조선인 소식'이라는 기사를 게재하는 한편 기자 이상협을 도쿄에 특파하고 동 기자가 동포의 안부

페이지
56-63

필자
다카사키 소지
(高崎宗 司, 1944~)

키워드
관동대지진,
조선총독부,
조선인 유학생,
조선기독교청년회

해제자
석주희

115

조사를 실시할 예정인 것, 일반인의 안부 조사에 대해서 의뢰했다는 것을 공고했다. 이러한 사실로부터 볼 때 지진에 대한 조선인의 최초 반응은 당연한 것이지만 동포의 안부에 대한 걱정이 있었다. "조선인이 방화를 하고 있다" 던지 "조선인이 우물에 독을 풀고 있다" 등 유언이 피해지 일대에 확산되고 있는 뉴스가 적어도 3일에는 조선에도 전달되었다.

동아일보는 칼럼에서 다음과 같이 보도했다. "일본은 재난이 발생할 때마다 당국자는 조선인의 행동에 대한 특별경계와 감시를 소홀히 하지 않는다. 하지만 이것은 지금까지 일본의 정치가가 얼마나 조선인의 감정을 소격해 왔는지를 반증한다." (동아일보 9월 5일호)

구원운동 개시

관동재지진이 발생한 것은 여름방학의 중간 정도로 일본에 유학하고 있던 조선인 학생의 대부분은 조선의 고향에서 뉴스를 통해 알았다. 그리고 재난지역에 남아있던 학우들의 모습을 떠올렸다. 그들은 5일 경성에서 '재경성 일본 유학생 대회'를 열고 '구제 방법을 토의하는 것'을 결정했다. 그러나 대회는 당국의 간섭으로 하루 연기되었다. 6일에 개최된 대회에서는 김나경, 정창구, 강훈 등 3명을 실정조사를 위해 피해지역에 파견하기로 결정하고 상무위원에 한위건(당시, 와세다 대학에 유학중으로 조선인 유학생 학우회, 도쿄조선 기독교 청년회 간부로 곧 이어 조선공산주의 운동의 지도자로서 알려지게 되었다)을 시작으로 인정호, 김창진, 홍승노, 이옥 등 5명을 선발하여 구원모금운동을 시작했다. 사무소는 개벽사(조선 유일의 대중종합잡지 『개벽』의 발행처)에 위치했다.

이처럼 구원운동을 시작할 즈음 지진을 피해서 부산에 돌아와 도착한 두 명의 조선인 유학생이 있었다. 동양대학생 한승인(후에 주불한국공사, 『도쿄가 타오르던 당시 – 관동대지진조난기』라는 저서가 있다)과 메이지 대학생 이주성이다. 그들은 5일 부산에 도착하여 6일 아침 경성에 도착했다. 이 둘은 일본의 '재향군인'들이 '자경대'를 조직한 것, "조선인인 것을 알면 '타고있던 열차'로부터 내리게 하여서 위험했다'고 전달했다. 이러한 사실은 9월 7일호 동아일보 등에 보도되어 조선인에게 널리 알려지게 되었다.

재난지역으로부터 피난민이 차례로 증가할 것을 예측한 총독부는 여러 조치들을 시행했다. 도쿄에 가는 것을 희망하는 조선인에 대해서는 강하게 저지하는 방침에 임했다. 마루야마(丸山)경무국장은 7월호 동아일보에서 그 이유를 "조선인에 대한 감정이 소격했던 당시 도쿄행은 위험"했기 때문이라고 설명했으나 필자는 보다 본질적인 것은 조선인이 도쿄에 가게 됨에 따라 조선인 학살사건의 실태가 폭로될 두려움이 있었다고 생각한다.

강압 가운데 항의와 조사

재해지로부터 돌아온 조선인이 증가했을 뿐 아니라 10일부터는 우편도 복구되어 통신도 가능하게 되었기 때문에 10일 이후 학살 사실은 점차 명확해졌으며 총독부 및 일본 정부에 대한 유언과 학살의 책임 추궁이 격화되는 상황이 되었다. 경무국장인 마루야마가 집에 돌아가지 못할 정도로 긴장감이 높아졌다. 동아일보에서는 10일호 사설에서 "일부 일본 인민이 조선인을 박해한 것은 사실이었다. 그러나 그 박해의 원인과 정도가 어느정도였는지는 알 수가 없다"고 쓰여 있다.

동아일보와 조선일보는 언론 통제에 항의하여 학살에 대하여 또는 유언의 책임을 조선인에게 전가하려는 일본 정부에 대해 완곡하게 비판했다. 또한 재난 동포의 안부를 전달하는 뉴스를 연달아 내보냈다. 한편, 총독부는 독자적으로 유학생에 대해서는 안부 조사를 시작했다. 총독부는 일본 정부가 재난을 당한 조선인을 소중하게 '보호'하고 있다고 선전했다.

진상규명을 향한 노력

10월에 들어서도 진상에 대해서는 발표를 하려고 하지 않는 총독부와 일본 정부에 대하여 민족지는 진상 규명을 요구하고 학살 범인의 처벌을 요구하는 소리를 높였다.

도쿄에서는 10월에 들어서 조선 기독교 청년회와 천도교 청년회의 협력으로 '재난동포구호'가 시작되었다(동아일보 10월 1일호). 그들은 "조선인 희생자 조사회' 이름으로 조선인 학살 조사를 정면으로 실시할 예정이었으나 당국은 그것을 허가하지 않았다. 여기에서 도쿄 조선인 기독교 청년회 총무인 최승만과 도쿄 천도교 청년회 포덕부장인 박은직 등은 전 경성일보 사장인 아베미쓰이에(阿部充家)에게 간청하여 '조선동포 재난자 위문반'이라는 이름으로 위문 활동을 하도록 허가를 얻어 실제로는 희생자를 조사하게 되었다(최승만『極態筆耕』). 이 위문반은 1923년이 끝나가는 12월 25일 200명을 모아 보고회를 실시하고 해산했다. 그리고 비밀리에 「조선동포위문실황서(朝鮮同胞慰問実況書)」를 주제로 하는 팜플렛을 작성했다.

사건의 영향

1924년 1월 5일 오후 7시, 한 명의 조선인이 황거 니주바시(二重橋)에 폭탄을 던져서 체포되었다. 조선인 이름은 김지섭. 테러리즘에 의한 민족해방을 겨냥한 의열단 단원이었다. 김지섭은 관동대지진 당시 조선인이 살해된 것에 대해 보복으로 일본 국회의 의장에 폭탄을 던지고 대관들을 살해하려 했으나 때마침 국회가 폐회 중이었기 때문에 "일본인이 숭배하는 황성의 정문"인 니주바시에 폭탄을 던진 것이다. 일본 내무성이 김지섭의 목적은 '아마도 단지 세상을 놀라게 하려는 것'이라고 왜곡하여 발표한 이래(동아일보 1월 7일호), 이 사건에 관해서 보도를 금지했다. 그러나 동아일보는 이 사건에 대해 보도가 해금되자 이어서 바로 김지섭의 경력과 폭탄 투척의 목적을 자세히 전달했다(동아일보 4월 15일호).

1982년 9월 1일, 한국 서울에서 '관동대지진 위령 추모 강연회'가 실시되었다. 그 날 연단에 서서 자기 자신이 모두 '조선동포 재난자 위문반'의 일원으로서 보고 들은 학살 사건을 증언하던 강석천은 강연 도중 쓰러져 급서했다. 59년 전의 한이 울혈이 되어 그를 돌연 죽음으로 몰았던 것은 아닐까.

나에게 있어 조선·일본
한국을 방문하여
[私にとって朝鮮·日本] 韓国を訪ねて

페이지
110-115

필자
하타다 다카시
(旗田巍, 1908~1994)

키워드
식민지 조선,
마산·부산,
부산고등학교, 고향

해제자
석주희

하타다 다카시는 일본의 동양사학자로 도쿄도립대학 명예교수이다. 경상남도 마산에서 태어났으며 1931년 도쿄제국대학에서 동양사학과를 졸업했다. 전후 인간부재의 동양사학을 극복하고 식민지 지배에 관한 연구 등 조선사 연구를 했다. 이 글에서는 한국을 방문한 5일간의 기록을 담았다. 학술회의를 목적으로 방문한 한국 여정에서 마산을 방문하여 본인의 가족에 대한 기억과 그곳에 살고 있는 사람들과의 우연한 조우를 통해 한국의 깊은 정을 느꼈다고 서술했다. 한국 방문을 통해 일본의 식민지 지배자의 일원으로서 가진 감정을 어느정도 해소할 수 있었다고 밝혔다.

지난 4월 22일 나리타 공항을 출발하여 서울을 향해 한국에 10일간 체류한 뒤 5월 1일 김해공항에서 나리타로 왔다. 전후 한국을 방문한 것은 이번이 세 번째이다. 첫 번째는 1975년 가을, 성균관대학교의 학술회의, 두 번째는 1977년 봄 영남대학교 학술회의 참가로 이번에는 경향신문사 주최의 '한일 고대관계사를 생각한다'라는 심포지엄 참가였다.

4월 29일(금). 아침 호텔을 출발하여 전세 승용차로 마산을 향했다. 부산과 마산 사이에는 고속도로가 개통되어 있어 한 시간 반 정도 후에 마산에 도착했다. 마산은 내가 태어나서 자란 곳이다. 중학교 3년생 시절 아버지가, 대학 1학년 시절 어머니가 돌아가셨다. 그 후 집은 다른 사람에게 넘어가 나는 도쿄, 또 북경에 살았지만 친척이 마산에 있었기 때문에 가끔씩 마산을 방문했다.

전후 1975년 30년 만에 한국을 방문했을 때 한만년 씨의 안내로 마산에 갔다. 뜻밖에 내가 자란 부모와 누이가 죽은 집이 남아 있었다. 무례하다고는 생각했으나 옛날 주인이었음을 알렸다. 그 집 여주인은 흔쾌히 맞아주어 자녀인 배금자 씨와 함께 집 안을 보여주었다. 한반도 전쟁에서 아버지는 행방불명이 되었으나 여자 혼자서 세 명의 자녀를 기르고 한 명은 의사, 한 명은 교원, 한 명은 약사가 되었다. 그녀는 당당한 여성으로 평화가 중요하다고 말했다.

그 후 1977년 봄 한국을 방문했을 때에는 영남대학교 이종구 교수와 함께 마산에 1박하고 그 집을 방문했다. 그 때에도 주 여사는 기분 좋게 맞이해 주었다. 이번에 세 번째로 방문했으나 나는 주 여사를 만나 옛 가족을 보여주고 싶었다. 주 여사가 그 집에 있을지, 다른 곳으로 이사를 한 것은 아닌지. 한만년 사장은 나의 근심을 해소해 주었다. 주 여사는 그 집에서 세 명의 아이를 훌륭하게 키웠기 때문에 집에 애착이 있어 다른 곳으로 가지 않았을 것이라고 말이다.

한 사장의 말 그대로 주 여사는 그 집에 건강히 살고 있었다. 자녀인 배금자씨도 건강했다. 갑자기 방문했음에도 불구하고 흔쾌히 맞아주어 손을 잡고 환영해 주었다. 마침 내『일본인 조선관』이 번역되어 일조각으로부터 출판되었기에 사인을 하여 증정해 주었다. 이런 훌륭한 여성을 만나는 것은 행복한 일이다.

마산에서 밀양으로 향했다. 밀양에 있는 이우성씨는 밀양 교외에 있는 영남루 아래 자료관에서 기다려 주었다. 영남루는 낙동강이 완곡한 지점의 언덕에 지어진 이조 시대의 훌륭한 건물이다. 영남루에서 보면 절경이었다. 이우성씨의 안내로 시골길을 차로 약 40분 달려 이우성씨의 구 자택에 도착했다. 양반의 저택은 역시 당당한 모습이다. 동이 몇 가지 있어 방 수가 많으며 부지 한 가운데 사당과 서고가 있다. 각 문의 식사를 운반하는 것은 부엌에서 정원을 넘어 오지 않으면 안된다.

부산역에서 한만년 씨와 함께 해운대에 가서 점심을 했다. 소집 영장을 받아 건강 불량으로 돌아갔을 때 여기에서 여름을 보낸 적이 있었다. 당시는 후미진 해안이었으나 지금은 훌륭한 호텔이 늘어서 있었다. 부산으로 돌아가 구 부산 중학교(현 부산고등학교)를 방문했다. 목조였던 구 교사는 없어지고 철근 교사로 변해 있었다.

5월 1일(일). 아침 부산고등학교 학생이 꽃다발을 들고 왔다. 꽃다발에는 붉은 리본이 걸려 있었고 그곳에는 "선배님, 수고하셨습니다. 중, 부산고등학교 재학생"이라고 쓰여 있었다. 기뻤다. 부산고등학교 학생으로부터 선배로 불리는 것은 생각지도 못해서 기뻤다. 호텔을 나와서 김해공항을 향해 한만년 씨 등에게 배웅을 받아 오후, 나리타공항으로 돌아왔다.

생각해보면 이번 10일간 어수선하게 일정을 보냈으나 예전에 알던 사람이나 초면인 사람들 등 헤아릴 수 없는 깊은 정을 느꼈다. 감사해 마지 않다는 생각이 들었다. 한국은 내가 태어나 자란 토지, 부모와 그 외 가까운 사람들이 잠들어 있는 토지, 젊은 날 생각이 새겨져 있는 토지로 또 좋은 친구가 사는 토지이므로 날아서 가고 싶은 기분이 들 정도로 동시에 식민 지배자의 일원이었다는 떳떳하지 못함이 있어 가고 싶어도 갈 수 없는 그 기분도 알기 때문에 주저함이 있었다. 그러나 결국 방문했다. 주저하는 기분이 없어진 것은 아니지만 그리운 토지를 방문하여 많은 분들의 깊은 정을 느끼고 마음이 씻겨진 생각이 들었다.

나에게 있어 조선·일본
중국의 조선족과 '일본'
[私にとって朝鮮·日本] 中国の朝鮮族と「日本」

　　코하리 스스무는 학생이다. 이 글에서는 중국 방문 시 만난 조선족을 통해 그들의 역사관과 민족에 대한 인식을 재일조선인과 비교적 관점에서 서술하였다. 특히 그가 관심을 둔 것은 중국에서 소수민족으로 인정받는 조선족에 대한 민족의 의식과 일본에서 외국인이면서 조선인으로 불리는 재일조선인에 대한 차별 인식이다. 필자는 이를 민족과 국가라는 관점에서 고찰하였다.

　　중국은 50년 전 다양한 민족으로부터 이루어진 다민족국가로 불렸다. 그러나 인구의 94%까지 한족이 점하고 있어 다른 소수민족은 다 합쳐도 6%에 지나지 않는다. 그 소수민족 중 하나로 조선족이 있다. 중국의 조선족은 길림성, 흑룡강성, 요녕성 등 동북지구를 중심으로 약 168만명(1978년 현재, 인민출판사『中国少数民族』에 의한)거주하고 있으며 길림성에는 연변조선족 자치주까지 있다.
　　나는 작년(1982) 여름, 길림성 장춘시에 있는 동북사범대학에서 중국어 학습을 위해 1개월 정도 단기 유학하여 흑룡강성 하얼빈시 등을 여행했다. 그리고 장춘이나 하얼빈에서 실제 많은 조선족과 만날 수 있었다.
　　장춘이나 하얼빈에는 한족, 몽고족, 만주족, 회족 등도 거주하고 있으므로 용안만으로는 누가 조선족인지 알 수 없었다. 그래서 나는 조선족 초·중학교나 조선족 상점, 조선족 반점(조선요리점), 조

페이지
115-117

필자
코하리 스스무
(小針 進,, 미상)

키워드
중국, 조선족,
소수민족,
재일조선인, 민족

해제자
석주희

선어 전문서점, 조선민족병원, 조선족문화관(조선족이 다수 거주하는 지역의 행정단위로 대중적 문화 활동과 친목교류의 장이 되어 있다) 등 조선족이 많이 있을 것 같은 곳을 방문하여 이야기하는 기회를 가지거나 열차나 거리에서 조선어를 말하는 사람들을 발견하면 바로 말을 걸었다.

조선족 사람과 만나서 느낀 것은 우선 첫째로 그들은 중국의 소수민족 가운데 '조선인'으로서의 민족의식이 확실히 강했다는 것을 알게 되었다. 그들은 한민족이 압도적으로 다수인 사회에서 중국어 뿐 아니라 조선어도 말했으며 몇 몇 가정을 방문했을 때에도 식사는 김치 문화이거나, 방 안은 조선 관습이 그대로였다.

장춘에서 알게 된 어느 인텔리는 '몽고족이나 한족은 한족과 동화를 신경을 쓰지 않고 결혼하지만 조선족은 대부분 조선족끼리 결혼하고 민족의 '피'를 지키기 위해 다른 민족과는 결혼하지 않는다"는 말을 하는 등 중국 사회에 그다지 좋지 않은 측면 등 한민족이라면 결코 말하지 않는 것도 가르치고 있었다. 그리고 자신은 "중국인의 조선족"이 아닌 "조선인"으로 "민족"을 강조하는 사람까지 있었다.

이러한 조선족의 강한 민족의식에 대해 중국 정부의 소수 민족 정책은 민족의 특수성을 존중하기 위해 확실히 배려하는 것 같이 생각되었다. 이를 재일조선인의 경우와 비교해보면 일본 정부는 법적지위는 물론 교육을 예를 들더라도 동화정책의 방향이 기본적인 것으로 되어 있다고 생각되며 하물며 민족성을 존중하는 자세는 없다. 역으로 일본에서는 법적으로는 '외국인'으로 중국에서는 '내국인'으로 다루어진다. 물론 민족고유의 언어와 문화를 유지하면서 살고 있는 국가의 국적에 편입되는 중국의 조선족과 문화나 풍속 관습 등이 거주 사회에 동화되어 국적만을 유지하는 재일조선인과 어느 쪽이 "민족"이라고 하면 좋을지, 일률적으로는 말할 수 없다.

내가 가장 알고 싶었던 것은 중국의 조선족은 조선반도(조선민주주의 인민공화국과 대한민국)에 거주하는 조선인에 대하여 민족적인 아이덴티티를 느끼고 있는지 하는 것이다. 1세대 등은 모두 조선반도(내가 접촉한 사람들은 평안도, 함경도 및 경상도 출신자가 많았다)에 살고 있었으며 2세대, 3세대에서도 대부분은 공화국 또는 한국에 친척을 가지고 있다고 말했다. "조선을 방문해 보고 싶은가" 하는 나의 질문에 그들은 "물론"이라고 대답했다. 중국에서 대만의 통일 문제보다 남북조선의 통일 문제가 중국의 조선족에는 "자신의 문제"인 것으로 보였다. 이처럼 중국의 조선족은 남북조선, 일본에 거주하는 조선인에 대해 확실히 강한 아이덴티티를 느끼고 있는 것처럼 생각되었다.

그렇다면 조선반도와 지속적으로 이어져 왔다고 말하면서 왜 많은 조선민족이 중국에 거주하고 있는 것인가? 그들의 이주는 17세기부터 시작되었으나 대다수는 일본이 조선을 식민지로 지배한 1910년 이후 토지를 빼앗기는 등 어쩔 수 없이 이주한 사람들이다. 즉 중국의 소수민족이라고 말해도 조선족의 배경에는 조선과 중국은 물론 "일본"이라는 존재가 있다. 나는 그들과 만난 작년 여름 때마침 일본 문부성의 역사교과서 왜곡에 대한 중국의 여론이 높았던 시기였으므로 나는 만주국 수도였던 장춘(구 신경)에서 일본인 한명으로서 여러 가지 생각하게 되었다.

중국에 잔류한 일본인 고아 문제는 최근 정부와 민간 레벨에서 조사가 진행되고 있어 한층 더 생각하지 않으면 안 되는 전후 처리 문제 가운데 하나이다. 중국의 조선족이나 사할린 재주 조선인, 또는 재일조선인에게 "조국"은 무엇인가, "일본"이란 무엇인가 하는 문제에 대하여 일본인으로서 좀 더 알아야할 필요가 있다고 생각했다.

재일조선인과 국가

[私にとって朝鮮・日本] 在日朝鮮人と国家

야마모토 마유미는 학생이다. 재일조선인 친구의 결혼과 취직 활동을 통해 재일조선인으로 차별을 자각하게 되었다고 서술했다. 국가와 민족이 관점에서 조선인 차별 문제를 지적하였으며 이는 현대 일본국가에서 나타나는 왜곡된 문제라고 보았다.

국가라는 것의 존재에 대해 재일조선인과의 관련으로부터 생각해보고자 한다. 나는 관서라는 고장에 몇 사람 정도 재일조선인 친구가 있다. 그 한 사람으로 대학에서 자연과학을 전공한 오상은은 대학 수험에서 처음 법학부를 응시했다. 변호사가 되고 싶었기 때문이다. 일본 국적을 가지지 못한 그에게 자격이 없는 것을 알게 된 것은 합격 통지를 손에 받아든 이후였다.

그가 일본인 여성과 결혼하려고 했을 때 두 가지 문제가 발생했다. 한 가지는 취직과 다른 한 가지는 태어날 아이의 국적에 관한 것이다. 현재 일본 국적법에서는 아버지가 외국 국적을 가지고 부인이 일본 국적을 가진 경우, 그 아이는 정식으로 부부 사이에 아이로서 일본 국적을 취득할 수 없다. 어떻게든 일본 국적을 가지고 싶은 경우 법적으로는 사생아로서의 지위를 감수할 수밖에 없다. 일본에서 태어나서 일본인의 모친을 가지고 일본어를 모국어로 하는 사람에게 일본 국적을 가지는 것을 허가하지 않는 것이다. 게다가 일본 국적을 가지지 않는 그는 박사과정을 마치더라도 일본 대

페이지
117-119

필자
야마모토 마유미
(山本真弓, 미상)

키워드
국가, 국적법,
재일조선인, 모국,
국가정체성

해제자
석주희

학에서 취직할 수 있는 길은 거의 열려져 있지 않다(그 후 국공립 대학 외국인 교원 임용법이 생겼으며 또 국적법 개정도 추진하고 있다).

　모국어라는 일본어가 재일조선인의 언어에 대한 인식을 상징적으로 보여준다. 그렇다면 모국어의 지위를 따른다는 것이 일본어라는 언어의 배경에 일본이라는 국가의 존재를 이야기 할 수밖에 없다. 일본이라는 국가는 다양한 형태로서 그들의 일상생활 가운데 상당히 구체적으로 존재하고 있다. 조선어는 그런 가운데 그들에게 "잃어버린 언어(lost mother tongue)"의 지위를 유지하고 있다.

　현대는 지구 전체가 국가라는 행정 단위를 바탕으로 편성되어 지구상 구석구석까지 어디든 국가 권력이 미치지 않는 곳이 없는 시대이다. 이와 같은 "세계 국가 차원에서 구성"을 강화하는 한편, 그것과 모순되는 개인의 존재 - 무엇보다 국가에도 소속되지 않는 개인의 존재의 방식을 물어야 한다. "세계의 국가 차원에서의 구성"이 "인간 역사의 오늘날 특색"이라면 재일조선인의 존재 또한 그와 같은 현대사회의 왜곡을 나타내고 있다는 의미에서 "오늘날의 특색"이라고 말할 수 있다. 이러한 점에서 국가를 절대시하는 현대 세계에 대하여 다른 새로운 시점을 제공할 가능성을 그들 스스로의 존재 그 자체로 간직하고 있다.

나에게 있어 조선·일본
살아간다는 것을 마주하며
[私にとって朝鮮・日本] 生きることと向き合って

김광자는 회사원이다. 재일조선인으로서 조선관을 자각하게 된 계기를 취업과 결혼 서승·서준식 형제와 관련된 사건이라고 보았다. 민족의 차별에 대해 민족과 개인의 정체성을 인식하는 가운데 남북통일은 조선인에게 매우 중요한 문제임을 자각했다. 본인 스스로 조선인으로서의 삶의 방식을 모색해야 한다고 말하며 자아성찰적 입장을 보여주었다.

하나의 민족이 강압과 차별을 받아 식민지화되어 노예화되는 가운데 아마도 그 최후에는 미의식이라는 논리가 있다. 해방 후 모두 40년을 향하고 있다. 식민지 지배의 속박으로부터 해방된 가운데 살아남아 길러진 내가 이러한 최후 단계에서 전신이 미의식에 침식되고 있다.

언제, 누구로부터 배운 것인가, 전혀 기억은 없으나 철이 들었을 때부터 조선인은 조야에서 온 것이 아니라 조선어는 이상한 언어가 아니라, 조선이라는 것을 사람 앞에 드러내는 것은 틀림없이 부끄러움이라는 것이 의식 뒤편의 깊은 곳에서 단단하게 굳어버렸다.

그러한 내가 바른 조선관을 가지게 된 것은 세 가지 사건이 계기가 되었다. 첫째는 고등학교 3학년 때 취직 차별이다. 그 이전에 나는 자신이 조선인으로서 차별을 받고 있다는 감각을 가지고 있

페이지
119-121

필자
김광자(金光子, 미상)

키워드
민족, 차별, 남북통일, 분단, 서승, 서준식

해제자
석주희

지 않았다. 초·중학교와 근처의 아이들 이외에는 내가 조선인이라는 것을 아는 사람은 없었고 나 자신도 스스로 알리지 않겠다고 했기 때문에 직접 차별을 받은 적은 없었다. 그런데 고등학교 3학년 취직 시즌에 되자 희망하는 기업에 응시하는 교내 선발을 통해 알게 되었다. 그러나 나는 희망하는 기업도 교내 선발도 관계없이 모두와 전혀 다른 위치에 격리되었기 때문이다.

두 번째는 결혼 문제였다. 나의 누이는 아버지가 극렬히 반대하는 가운데 일본인과 도피해 버렸다. 나는 누이의 도피에 협력을 할 지언정 반대는 하지 않았다. 다만 당시 자신은 일본인과는 결혼하지 않겠다고 생각했다. 나 자신이 조선인이라는 것을 비굴하게 생각했기 때문이다. 따라서 나는 조선인과 결혼하는 것인가 하고 자문해 보았다. 그러나 그것도 할 수 없다. 왜냐하면 조선인이 매우 싫기 때문이다. 대체 어떻게 할 셈인가? 잘 모르겠다. 이러한 불안과 질문 가운데 나타난 것이 나는 결국 조선인 인가 하는 질문이다.

세 번째 사건은 지금도 조국의 옥중에서 메여있는 몸인 서승·서준식 형제와 그 어머니인 오기순 씨를 알게 된 것이다. 안타깝게도 내가 그들을 안 것은 서준식씨가 7년 형기를 만료하여 석방되기 조금 전이었다. 사회안전법에 의해 형기 만료 이후에도 이어서 구금이 위구된 시기에 잡지 「세계」에서 공표된 두 명의 가족에게 대한 편지와 그 동생인 서준식이 쓴 서승 형제 사건의 배경과 경과, 서 가족의 내력은 나에게 세 가지를 알려주었다.

우선 서 가족과 우리 가족의 내력이나 생활이 같으며 그것은 우리 두 가족 뿐 만이 아니라는 것이다. 식민지 지배 하 일본에 건너온 1세대들이 괴롭고 쓴 맛을 경험하면서 아이를 기르고 생활한 것을 알게 되었다. 두 번째는 재일조선인인 서 형제의 삶의 방식, 조국과 민족에 대한 사고방식이었다. 그들은 조국, 민족을 적극적으로 희구하며 완전히 조선인이 되기 위하여 한국에서 유학을 했다. 나에게는 생각하지 못한 삶의 방식이었다. 세 번째는 분단 상태인 조국이라는 것에 눈을 돌렸다. 그것은 나와 같이 일본에서 자고 나라서 고민하고 생각하고 민족적으로 살아가는 방법을 더듬어 찾아가는 서 형제가 남북 긴장의 도구로서 정치범으로 날조된 것이다.

이것이 나와 조국을 잇는 계기가 되었다. 조국의 역사, 그 중에서도 근·현대사, 그리고 분단 상태가 가지는 왜곡을 알게 되는 가운데 우리 민족, 우리 세대가 해결해야 하는 지상과제가 남북통일이라는 것을 이제야 나는 6천만 동포와 같이 생각하게 되었다.

이것이 일본 미의식의 침식을 전신에 머금고 있던 내가 살아가는 것과 마주하는 가운데 한 장 한 장 그 껍데기를 벗겨내는 과정이다. 그러나 그 작업은 지금도 현재 진행형으로 또는 껍데기를 벗기는 것만으로 되지 않는다. 나 자신이 우선 조선인의 삶의 방식을 창조해 나아가야 하기 때문이다.

온돌방
おんどるばん

[조선근대시선]에 관한 것 요코하마시(横浜市) 미나토키타구(港北区)·
사카모토히사시(坂本尚)·주부·57세

『계간 삼천리』를 잡지로 부르기에는 내용이 매우 무겁기 때문에
'잡지'로 부르고 싶지 않다. 바쁘기 때문에 읽는 시간이 제한되어
있으나 곁에 두면 둘수록 기쁜 책이다. 그리고 한 명이라도 많은
사람들에게 읽혀지기를 바라는 책이다. 오무라마스오(大村益夫)
씨의 『조선근대시선』을 읽으면서 왜 좀 더 빨리 조선(문화)과 만나
지 못했는지 아쉬운 생각이 가득했다.

학습만화를 생각함 구마모토시(熊本市)·다케시타 쇼스케(竹下尚助)·중
학생·14세

나는 조선을 특집으로 한 제32호부터 본지를 읽어왔으나 아무것
도 몰랐던 것에 대해 상당히 놀랐다. 나는 내년 고교 수험이 있기
때문에 그다지 독서할 시간이 없다. 그럼에도 불구하고, 『계간 삼
천리』나 조선의 고전소설인 『춘향전』등을 읽었다. 제35호 나라카
즈오(奈良和夫) 씨의 '학습만화『일본의 역사(日本の歴史)』'에서
는 생각을 하게 되었다. 서점에는 이러한 만화가 한창이지만 기사
를 읽고 만화에도 전전의 '국정교과서'의 망령이 깃들어 있다는 생
각을 했다. 모두 제 2차 세계대전의 패전으로부터 38년 지난 현재,
일본에서는 지금 '탈아입구' 의식과 '군국주의'라는 두 가지 것을

페이지
254-256

필자
독자

키워드
조선, 문화, 민족,
조선어, 조선사

해제자
석주희

버리지 않고 있다. 일본을 다시 '신국'이라는 미명으로 꾸민 파시즘의 국가로 하지 않기 위해서는 다음 세대인 우리들이 일본과 조선, 그 두 민족이 함께 이해하도록 해야한다고 생각한다.

깊이 있는 것을 찾고 싶다 교토부(京都府) 마이즈루시(舞鶴市)·곤도슈헤이(近藤 修平)·자영업·34세

조선어, 조선사에 흥미를 가지기 시작한 지 십 수 년이 되었지만 책상 위 질문만으로 두고 있다. 가능하면 서클 등 가입을 시켜주셔서 보다 깊이 있는 것을 발견할 수 있도록(조선어에 관하여)하면 어떨지 생각한다. 교토 부근의 조선어, 조선사 서클 등이 있다면 알려주길 바란다. 본지에 연재 중인 나카무라 칸 씨의 '훈민정음의 세계'는 흥미 깊게 읽고 있다.

편집을 마치고
編集を終えて

본지를 창간하여 만 9년, 우리들은 남북 간 대화야말로 유혈을 피하는 길일 뿐 만 아니라 평화 가운데 통일할 수 있는 유일한 길이라는 것을 주장해왔으나 최근 미얀마 양곤의 폭탄사건을 계기로 남북 간에 새로운 유혈을 야기하는 긴장관계가 발생했다.

나는 33년 전에 있던 한국전쟁이 비극적이라고 생각한다. 또 남북 당국자에 대해서 대화에 의해 통일 문제의 해결을 민족의 앞에 엄중히 기원했던 11년 전 7·4 남북공동성명에 대해서 지금 다시 상기해야 한다.

어두운 뉴스가 이어지는 가운데 읽었기 때문인지 오카사키 히사히코(岡崎久彦) 씨의『이웃 국가에서 생각한 것(隣の国で考えたこと)』은 마음에 따뜻하게 남아 있다. 저자는 외교관으로 서울에 주재하며 한국에 대한 현상 분석과 장래 예측에 냉정할 뿐 아니라 인근 국가의 역사와 문화, 그것을 만들어내는 사람들에 대해 잘 아는 것은 일본을 잘 알게 된다는 자세를 일관되게 가지고 있다. 이는 비교문화론으로서도 훌륭하기 때문이다.

본지는 곧 창간 10주년이 된다. '창간의 언어'에 있는 것처럼 메이지 이후 복잡하게 얽힌 양국 민족 간 실을 풀어서 상호이해를 돕는 지면이 되도록 내년에도 노력해 나가고 싶다고 생각한다.

페이지
256

필자
이진희
(李進熙, 1929~2012)

키워드
남북대화, 통일문제,
미얀마 양곤 사건,
한일 양국, 상호이해

해제자
석주희

133

1984년 봄(2월) 37호

가교
사물놀이를 보다
[架橋] サムルノリを観る

시라이시 쇼고는 『요리우리 신문(読売新聞)』 기자이다. 이 글은, 필자가 처음으로 본 한국의 사물놀이 공연을 보고 다른 나라의 음악과 비교하여 기술했다. 그리고 끝난 후 출연자로부터 사물놀이의 춤, 노래, 음악에 대한 해설을 듣고 필자가 새롭게 느낀 사물놀이의 매력에 대하여 썼다.

구정 13일 조선민중예능(朝鮮民衆芸能)인 사물놀이를 보러 갔다. 도쿄(東京) 니시칸다(西神田)의 노음(勞音)회관에서 김덕수(金德洙) 씨를 비롯한 4명이 타악기를 연주했다. 이진희(李進熙) 씨로부터 소개를 받는데 그전까지 나는 사물놀이란 어떤 것인가, 본 적도 없고 들어 본 적도 없었다.

일본의 수확축제(收穫祭)에서도 북을 연속적으로 치는 것은 있었지만 일본의 경우 피리가 "피- 햐라"라는 소리가 들어가지 않나. 큰 징(鉦)은 일본에 있었나. 중국이 더 많았었나. 인도네시아의 가믈란(gamelan, 인도네시아의 타악기 음악)에도 징이 있었을 것이다 - 등 비교하고 (악기의) 계통론(系統論)을 생각해봤다. 이런 생각을 하는 것은 내 생각이 얕아서지만, 해석을 좋아하는 학자의 나쁜 버릇이기도 하다. 이와 같은 생각을 하는 사이에 악기의 강한 연주가 시작되었고, 어느 새인가 몸은 리듬을 타고 있었다.

마지막 '춤'도 재미있었다. 4명 중 1명은 머리에 깃털과 같은 장

페이지
14-17

필자
시라이시 쇼고
(白石省吾, 미상)

키워드
사물놀이, 남사당,
음악, 춤, 의례, 민속

해제자
임성숙

식을, 나머지 3명은 길고 하얀 줄을 달아 징은 손에 그리고 북과 장구는 줄로 어깨에 걸어 동그란 원이 되어 춤춘다. 머리 위 하얀 줄이 구불구불 공간을 자르듯이 돌아가며 대지를 쿵쿵 구른다. 각각의 춤꾼이 솔로로 보여주는 춤에서는 주로 회전을 하는데, 몸을 안쪽으로 기울이면서 빠른 속도로 돌면서 동시에 크게 원을 그린다. 지구가 자전하면서 태양을 도는 것과 같은 모양이다. 그것도 아주 빨리 움직이기 때문에 춤꾼은 어지러울 것이다. 이는 곡예(曲芸)라고 불러도 좋을 것이다. 회전이라는 동작은 춤에 있어 하나의 기본이며 어떤 춤에도 있는 듯한데, 예를 들면 발레의 훼떼(fouette)도 그러하다.

이광수(李光寿) 씨의 말에 의하면 남사당(男寺党) 이외에 여사당(女寺党)이 있었고, 신라시대부터 연극과 음악이 흥행되었는데, 조선 시대에는 남사당이 성행하게 되었다. 1945년 이후 국가 극단인 여성농악단으로 부활했으나 70년대부터 사라졌다고 한다. 남사당도 현재는 이어갈 사람이 없어 이 4명이 유일한 후계자인 것 같았다.

이번 공연에 대한 해설을 해 보기로 하자. 처음 '기도(祈禱)'는 비나리 혹은 고사라는 것인데 '기도(祈り)' 혹은 '고사(告祀)'라고 쓴다. 천지창조에서 조선 성립까지의 신화와 역사, 농사 등을 이야기한 것이며 집에 안 좋은 일이 일어났을 때나 설날과 같은 명절 때에 경사를 부르고 악귀를 제거하기 위해 부른다고 한다. 현재도 민중 속에서 살아 있다고 한다. 일본 축문(祝詞)과 같은 것으로 보인다.

여기까지 쓰면서 나는 다소 혼란스럽다. 결국 사물놀이의 매력이란 무엇인가. 타악기에 의한 강한 리듬음악, 이것은 현대 젊은 사람들에게도 통한다. 귀청을 찢는 소리와 피부를 치는 리듬이 우리의 원초적 감각에 호소한다. 샤머니즘에서 출발하여 여러 민속적 의미를 지니고 있지만 근본적으로는 원초적 감각의 지속이 아

137

닐까.

　일본에서도 덴가쿠(田楽)로부터 발생한 여러 예능이 발달했다. 이것은 여러 가지로 분화되고 능악(能楽) 등도 그 하나의 형태라고 설명한다. 지방의 민속예능에는 지금도 덴가쿠의 모습이 남아 있다고 하나 공업화와 도시화로 어떻게 될 것인가. 포크 퍼커션(Folk Percussion)으로서 현대에 소생할 수 있을까. 사물놀이를 보고 그런 생각을 했다.

가교
잘못된 한일문화교류론
[架橋] 誤まれる日韓文化交流論

안우식은 도쿄에서 태어나 와세다대학교(早稻田大学)를 중퇴하고 조선대학교에서 학생들을 가르쳤다. 그 후 문예평론가, 번역가로 활동하면서 J.B 오비린대학교(桜美林大学) 교수를 역임하고 명예교수로 재직했다.『평전 김사량(評伝 金史良)』(1983),『천황제와 조선인(天皇制と朝鮮人)』(1977)과 같은 저서를 집필했으며, 윤흥길의『에미(母)』(1982)의 번역으로 일본번역문화상을 수상했다. 그 외 윤흥길의『황혼의 집(黃昏の家)』(1980), 이문열의『사람의 아들 - 신에게 도전하는 자(ひとの子—神に挑む者)』(1996), 신경숙의『외딴방(離れ部屋)』(2005) 등을 번역했다. 이 글을 통해 안우식은 한 일본인 서울특파원이『아사히신문(朝日新聞)』에 게재했던 한국과 일본의 문화교류 촉진에 관련한 논고 내용에 내포되어 있는 문제, 그리고 특파원의 글에 충고를 했던 이어령(李御寧)의 입장을 비판적으로 지적한다.

12월 8일의『아사히신문』조간 6면의「시각(視角)」에 '이해받지 못한 일본문화 - 우선 동문동종(同文同種)의 한국과 교류를'이라는 제목으로 서울 특파원 고바야시 게이지(小林慶二) 씨의 리포트가 게재되었다. 그의 견해는 다음과 같은 인식에 입각한다.

"한일관계는 배상이라는 경제관계로부터 시작되었다. 그리고 정치적 연결을 깊이 하여 지금은 군사협력의 시대에 들어섰다. 그

페이지
17-21

필자
안우식
(安宇植, 1932-2010)

키워드
한일문화교류,
상호이해, 식민지,
문화침략,
고바야시 게이지
(小林慶二) 특파원,
이어령(李御寧)

해제자
임성숙

러나 그 근원이 되는 문화교류가 진정한 것이 되지 않는 한 앞의 세 가지는 사상누각으로 끝난다. 일본은 문화교류에도 더 역점을 두어야 하지 않는가." 지일파(知日派)로 알려진 '축소취향'의 이어령(李御寧) 이화여자대학 교수로부터 지난 번 이러한 충고를 받았다. (중략) 이 교수는 "서구나 미국, 아프리카에도 각 문화권이 성립한다. 타국에서 공격을 받았을 때 그 문화권이 공동방어로 나선다. 그러나 일본은 스스로의 문화원이 없기 때문에 세계의 고아가 될 가능성이 있다"고 지적한다.

이러한 '충고'를 바탕으로 고바야시 특파원도 다음과 같이 결론을 지은 사실을 알아야 한다. 즉 과거 일본에 그 정도의 여유가 없었다는 변명도 있을 것이다. 그러나 오늘날 일본이 살아남기 위해서는 일본문화를 상대에게 이해시킬 노력이 필요하다. 한일문화교류는 그러한 일본의 노력의 시금석이라고 할 수 있다. 동문, 동종의 나라로부터 이해받지 못하는 한, 다른 나라들에 문화침투를 시도하는 것은 절망적이라고 할 수 있기 때문이다. 이와 같은 인용을 통해, 고바야시 특파원의 견해가 이어령 씨의 주장의 연장선상에 있다고 할 수 있다. 그렇지만 이어령 씨의 '충고'는 과연 타당한가.
이 점만은 말할 수 있다. 일본 민중들 사이에는 이제는 일본이 군사대국화의 길을 가고 있는 건 아닌가라는 위구(危懼) 내지는 한일미군사체제의 일체화가 시도되어 가는 것에 대한 신랄한 비판이 있다. 따라서 만약 한일 양국이 실제 '지금은 군사협력의 시대에 들어서고 있다'면, 일본에 한해서도 그것은 민중적 컨센서스를 얻은 것은 아닌 셈이다. 이와 같은 사정은 한국에서도 다르지 않다. 고바야시 특파원은 '과거의 쓰라린 경험으로부터 한국에서는 '일본문화침략'에 필요이상의 경계심을 가지고 있는 것처럼 보인다'고 썼지만 그것은 결코 '보이는 것'에 그치는 것이 아니기 때문이다.

반복하지만 한국 민중이 '일본의 문화침략'에 '경계심을 가지고 있는 것'은 부정할 수 없는 사실이다. 그것은 새삼스레 말할 필요도 없이 '과거의 쓰라린 경험' 즉 '식민지지배라는 불행한 역사'를 끌고 있기 때문이다. 그러나 한국민중의 경계심을 고바야시 특파원처럼 과거 '식민지지배라는 불행한 역사'가 낳은 '반일감정'에 뿌리를 내린 것으로 받아들인다고 한다면, 그것은 역시 피상적이다. 한국 민중이 '일본의 문화침략'에 강한 경계심을 가지는 것은 일본이 오늘날 선진공업국 즉 제2세계에 속하고, 한국은 소위 개발도상국 즉 제3세계에 속하고 있기 때문이다. 표현을 달리 하면 '과거의 쓰라린 경험'과 함께 현재 쌍방의 입장 차이 때문에 한국의 민중으로 하여금 필연적으로 일본에 대한 '필요이상의 경계심을 가질' 수밖에 없는 것이다. 또한 이렇게 '필요이상의 경계심을 가지는 것'이야말로 고바야시 특파원의 말을 빌리면 '서구는 종교를 지렛대로 문화 전파를 노리고 미국은 경제, 군사원조, 종교를 통해 미국문화권을 구축'해 온 역사의 교훈에서 배우는, 제3세계에 속하는 민중이 취해야 할 태도라고 할 수 있다.

한국과 일본이 한자를 통해 예로부터 동일한 문화권에 속하고 인적 교류를 통해 여러 면에서 뿌리를 같이 하는 점은 고바야시 특파원이 다음과 같이 말하는 바이다. "한일 문화교류는 역사에 명기된 것만 해도 천 수백 년 전으로 거슬러 올라간다. 불교나 유교가 조선반도를 거쳐 일본에 전해온 사실은 누구나가 알고 있다. 많은 지식인, 도공 등 기술자가 반도에서 일본으로 건너갔다. 쇄국시대에도 조선 왕조와의 사이에는 통신사의 왕래가 이어졌다."

그러나 동시에 조선반도에서도 일본에서도 '불교나 유교, 한자를 받아들여 독자적인 문화를 구축해' 온 것이다. 그렇지만 이제까지 자주 강조된 점은 전자, 즉 '동문동종론(同文同種論)'이었다. 그 결과 상대에 대하여 숙지하는 것처럼 착각하고 정확하게 이해할 노력을 소홀히 하고 응석[甘え]을 부려 온 것이다.

만일 이것이 독자성을 가진 타자였으면 어떤가. 상대를 존중하고 대등한 입장에서 상호이해를 위해 노력해야 한다. 한국에게 일본이 독자적인 문화를 가진 타자인 것처럼, 일본에게 한국 역시 그러한 존재이다. 즉 고바야시 특파원이 '동문, 동종의 나라한테 이해를 받지 못하는 한 다른 나라들에 문화침투를 시도하는 것은 절망'이라고 생각하는 일은, 한국을 독자적으로 문화를 영위해 온 타자로 보지 않는, 응석일 뿐이다.

가교
'한글강좌' 개설에 대하여
[架橋]「ハングル講座」開設に寄せて

후지모토 도시카즈는 NHK 국제국 직원이다. 필자는 한국, 북한, 그리고 중국 조선족을 대상으로 한 국제방송을 담당하고 있었다. 이 글에서는 NHK에서 한글강좌가 시작된 계기와 과정을 되돌아 보면서 자신이 젊었을 때 조선어나 조선 문제에 관심을 가지게 된 이유에 대하여 회고한다.

우여곡절 끝에 올 4월부터 NHK 교육 TV에서 '안녕하십니까 한글 강좌'가 시작되었다. 강좌가 개설된 의의에 대하여 내가 새삼스 럽게 말할 필요도 없지만 무엇보다도 조선에 시선을 돌리는 사람 이 지금보다 늘어날 것은 틀림없다. 어느 날 지금까지 조선에는 관심이 없다고 생각한 지인 두 명한테 강좌가 시작되면 교재를 사 서 공부하려고 한다는 이야기를 듣고 '이 사람이 왜'라는 생각이 들며 놀랐다.

그러나 생각하면 그것은 9년 전 나 자신의 모습이었다. 그 당시 나도 조선에 대하여 전혀 관심을 가지고 있지 않았다. 도쿄외국어 대학(東京外国語大学)의 중국어학과를 졸업했기 때문에 사정을 모르는 옛 지인들은 내가 국제방송에서 조선반도를 대상으로 한 방송을 담당하고 게다가 DJ를 하는 것을 듣고 놀랐고 "언제 공부 했는지, 중국어와 조선어는 비슷한지" 등 잇달아 질문을 했다. 그 리고 이러한 대화의 다음 순서로 나는 9년 전 조선어와 만난 과정

페이지
21-24

필자
후지모토 도시카즈
(藤本敏和, 미상)

키워드
한글강좌, 조선어,
한국어, NHK, 역사

해제자
임성숙

에 대하여 이야기하게 된다.

일본의 이웃나라이며 오랜 역사적 관계를 가져 특히 근대 식민지 통치자와 피통치자라는 관계를 가지고 현재도 정치적, 경제적, 군사적으로 밀접하게 연결되어 있다. 그리고 무엇보다도 70만 명의 재일조선인과 가까이 접할 기회가 있음에도 불구하고 우리는 잘 조선을 접하려고 하지 않았다. 나는 비교적 가까운 중국에 관심을 가지고 있었지만, 대학시절 조선에 대해서는 전혀 관심을 가지고 있지 않았다.

나는 첫 부임지였던 시모노세키(下關)에서 조선어를 배웠다. 내가 조선, 그리고 조선어를 만난 것은 바로 관부페리(關釜フェリー)가 출발하고 도착하는 시모노세키에 부임했던 우연한 기회를 통해서였다. 직업상 조선문제에 관여하는 일본인을 만나는 일이 많은데 그 때 빠짐없는 질문은 '어떤 계기로?'라는 질문이었다. 이것은 상당히 답하기가 어려운 질문인데 답변하는 내 자신도 스스로의 답에 석연치 않은 경우가 간혹 있다. 나도 그 계기를 '시모노세키'로 설명할 수 있을지 모르겠다. 그렇다면 시모노세키 사람들은 모두 조선어로 이야기할 수 있을 것이다.

시모노세키는 분명히 하나의 계기지만 그 당시 심리에 한 걸음 더 깊이 들어가면 "무언가 특이한 것, 모두가 하지 않는 일을 하자"는 의식이 크게 작용하고 있었다.

내가 "왜 조선어를?"이라고 묻고, 상대가 "모두가 하지 않기 때문에"라는 답을 들으면 왠지 질문을 피하는 느낌이 든다. 그래서 "또 그 외에는?"이라고 물어보고 싶다. 그러나 잘 생각하면 이것은 큰 동기라고 할 수 있다. 이번 강좌를 계기로 예상하지 못한 사람들이 조선어 공부를 시작하는 일이 충분히 있을 수 있다. 이미 그 후보생이 내 곁에 2명 정도 있다.

가교
관부연락선
[架橋] 関釜連絡船

하타 세이류는 『아사히신문사(朝日新聞社)』 편집고문이다. 저
자는 전 야마구치현(山口県) 노무보국회(労務報国会) 시모노세
키지부(下関支部)의 징용 동원부장(動員部長)이었던 요시다 세
이지(吉田清治)가 충청남도 천안의 〈망향의 동산〉에 과거 조선인
들을 강제징용 및 연행한 사실에 대하여 사죄의 마음을 표하는 기
념비를 건립한 내용의 신문기사를 읽었다. 그리고 이 글에서 과거
기자로서 시모노세키에서 근무했을 때 항구에 입항하는 선박의 승
객들을 취재하는 일을 하면서 조선인 노무자를 만난 일에 대하여
회고한다.

나는 그 때 즉 태평양전쟁 발발 전후 2년 반 정도를 『아사히신문
(朝日新聞)』 기자로 시모노세키(下関)에서 근무하고 있었다. 그
때 관부연락선(関釜連絡船)을 내가 담당했다. 매일 아침 5시 50분
에 입항하는 첫 번째 편부터 밤 9시 경에 출항하는 최종편까지,
아침의 두 편, 밤 2편의 입출항선을 기다리고 보내며 그 여객선의
승객을 대상으로 취재하고 있었다. 현해탄에서 불어오는 바닷바람
은 차갑고 겨울의 부두는 귀가 떨어질 정도로 추웠다.
항공편이 발달되지 않았던 당시 이 관부연락선은 대륙으로, 그
리고 시베리아 경유로 유럽에 이르는, 그리고 그 역으로 향하는
주요 간선이었으며 정부공직자나 장군들도 이 여객선을 탈 수 밖

페이지
24-27

필자
하타 세이류
(秦正流, 미상)

키워드
강제연행, 전후처리,
관부연락선
(関釜連絡船),
요시다 세이지
(吉田清治),
시모노세키(下関),
「돌아와요 부산항에
(釜山港へ帰れ)」

해제자
임성숙

에 없었다. 그러나 이 연락선은 그러한 정부공직자나 만주중공업, 만철(満鉄) 등의 총재나 부총재들의 부임이나 귀임(帰任)을 위해 이용되었을 뿐만 아니라 상당히 많은 서민들의 슬픔과 눈물을 부산으로, 그리고 시모노세키로 나르고 있었다. 반 강제적으로 모집된 만몽개척의용단(満蒙開拓義勇団) 등의 소년들이나 일확천금을 꿈꾸는 감독[親方]들에게 팔린 젊은 여성들이 타고 있었다. 또한 나치·독일군의 포학(暴虐)에서 달아나 시베리아를 거쳐 도망쳐 온 유대인들의 가족 혹은 집단이 미국이나 호주에 있는 친지에 연고를 찾기 위해 타고 있었다.

그러나 그 속에서 가장 색다른 모습으로 슬픔을 자아낸 것은 요시다(吉田) 씨가 잘못을 뉘우친 조선인노무자의 집단연행이었다. 그들이 눈에 띄기 시작한 것은 태평양전쟁이 시작한 다음 해부터였다. 스프(스테이플 파이버)로 만들어졌을 텐데 허술한 카키색의 국민복을 입은 빨간 얼굴의 소년들이 인솔자를 따라 시모노세키를 향해 부두를 걸어가는 광경이 지금도 선하게 눈에 떠오른다. 어느 광산이나 군수공장에 끌려갈지 모르는 채 열차에 타올랐던 것이다. 그 때는 이미 모집형식이 아니라 관청이 알선하는 강제연행이었는데 나도 이에 대하여 잘 알지 못했다.

그러나 놀라운 것, 아니 분노해야 할 것은 그 인간사냥의 방식이나 대량의 인원수뿐만 아니라 그 사람들에 대한 일본정부의 전후처우다. 어떤 사죄를, 그리고 죄를 갚아 왔는지에 대한 일이다.

최근 일본에서도 많은 인기를 얻은 가요곡에 「돌아와요 부산항에(釜山港へ帰れ)」라는 노래가 있다. 나는 이 작사가 황선우(黄善雨) 씨의 시심(詩心)이 어디에 있고, 무엇을 부르는지를 알지 못한다. 이 노래는 해협을 사이에 두고 사랑하는 사람들이 재회하지 못하는 슬픔의 연가(恋歌)이기도 하고, 더 심각한 상념이 솟구치는 것처럼 보이기도 한다. 여기서 작사자의 의미와 다를 수 있으나 나는 나름대로 해석한다기보다 이 노래를 들을 때마다 그 관부연

락선을 타고 온 청소년들의 귀국을 분명히 기다리고 있을 '부두의 어머니'나 '부두의 연인'들을 떠올리지 않을 수 없다.

그러나 나는 우리 일본인이 반성해야할 것은 이 관부연락선으로 조선인을 강제연행하고 일본의 탄광, 토건, 군수공장에 가혹한 조건으로 취업시켰던 일 뿐만 아니라 조선자체를 식민지화하고 그 토지와 인민을 수탈해 온 일본의 매우 난폭한 제국주의 정책 그 자체라고 할 수 있다. 나는 조선이라는 자랑스러운 역사와 문화를 가지는 민족을 남북으로 분단된 국가로 만들고 심각한 '적대관계', 서로 적대의식과 그에 대응하는 군사력을 경쟁시키고 있는 책임을 미·중·소 등의 책임으로 돌리기 전에 우선 일본이 져야 한다고 생각한다. 관부 사이를 지나가는 배가 두 번 다시 비애나 적대의식을 나르는 일이 있어서는 안된다.

'김일성주의'를 묻는다

[対談]「金日成主義」を問う

강재언은 조선근대사, 사상사를 연구하는 재일조선인 역사가다. 1926년 제주도에서 태어나 1950년 일본으로 건너갔다. 1975년부터 1987년까지『계간 삼천리』의 편집위원을 역임하고 1981년 교토대학(京都大学)에서 역사학으로 박사학위를 받은 후 교토 하나조노대학교(花園大学) 교수로 재직했다. 1993년에는〈해외동포상〉을 수상했다. 대표적인 저서들은 다음과 같다.『조선근대사연구(朝鮮近代史研究)』(1970),『조선의 개화사상(朝鮮の開化思想)』(1980),『근대조선의 사상(近代朝鮮の思想)』(1984),『조선근대사(朝鮮近代史)』(1986) 등이다. 그리고 임성광은 철학을 전공하고『순교자의 종언(殉教者の終焉)』(1996),『배신당한 혁명(裏切られた革命)』(1991),『폭로된 규율(あばかれた掟)』(1983),『돌아오지 못한 일본인 처들(帰らざる日本人妻たち)』(1990)을 집필했다. 이 글은 계간 삼천리 편집위원인 강재언과 '김일성주의'를 비판하고 검토한 저서들을 출판한 임성광이 '김일성주의'의 문제점과 서로의 의견을 정리한 내용으로 구성된다.

상대화의 관점에서

강: 실은 '조선노동당 10대원칙'이 나왔을 때 원문의 카피를 읽을 기회가 있었다. 솔직히 말해 충격을 받았다. 나도 오랫동안 총련 조직에 관여해 왔기에 잘 알지만 특히 66년 제2차 조선노동당대표

페이지
131-141

필자
강재언
(姜在彦, 1926~2017),
임성광(林誠宏, 미상)

키워드
김일성주의,
마르크스주의, 인간,
민족, 2세, 역사관

해제자
임성숙

자회의 이후 사상 상황이 변화하고, 이를테면 "수령님의 교시 외는 아무 것도 알지 못하는 주체형의 활동가"라고 말하기 시작했고 어느 새 '김일성사상'이라는 말이 사용되었다. 그리고 74년 즈음 '김일성사상'이 '김일성주의'로 된다.

임: 3권 째 저서에『응석받이가 된 조선(甘やかされた朝鮮)』이라는 제목을 달았던 이유는 이것만은 1세와 2세가 솔직하게 이야기해야 할 중요한 점이 아닐까라고 생각했기 때문이다. 즉 1세는 민족이나 국가에 '응석(甘え)'이 있다. 조선이라고 하면 선(善)이고 민족이라고 말하면 선이라는. 그러나 나는 2세에 속하기 때문에 국가나 민족에 대하여 아주 냉정한 면이 있어 경우에 따라 민족과 자신의 존재를 비교하고자 하는 측면이 있다.

강: 나도 1세이기 때문에 잘 아는데 과거 식민지시대 체험이 있어 조국이나 민족이 절대적이다. 그것을 한 번 재치고 상대화해 보는 것은 쉽지 않다.

김일성주의와 마르크스주의

임: 74년『조선신보(朝鮮新報)』지면에 발표된 논문에서 중요한 점을 언급하고 있다. 하나는 김일성주의가 변증법적 유물론이 아닌 점, 또 하나는 물질적 개념에 대하여 상당히 부정적으로 취급하고 있다. 이 두 가지를 가지고 김일성주의는 종래 마르스크주의와 다른 입장을 취하고 또한 자신들의 김일성주의는 이 점에서 마르크스주의와 다르다는 점을 강조했기 때문에 이것은 분명히 하나의 이즘(ism)으로서 존재한다.

추상화된 '인간'일반론

강: 그렇다면 주체사상이란 무엇인가, 김일성의 말에 의하면 '인간이 모든 것의 주인이며 모든 것을 결정하는 것이 주체사상의 기

초'라고 한다.

임: 잔인한 표현을 하자면 주체에 대하여 김일성이 말하는 '인간 중심'이라는 말은 두 세 줄에 그쳐 그 이상의 말은 없다.

인간이란 사회생활을 영위하는 총체로서의 집단이다. 따라서 지극히 구체적이고 어떤 입장에 입각하여 사는지에 따라서 그 인간이 명확해진다. 그것을 추상화된 인간일반론으로서 '인간중심'이라고 말하면, 방금 말했던 이발소나 목욕탕에서 하는 정치토론 수준의 이야기가 된다. 구체성이 없기 때문이다.

'규율[捉]'로서의 김일성주의

임: '당10대원칙'이 '규율[捉]'이라는 것을 뚜렷하게 알 수 있다. 법률이란 국가의 상징이기 때문에 일단 민중의 총의일 것이다. 그러나 '당10대원칙'이란 한 그룹의 '규율'이며 국가의 '법'이 아니다. 그럼에도 불구하고 이에 반하면 용서하지 않는다고 인민에 말하는 거니까 근대적 법률개념조차도 초월한 중세적 법 혹은 노예사회의 법으로서의 '규율'외의 그 무엇도 아니다. 그러한 '규율'에 충실한 인간이 되라고 말하는 것이다.

강: 그 '규율'을 따르는 자 만이 인간이고 그 외는 인간이 아니라는 의미인가.

임: 김일성주의의 인간론은 아주 구체적인 점을 여기서 강조해야 한다. 즉 '규율'을 따르는 인간, 이것이 주체형의 인간이다. 별로 어렵지 않다. 결국 김일성주의가 말하는 주체란 계급의 주체가 아니다. 이론적으로도 실천적으로도 마르크스와 이혼한 셈이니까 이러한 귀결 역시 당연하다고 말할 수 있다.

영웅사관에 의한 역사기술

임: 오늘 날 김일성주의를 만들어낸 과정에서 조선역사의 민족

적 유산이라고 말할 수 있는 우수한 인물들이 역사서에서 잇달아 삭제되고 있다. 근대사에서 1930년대 이후는 특히 그 정도가 심한데 그러한 역사의 왜곡의 발단은 어디서부터일까.

강: 1960년대 제4회 당 대회가 있었을 때부터 사회주의운동에서도 1930년대 김일성을 중심으로 한 항일 빨치산에 제한된 기술로 변했다. 그리고 최근에는 김일성 개인의 지도에 의한 투쟁만이 강조되고 있다.

공화국에서는 김일성 개인의 자서전이 그대로 일반인 민사(民史), 민족해방운동사, 당사(党史)가 된다. 개인, 당, 민족의 구별이 없고 모두 개인으로 집약되고 있다.

이것은 혁명역사에 대한 심한 모독이다. 나는 역사가의 한 명으로서 이러한 역사서술을 하는 역사가란 무엇일까라고 생각하지 않을 수 없다. 활자화된 것은 삭제할 수 없으니까. 아마 언젠가 웃음의 대상이 될 것이다. 그런 의미에서 공화국의 김일성주의의 입장에 서는 조선사, 특히 근대사의 황폐는 그 극치에 달했다고 나는 본다.

김일성주의와 남북통일

강: 우리 조선인민의 소원은 어떤 사상적 입장에 서있든지 간에 조국의 통일인데 김일성주의는 여기에 큰 그림자를 드리운다고 본다. 즉 사상·신조를 넘어 연방제를 만들자고 하면서 또 한편으로는 전 사회를 김일성주의로 일색화할 것을 자신들의 사명으로 한다고 말한다. 이러면 하는 말들이 완전히 모순된다.

임: 종래 조국통일을 위해 무엇을 할 것인가 라는 것이 중요한 과제였다. 앞으로는 조국통일에 무엇이 방해가 되는가라는 반대의 관점에서 접근해 방해가 될 것을 하나씩 제거하는 일이 필요하다. 즉 조국통일의 저해원인이 남에서는 무엇이며 북에서는 무엇인지

를 밝히고 그 저해요인을 제거해야 한다. 이론(異論)을 안 듣게 되면 더 이상 통일은 바랄 수 없다. 김일성주의의 의미가 어디에 있냐면 바로 여기에 있다. 오늘날 조선민족에 있어 사회주의자는 물론 사회주의자 외 사람들에게도 조국통일은 최우선의 과제, 리얼리티적인 의미로 최우선의 과제이기 때문이다. 그래서 김일성주의 비판의 앞으로의 중요한 과제도 이와 관련되지 않을까 싶다.

나에게 있어 조선·일본
물레의 모임과 나
[私にとっての朝鮮·日本] ムルレの会と私

이 글에서는 필자가 재일조선인들이 사는 도쿄도 서쪽지역의 다마가와(多摩川) 주변지역에서 식민지시대부터 유입된 조선인의 역사와 전후 그 지역에서 살아 온 그들의 존재에 대하여 교회를 통해 알게 된 과정에 대하여 설명한다. 그리고「물레의 모임」을 만들어 시민들과 시민을 위한 강좌나 문화행사를 개최한 활동에 대하여 썼다. 그러면서 지역에 뿌리를 내리는 활동에 대하여 고민을 하면서도, 지역의 다양한 교육기관과 협동하면서 활동해 온 성과에 대하여 이야기한다.

조후시(調布市) 시내에는 약 1600명의 재일조선인이 살고 있으며 (81년 4월 현재 한국적 1234명, 조선적 402명) 산다마(三多摩) 지방에서는 조선대학교가 있는 고다이라시(小平市)와 함께 많이 모여 있는 지역이다. 재일조선인이 살아 온 실상의 편린을 알게 된 계기는 주로 재일대한기독교 조후시 교회가 있는 이시이부락(石井部落)이나 니혼마쓰(二本松)라고 불리던 지역을 찾아가게 되면서부터다. 내가 이 지역을 알게 된 계기는 1978년 4월 22일 이 교회에서 열린 국민연금을 요구하는 모임이 주최한 이동집회 때였다.

아직 도쿄지방 법원(東京地裁)에 제소하기 전의 일이었는데 당시 2살도 채 안된 장남을 남편에 맡기고 제방길을 걸어 다마가와라

페이지
166-168

필자
구라하시 요코
(倉橋葉子, 미상)

키워드
「물레의 모임
(ムルレの会)」,
재일조선인,
조후시(調布市),
지역, 시민강좌

해제자
임성숙

바시(多摩川原橋)에 다다랐다. 나도 상당히 신경을 써서 그랬는지, 고무줄 놀이를 하고 있는 여자아이 세 명에게 조선어로 교회까지의 길을 물어보고, 서울의 골목길에 들어선 듯한 친근한 기분으로 바닥이 덜거덕거리는 재건축 전의 교회에 들어갔다. 그 후 1979년 가을 재일조선인이 직면한 문제를 일본인도 함께 생각해 가는 과정에서 조선인과 일본인이 진정하게 대등한 인간관계를 맺을 지평을 목적으로 하는 뜻 있는 자들이 모여「물레의 모임」을 발족했다.

일본과 조선의 관계를 역사강좌나 교육강좌를 통해 배우면서 현재 문제에 대한 인식을 깊여 왔으나 어떻게 인식하는지는 개개인의 인생에서 보여줄 수밖에 없을 것이다. 또한 우리의 활동 방식은 지역에 뿌리를 내린 것으로 만들기 위해 강좌를 열 때는 그 전에 꼭 교회주변의 한 집 한 집을 방문하기로 되어 있다.

아직은 지역의 목소리를 바탕으로 하는 시민강좌를 생각할 방식에 이르지 못하지만 내 내면에 변화가 일어난 것은 사실이다. 예를 들면 조선인사회에는 딱히 말할 필요 없는 윤리관일 수 있는데, 가족 간의 강한 유대관계와, 부모가 아이를 생각하는 깊은 심정을 피부로 느낄 수 있었던 것은 크다. 또한 조선인과 교류가 있는 일본인이 가족처럼 지내는 모습을 보면 감사하고 싶은 기분도 든다. 그 반면 바로 옆에 사는 조선인에 대한 우리들의 전단을 보고 '우리는 일본인이기 때문에 괜찮습니다'라고 완고히 거부하는 말에 맞닥뜨릴 때는 조선인이 일본에서 살아가는 어려움을 뼈저리게 느끼게 된다.

'지역에 뿌리를 내린 활동이란 무엇일까'라는 것이 현재 우리들의 질문이다. 물레의 모임에서는 간신히 경제적으로 도움을 주는 일 밖에 못하지만 일본학교에 다니는 재일조선인 아이들의 교육문제를 거론하는 존재가 되길 바란다. 부모들의 '수고하십니다'라는 말에 보답할 수 있는 활동을 만들어 나갔으면 한다.

나에게 있어 조선·일본
조선과의 만남
[私にとっての朝鮮・日本] 朝鮮との出会い

이 글에서 필자는 조선인 피폭자에 관한 기록영화와 관동대지진을 소재로 한 「숨겨진 손톱자국(隱 された爪痕)」 제작과정에 참여하면서 조선인과 일본의 공동작업을 통해 서로 다른 인식의 차이와 갈등을 겪었던 경험에 대하여 서술한다.

함석헌. 기대에 마음 설레는 우리들의 앞에 나타난 그 사람은 하얀 머리, 하얀 수염, 하얀 민족의상으로 '백의민족'의 강력한 인상을 주었다. 이것이 그 일제하에서 북에서도 남에서도 박해에 굴복하지 않고 싸웠던 민족의 양심이라고 불리는 사람들인가. 온화한 미소가 아름다운 할아버지였다. "새로운 신화가 필요하다"는 예언적 말과 전태일 기념 손수건을 두고 가셨다. "자, 〈한(韓)〉과 〈조선〉은 하나인 것이오!"라고 말한 함 선생님은 자신의 존재가 일본에서 태어난 청년에게도 격려가 되는 것을 알면 어떻게 생각할까.

나에게 정확하게 조선을 마주 보도록 한 것은 조선인 피폭자의 기록영화 「세계의 사람들에게(世界の人へ)」였다. 인연이 있어 증언자의 녹취를 돕게 되었는데 줄줄이 나오는 증언은 나를 완전히 녹다운 시켰다. 증언내용은 『이제 전쟁은 필요 없어(もう戰爭は争はいらんとよ)』라는 제목으로 출판된 책에 구체적으로 나와 있는데, 식민지지배로 인한 차별과 혹사, 거기에 원폭 피해를 입은 이 사람들을 일본정부는 보호하기는커녕 최하 일본인 피폭자자들과

페이지
168-171

필자
이토 이즈미
(伊藤いずみ, 미상)

키워드
「아리랑의 노래
(アリランの歌)」,
함석헌(咸錫憲),
조선인 피폭자,
「세계 사람들에게
(世界の人へ)」,
관동대지진,
「숨겨진 손톱자국
(隱された爪跡)」,
영화

해제자
임성숙

같은 동일한 처우도 하지 않는다. 일본사회도 '반전평화' 합창을 하면서도 이 피폭자들의 존재를 계속 무시하고 있다.

이제까지도 일본의 속임수를 느껴 왔지만, 이렇게까지 악착함을 알지 못했다. 첫째, 이웃나라를 철저하게 짓밟고 '대국'으로 뛰어 올랐던 죄가 있다. 둘째, 지금도 민족차별이나 식민지사관이나 천황제를 청산하지 않는 무반성의 죄가 있다. 셋째, 일본만이 피폭국으로서 세계에 평화를 호소하는 자격이 있다고 생각하는 후안무치(厚顔無恥)의 죄가 있다. 일본 파시즘과 미국의 원폭으로 이중의 고통을 한 번에 맞은 조선인 피폭자의 존재가 근대 일본의 뒤틀림에 질문을 던진다. 돌이킬 수 없는 일을 한 일본, 그것과 연결되는 나.

또 다른 영화 제작을 도와주는 일을 하게 되었다. 관동대지진 조선인 학살의 기록영화 「숨겨진 손톱(隠された爪跡)」이다. 첫 작품이라는 점과 자금면의 고생은 둘째 치고 조선인과 일본인의 공동작업, 그것도 60년 전의 조선인 학살사건을 영상화했다. 가장 어려웠던 점은 감독과 다른 스텝들의 관점의 차이였을 것이다. 나 자신도 감독이 말하고자 하는 것을 이해하지 못하고 고민했다. 여전히 잘 알지 못하는 점도 있다. 영화는 아라카와(荒川) 강 하천 밑에서 진행한 실험적인 유골 발굴 작업이 성과 없이 끝났던 장소에서 시작한다. 왜 나오지 않았을까? 다시 취재하러 찾아갔을 때 증언자의 입이 무거워진 것은 왜 일까? 감독이 느끼는 절실감과 다른 스텝의 타임터널적(タイムトンネル的) 관심 사이의 차이. 그리고 그는 말한다, "구덩이 위에서 내다보는 시점을 바꾸고 구덩이 바닥에 내렸을 때 자신의 서야할 시점을 알았다"고.

나는 생각한다. 역사는 배우는 것이지만 동시에 우리의 손으로 만들어나간다는 것을. 지인인 조선 사람의 얼굴을 한 명 한 명 생각하면서 이 사람들과 함께 사는 길을 찾으면서 역사의 구덩이를 나 자신의 손으로 파 내려가고자 한다.

나에게 있어 조선·일본

산야山谷에서 만난 사람들

[私にとっての朝鮮·日本] 山谷で出会った人びと

　　미야시타 다다코는 대학 졸업 후 고등학교 교사를 거쳐 도쿄도립사회사업학교(東京都立社会事業学校)를 졸업했다. 1975년부터 산야지구(山谷地区)가 속하는 도쿄도 죠호쿠복지센터(東京都城北福祉センター)에서 의료상담원으로 일하면서 알코올 의존증에서 회복한 사람들과 「알코올 문제를 생각하는 모임(アルコール問題を考える会)」, 「커뮤니티워커제도를 생각하는 모임(コミュニティワーカー制度を考える会)」을 조직하여 활발한 운동을 벌렸다. 센터에서 20년간 근무하고 1995년 퇴직했다. 1996년 「마음의 상(こころの賞)」을 수여 받았다. 현재도 노숙자들을 대상으로 한 순회상담과 자원활동, 그리고 집필활동에 전념하고 있다. 도쿄도(東京都) 정신보건센터(精神保健センター) 알코올문제 가족교육프로그램 강사, 일본 저널리스트 전문학교 강사, 한센병·국가배상소송을 지원하는 모임 회원 등을 역임했다. 이 글은 필자가 센터에서 상담하러 오는 사람들에 대한 이야기를 담았다. 경제적으로 열악한 일본인 노동자와 사회적으로도 불안한 재일조선인들의 삶에 대한 내용이다.

　　산야(山谷)에는 전국각지에서 다양한 사람들이 모여든다. 각자 남들한테 알리고 싶지 않은 과거를 가지고 일한다. 말을 하지 않아도 체력만 있으면 살 수 있다. 민족이나 국가나 호적이나 학력 등은 아무도 따지지 않는다. 땀을 흘리고 일을 하면 된다.

페이지
171-173

필자
미야시타 다다코
(宮下忠子, 1937~)

키워
산야(山谷), 상담, 노동, 차별, 정신병, 국가

해제자
임성숙

산야의 중심에 도쿄도(東京都) 죠호쿠복지센터(城北福祉セン
ター)가 있다. 1960년부터 1964년까지 산야 폭동이후 복지센터가
일당직 노동자를 위해 개설되었고 생활종합상담을 실시한다. 나는
그 상담실에서 의료상담을 하고 있는데 최근 10년 동안 내가 상담
을 통해 만났던 사람들이 수 천 명을 넘을 것이다. 지금 한 명 한
명을 생각하면 그것은 국가나 민족과 정면으로 마주치면서도 그런
것들을 넘어서 이 좁은 일본사회에서 온갖 편견과 차별로 사는 터
전을 잃고 혹은 쫓기고 도망치고 이곳에 이르게 된 사람들이 많았
다. 그 중에는 재일조선인도 포함된다.

어느 날 A씨가 상담하러 나타났다. '상용(常傭)의 일을 하고 싶어
도 내가 한국인인 이유로 안된다'고 말하면서 A씨는 외국인등록증
을 제시했다. '나는 일본에서 태어나 일본에서 자랐고 일본교육을
받아 왔다. 일본인과 같다. 그러나 일본사회는 나를 받아들이지 않
는다. 받아들이는 곳은 신분보장도 아무 것도 없는 비참한 직장이고
결국 떠돌아 오게 된 곳이 산야다'고 말한다. 그는 울고 있었다.

"아버지도 어머니도 가난한 어부였지만 열심히 우리 형제들을
키웠다. 무엇 하나 나쁜 짓을 하지 않았다. 사회에 민폐를 끼치지
않았다. 일본인과 똑같이 성실하게 살아 온 우리 가족이 왜 이렇게
도 슬픈 일을 당하지 않으면 안 되는가. 왜인가."

그는 양 주먹을 면접 책상 위에서 힘주어 비벼댔다. 나는 여기서
아는 척을 하고 안이하게 일본인으로서 사죄하면 문제의 본질을
피하고 왜곡할 것 같은 마음이 들었다. 그래도 그의 부어 오른 얼굴
에 흐르는 눈물에 할 말도 찾지 못하고 나는 머리를 숙여 그런 상
황까지 몰아넣은 사회에 속한 한 일본인으로서 사죄했다. '비관하
지 말고 힘든 일이 있어도 열심히 살아 남아주세요. 일본인도 여러
사람들이 있으니까요'라고 하고, 외국인등록지의 복지사무소에 상
담을 받으러 가기 위한 서류를 주고 보냈다. 그 이후로부터 A씨는
상담하러 오지 않는다.

나에게 있어 조선·일본
'민족적 적극론'과 재일세대
[私にとっての朝鮮·日本]「民族的積極論」と在日世代

원성진은 프리라이터이다. 필자는 이 글에서 여전히 구조적으로 취업차별이 존재하는 일본사회에서 취직을 할 때 걸림돌이 되는 '민족론'을 검토한다. 재일조선인 1세가 말하는 민족론의 문제를 지적하고 앞으로 일본사회에서 살아갈 젊은 세대가 '민족'이나 일본사회와의 관계를 생각할 때 기존의 '민족적 적극론'의 한계가 있음을 지적한다.

히타치 재판(日立裁判)의 판결은 재일조선인 청년들에게 용기를 안겨주었다고 한다. 그 때까지 대기업에는 어차피 들어가지 못한다고 처음부터 포기했던 청년들이 적극적으로 취직에 도전했다. 분명히 시대 변화도 있었고 그러한 경향이 등장한 것은 사실이다. 그러나 '대기업에도 들어갈 수 있다'는 희망에는 실은 많은 경우 신청자의 착각으로 끝날 수밖에 없는 현실이 있다. 이것은 재일조선인에 대한 차별의 재생산을 가능하게 하는 메커니즘이 그대로 온전되는 사실을 생각하면 충분히 근거 있는 추측이다. 기업은 히타치의 한 사례만을 가지고 영향을 받지 않는다는 뜻이다.

현재 일본은 자본주의가 성숙된 사회이지만 민주주의 발전이라는 측면에서는 지극히 미성숙이라고 단정하지 않을 수 없다. 그러나 나는 재일조선인 청년(혹은 동세대인들)에게 강하게 기대하는 것은 차별적 토양에 마다하지 않고 일본사회의 다양한 분야에 진

페이지
173-176

필자
원성진(元省鎭, 미상)

키워드
취직차별,
히타치 재판(日立裁判),
본명, 민족적 적극론,
민족성, 세대

해제자
임성숙

출해주기를 바란다. 왜냐하면 이른바 도일파도 포함하고 재일조선인은 소비생활 전반에서 일본 사회구조와 너무나 연결되어 있는데, 노동생활에서는 민족공동체적인 협소한 세계에 밀려나고 사회성이 지극히 부족하다고 생각하기 때문이다. 개인적인 의견이지만 이것이 재일 2, 3세의 소외감을 가져다주는 최대의 원인이다.

그러나 생각하기에는 재일조선인의 삶의 방식론(生き方論)에서는 '민족성'이 최대의 소외요인이었다. 삶의 방식론은 항상 '민족성'을 매개로 2가지의 갈래가 서로 대치되어 왔다. 즉 재일조선인은 확고한 민족의식이 뒷받침되는 자랑스러운 삶의 방식을 지향해야 한다는 민족적 적극론과 일본에 살고 있기 때문에 일본에 동화하고 살아야 한다는 민족적 소극론이다. 그러나 여기서 말하는 '민족성'의 내실이 전후 40년 가까이 지난 오늘에 이르기 까지 심각한 점검을 받지 않고 온 것이 아닌가.

민족적 적극론은 우선 도일 1세의 일부 사람들이 형성했다. 그들은 일본명을 사용하는 동포를 경시한다. 그것은 도일파(渡日派)뿐만 아니라 재일 2, 3세에도 향한다. 약간 신경질적일 수 있지만, 본명을 사용하기 편한 자는 진정한 '민족성'을 지닌 1세들이 아닌가. 김달수(金達寿) 씨는 본국의 생활경험이 없는 2, 3세의 심리상태를 어떻게 분석하고 있는지 의문을 가졌다. 내 생각에는 2, 3세가 일본명을 사용함으로써 만들어진 2개의 인격은 어느 쪽도 다 그 본인 자체에 귀속된다. 일본에서 태어나 일본에서 자란 2, 3세의 '본질'이 복합적인 점에 대한 연구는 없는가.

'동화'라는 것은 민족적 적극론에서 가장 부정적으로 사용되는 말이지만 김일변(金一勉) 씨의 지적에 비추어 보면 나는 언젠가 '동화'의 지옥으로 굴러 떨어지게 된다. 나로서는 앞으로 더 일본에서 많은 것을 받아들이려고 하기 때문이다.

조국은 나에게 '관념'이고 대립물이다. 그러나 역시 다소 간에 한국민중과 관계가 존재한다는 것이 나의 조국관이다. 이러한 조

국관을 가진 동포청년도 꽤 많을 터이지만 애착을 가지지 못한 청
년층에게 '민족적 적극론'은 어떻게 대응할 것인가.

나에게 있어 조선·일본
'해녀'의 기록을 시작하며
[私にとっての朝鮮·日本]「海女」の聞き書きを始めて

양징자는 일본군'위안부'문제해결 전국행동의 공동대표이다. 1991년 재일동포 여성이 중심이 되어 일본군 '위안부'문제 해결을 위해 발족한「우리여성 네트워크」활동에 참여해 왔고,「재일 위안부재판을 지원하는 모임」의 중심적 역할을 해 왔다. 재일 일본군'위안부'피해자 송신도의 일본정부를 상대로 한 사죄 및 보상재판에서도 활동했다. 이 글은 필자가 '제주도,' '해녀'와 인연을 가지게 된 계기와 고향인 제주도에서 여성들의 이야기를 듣고 쓰는 작업을 진행하게 된 과정 그리고 자신이 겪었던 변화에 관한 내용이다.

'해녀'라는 말을 처음 의식한 것은 10년 정도 전이었다. 게센누마(気仙沼)에 해수욕을 하러 갔을 때였다. 환갑을 바라보던 할머니가 수영구역의 표식인 빨간 부낭 밖으로 나가버린 모습을 본 나는 점점 보이지 않게 된 할머니를 걱정하고 큰아버지를 재촉했다.
"할머니는 괜찮아?"
"제주도에서 해녀였으니 괜찮을 거야."
제주도에 해녀가 있었다는 것을 알지 못했다. 하물며 할머니가 그 '해녀'였다니.
'고향은?'이라는 질문에 바로 제주도라고 답한다. 내 머릿속의 제주도 이미지는 변하지 않는다. 약간 아버지의 향수의 투영을 찾

페이지
176-177

필자
양징자(梁澄子, 1957~)

키워드
해녀, 할머니, 제주도, 고향,
여성, 세대

해제자
임성숙

162

아낼 뿐이다. 나는 제주도를 찾아야 한다고 생각했다. 그것이 자신의 조국을 찾기 위한 첫 한 걸음이 되어 나아가 방향을 잃어버릴 뻔 했던 나에게 새로운 인생의 나침반이 되지 않을까 기대했던 것이다. 남을 통해 조선을 보지 않고, 자신의 감성으로 파악하고 자신의 사상으로 바라보는 것이 과제였다. '제주도'는 그 출발점에 지나지 않으며 '제주도의 해녀'는 그 실마리일 뿐이다.

지금 '제주도의 해녀'는 나를 사로잡는다. 제주도 바다에서 물질을 배우고 타도(他道)나 일본에서 벌이를 하고 출산하고 아이를 키워 온 여성들은 모두 다 따뜻하고 너그러웠다.

이야기를 들으면서 나도 잠시 덧없이 뿌리를 찾아보고자 한다. 연구하고 쓰고 전달하는 일에 명확한 목적의식도 전망도 가지지 않고 그저 듣고, 보고, 그것을 통해 생각하는 작업에만 초점을 맞추었지만 곧장 펜을 쥐기 시작했다. 정신의 균형을 가지고 개인적인 구제방법을 찾는 일에만 집중하는 편협한 습성으로부터 나온 행동이었다. 다소 의식에 변화가 일어나려고 한다.

"글 배우고 싶어서 부모의 눈치 보고 야간학교를 다니기도 했지만 곧 들켜서 오래 가지 못했네,"라는 사람들을 대신하여 쓰고 싶다. 그리고 살았던 시대를 알 것도 허락되지 않아 일했던 과거를 '부끄러운 것'으로 오해하는 사람들을 대신하여 사실을 파헤칠 수 있으면 좋겠다.

온돌방
おんどるばん

관동대지진 60주년에 생각하다 마쓰에시(松江市)·후루카와 고노스케 (古川幸之助)

매 호 관심 있게 읽고 있다. 제36호 중 김용권 씨의 「아이들의 지진체험」이 특히 흥미를 끌었다. 아무 것도 모르는 아이들은 부모의 말을 절대적인 것, 올바른 것으로 의심 없이 받아들인다. 설령 그 말이 편견에 의한 것이었어도 무서운 일이다. 무지로부터 오는 오해, 편견, 그리고 차별, 이것은 일본인의 낮은 문제의식에 기인한다고 본다. 즉 이러한 문제에 대한 정보량 (신문, 텔레비전 등)의 결정적인 부족이 영향을 미치고 있지 않을까. 교과서문제나 지문 날인문제 등은 한 때 언론에 등장했으나 지금 그 모습은 사라지고 있다.

처음으로 알게 되었던 것 후쿠오카시(福岡市)·곤도 신타(権藤森太)·공무원·69세

나이를 들어서부터이긴 하지만 차별자로부터의 이탈이라 생각하고 부락문제와 재일조선인문제를 공부하고 있다. 관동대지진 때 수천 명의 조선인이 학살된 사실을 전후 처음으로 알게 되었다. 그 때까지 본 잡지 제36호의 「가교」란에 강덕상 씨가 쓴 것처럼 사회주의자에 대한 학살만을 알고 있었다. 앞으로도 끈기와 시력이 지속되는 한 공부하겠다.

페이지
254-256

필자
독자,
김달수
(金達寿, 1919-1997)

키워드
관동대지진, 기억,
역사, 남사당, 교류, 정정

해제자
임성숙

164

미카와(三河)의 역사와 아버지에 대한 추억 미국 뉴멕시코주·박한룡(朴漢龍)·38세

19살 때 봄 도요하시(豊橋)를 떠나 부모, 형제와 만나는 것은 1년에 며칠 동안에 지나지 않아 물리적 '고향'에서 멀어지고 있다. 4년 전 일본을 떠나 현재 미국 대학교에서 교편을 잡고 있다. 아버지가 도요하시에서 겪었던 전쟁 전 체험에 대해 들을 기회도 없이 아버지는 타계했기 때문에 당시 아버지의 모습은 상상에 의지하고 있다. 그러므로 본 잡지 제36호에서 와타나베 켄지(渡辺研治) 씨의「미카와지방(三河地方) 조선인의 투쟁」은 그리움과 아버지에 대한 추억이 겹쳐 반갑게 읽었다. 앞으로도 미카와의 조선인들의 역사를 밝혀주시기를 기대한다.

처음 읽고 나라시(奈良市)·다케우치 에쓰코(竹内悦子)·대학생·22세

귀 잡지 33호를 처음 구독했다. 우리 세대는 구미에 대한 내용은 유행하는 노래부터 패션까지 정통한 자들이 많이 있다. 그러나 아시아 문제는 모르는 사람들이 압도적으로 많다. 과거 역사에 대한 올바른 인식을 가질 수 없는 교육을 받았던 우리 세대는 조선을 왠지 모르게 '이질'의 것으로 본다. 내가 김지하 씨의 시에 감동하고 조선에 대한 책을 찾아 읽는 모습을 보고 한 친구는 차가운 눈으로 말을 하곤 했다. '혹시 조선인 아니야?' 라고. 그녀의 그 '차가운 눈'은 어디에 뿌리를 두고 있는가. 조선에 대한 진실을 알지 못하는 것, 그리고 알려지지 않는 것에 있지 않을까라고 나는 생각한다. 구미에 기울어진 일본의 문화상황이 조선을 보는 눈을 흐리게 하고 있다.

아시아인의 입장에서 미에현(三重県) 와타라이군(度会郡)·나카세코 쇼코(中世古尚子)·보육원 직원·24세

나한테는 한국에 가장 존경하는 친구가 있다. 언어가 충분히 통

165

하지 않지만 서로 상대를 이해하려고 하는 마음이 있으면 언어의 불편함은 그다지 상관없는 듯하다. 그 친구와 아시아인이라는 입장에서 좋은 점도 나쁜 점도 이해하려고 하고 있다. 조선에 대해 많은 것을 일본인들에게 알리고 싶기에 앞으로 귀 잡지를 두 권 구입하고 한 권은 친구에게 선물할 예정이다.

마음의 이해가 선결문제 고베시(神戶市)·가토 유다이(加登勇大)·양복 제작사·34세

본 잡지를 읽는 일본인은 창간 당시부터 많이 늘었을 것이라고 생각한다. 내가 이 잡지를 좋아하게 된 이유는 남북조선이 현재 놓인 입장과 사상에 구애받지 않고 항상 재일조선인의 문제를 잊지 말고 다루고 있기 때문이다. 현재 정치가는 한일우호를 말하면서도 진정한 조선인의 마음을 이해하려고 하지 않고, 두 개의 조선을 만들기에 힘쓰고 있다고 밖에 생각할 수 없다. 그것은 마찬가지로 미·소 양대국에도 말할 수 있다.

남사당과 춤추고 싶다 고가네이시(小金井市)·아만 아키다이(阿萬哲大)·회사원·33세

남사당(男寺党)을 보고 연주를 듣는 것은 이번이 2번째 인데 지난번처럼 아니, 지난번 이상으로 두근두근 거려 마음이 설레었다. 작년 12월 13일 밤, 공연이 시작하고 30분이 지나 공연장인 노음회관(労音会館)에 도착했기 때문에 연주는 이미 시작하고 있었다. 회관의 계단을 올라서자 입구의 문 안쪽에서 율동적인 타악기 소리가 들린다. 세차게 문을 열자 연주소리가 함성처럼 밀려들었다. 그 소리는 연주자의 타악기의 소리뿐이 아니었다. 관객의 박수와 하나가 되어 공연장은 그 소리에 크게 휩싸였다. 지난번의 관람에서는 의례를 보듯 엄숙한 분위기가 있었고 남사당의 유희(놀이)는 완벽하게 세련된 하나의 '예능(芸)'으로서 완성된 것이었고, 관객이 들어설 여지가 없는 성역으로 봤다. 그러한 마음이 와르르 무너졌다. 어느새 손장단, 발장단을 하고 있는 자신을 발견했다. 남사당의 유희는 원래 서민의 것이었으며 유랑하는 남사당 자신의 것이다. 공연자와 관객이 하나가 되는 모습에 마음이 놓였다. 욕심 같아서는 청명한 하늘아래 풍작의 대지 위에 깔개를 깔고 남사당과 함께 노래하고 춤추고 싶다.

'서고북고(西高北高)'의 조선어를 다마시(多摩市)·다카시마 요시로(高島淑郎)·조선어 강사·33세

「통신교육에서 조선어를」이라는 광고를 『계간 삼천리』에 두 번 실었다. 한 사람이라도 반응이 있으면 좋겠다는 생각을 했는데 세련되지 못한 문구에도 불구하고 생각보다 많은 사람들한테서 안내서 청구가 있었고 사무실에 앉아 있는 것만으로는 송구한 기분이 되었다. 어느 날 첨삭을 끝내고 수강생에게 보낼 답변에 주소와 이름을 쓰면서 문득 생각이 들었다. 수강생은 남녀 반반이고 일본인도 재일조선인도 포함하는데 그 대부분이 도쿄보다 서쪽에 거주하는 사람들이다. 도쿄 이북에 사는 수강생은 한 명도 없다. 아마 조선어를 배울 수 있는 대학이나 학원도 비슷하게 '서고북저(西高北低)'가 아닐까 생각한다. 그 이유는 여러 가지 있을 테지만 특별히 조선어에 제한되지 않고 조선문제에 대하여 많은 면에서 도쿄 서쪽 지역이 활발한 것도 사실이다. 그런 상황에서 적어도 조선어 통신교육만이라도 앞으로 '서고북고'(西高北高)'의 방향으로 넓어지면 좋겠다.

지진 때(震災時)와 달라졌는가? 가케가와시(掛川市)·스즈키 마사에(鈴木まさえ)·회사원·33세

36호의 야스오카 쇼타로(安岡章太郎) 씨와 김달수 씨의 대담을 비롯하여 김용권(金容權) 씨의 「아이들의 지진체험」, 다카사키 소지(高崎宗司) 씨의 「관동대지진·조선에서의 반응」 등 관심 있게 봤다. 지진이라고 하면 시즈오카(静岡)에는 오스기 사카에(大杉栄)의 묘가 있다. 여기서 올해 근대사 연구회가 중심이 되어 60주년 추도모임을 가졌고, 그 의미를 다시 한번 생각하는 기회가 되었다. 오늘날 일본이 60년 전과 어떻게 변했는지, 변하지 않았는지, 연말 총선거에서 다나카(田中) 수상 압승의 보도를 듣고 고민하지 않을 수 없었다.

전 호 대담에서 있었던 착각·정정 편집위원·김달수(金達寿)

나는 자신의 생년월일을 정확하게 기록해 둘 필요를 느껴 여러 번 써 본 적이 있다. 예를 들면, 『나의 소년시대』라는 자서전에는 이렇게 썼다.

"호적에 나는 1919년 11월 29일 출생이라고 되어 있지만 이것은 음력이다. 당시 조선에서는 아직 일반적으로 음력을 사용하고 있었기 때문에 내가 태어난 연월일도 그렇게 신청되었다. 그래서 내 생일은 11월 27일로 되어 있었기 때문에 어느 날 그 해 즉 1919년 11월 27일은 양력으로 몇 년 몇 월 몇 일인지 알아봤더니 다음 해인 1920년 1월 17일이었다. 그리고 지금은 1월 17일을 생일로 맞이하는데 왠지 한 살 손해를 본 듯, 득을 본 듯한 그런 짝이 안 맞는 기분이 될 때가 있었다."

그러나, 그런데도 저런 「짝이 안 맞는」 기분이 있어서인지 모르지만 본 잡지의 전 호에서 야스오카 쇼타로(安岡章太郎) 씨와의 대담 「그 때 인간은」의 서두 부분을 읽고 나는 놀랐다. 거기서 나는 이렇게 말하지 않았나.

"김: … 야스오카씨는 나보다 4개월 즈음 후에 태어나셨지요.
야스오카: 네, 1919년 5월입니다. 김씨는, 나는 1919년 1월이기

때문에 관동대지진 때는 똑같은 3살이었지요."

물론 나는 대담의 원고도 봤고 교정도 봤다. 그럼에도 불구하고 그 잘못을 알아채지 못하고 나는 무덤덤했다. 착각이었을까, 그러나 이렇게 심한 착각이 있을 수 있을까. 어찌되었든 앞으로는 매우 조심해야 할 점을 여기서 정정한다.

편집을 마치고

編集を終えて

작년은 〈버마 랑군 사건(아웅산 묘역 테러사건)〉을 계기로 남북 간에 심각한 긴장관계가 발생하고 민족통일의 꿈은 날마다 멀어져 가는 기분이었으나 올해 들어서면서 대화의 기운이 싹트기 시작했다.

1월 11일 북의 공화국이 미·중정상회담에 맞춰 미국과 한국, 공화국의 3자회담을 제안했다. 3자회담에서는 미국과의 현행 휴전을 대체하는 평화협정 체결과 미군철수에 대하여 협의하고, 한국과는 무력행사를 하지 않는 것과 군사력 축소 등을 목표로 하는 불가침 선언을 채택한다는 내용이다.

이에 대해 한국은 '기본은 남북대화'로서 남북의 정상회담 내지는 각료급회담을 제안하는 동시에 그와 평행하여 관계국 회담 개최가 바람직하다고 한다. 반면 신문보도에 의하면, 미국 정상회담 에서는 남북 간의 대화재개가 당분간의 과제라는 인식으로 일치하고 쌍방이 대화의 실현을 촉구할 것을 합의했다고 한다.

여기서 저는 1927년 여름 〈7·4 공동성명〉에서 남북정부가 자주적, 평화적 그리고 사상·이념의 차이를 넘은 통일원칙에 합의한 사실을 상기하고 싶다.

올해는 조선의 근대화를 목표로 한 갑신정변 100주년, 간지(干支)로 말하면 새로운 기년(紀年)으로 시작하는 갑자년(甲子年)이다. 올해야말로 조선민족의 비장한 소원인 남북대화·통일을 향해 꼭 새로운 출발의 해가 되길 바란다.

페이지
256

필자
이진희
(李進熙, 1929~2012)

키워드
〈랑군사건〉,
미·중정상회담,
남북대화,
〈7·4 공동성명〉,
갑신정변 100주년, 통일

해제자
임성숙

170

1984년 여름(5월) 38호

민족의 소리와 시나위 합주

[架橋] 民族の声とシナウィ合奏

1933년에 태어난 구사노 다에코(草野妙子)는 일본. 한국, 인도 등 50개를 넘는 국가 및 지역에서 전통예능과 음악을 연구하기 위해 현지조사를 벌인 민족음악학자이며, 오키나와 현 국립대학 교수다. 1987년 한국 국립예술원 특별상을 수상했다. 한국 곳곳을 다니면서 조사를 벌인 그는 전라도와 경기도 남부의 토착음악 시나위에 주목하여 늘 변화하는 신선한 예술성과 활력 넘친 연주에 매료된다. 쿠사노가 '불균형 속의 통일'이라고 표현한 시나위의 매력은 서울 거리에서 찾아볼 수 있는 일상처럼 한국인의 사고방식이나 생활양식 속에서 우러나는 것이다.

2월 중순의 서울은 영하 15도였지만 그리 춥다고 느껴지지 않았다. 도쿄의 겨울도 올해는 예년과 달리 눈이 많은 험한 추위 때문이었을까. 여하튼 요즘은 아침식사를 도쿄에서 하고 번잡한 출입국 수속이 따르기는 하지만 점심은 서울 시내 레스토랑에서 먹을 수 있는 시대다. 서울 거리는 많이 변했다. 내가 처음 찾은 1970년대 초와는 비교할 수 없다. 고층빌딩이 늘어나고 길은 한층 넓어지고 지하철은 복잡하게 확장되고 있다. 특히 지난 수년간의 변화는 과거 500년 동안 일어난 것 이상의 큰 변화를 몰고 온 게 아닐까. 그러나 사람들의 마음과 전통음악 소리는 본질적으로 변화하지 않았다. 거리로 나가면 사람들이 이야기하는 목소리나 호객소리가

페이지
14-17

필자
구사노 타에코
(草野妙子, 1933~)

키워드
전통음악, 시나위,
즉흥연주

해제자
김웅기

들려오기도 하고 번화가나 시장을 걷다 보면 시대는 확실히 바뀌었을 법하지만 신문을 파는 소년의 호객소리의 멜로디나 행상의 목소리도 12, 3년 전과 거의 비슷한 것이 울려 퍼진다. 사람들의 표정은 예전보다 한층 여유로워지고 밝아진 것 듯하다.

저쪽 구석에서 목청 터지라고 의논하는 남자들은 마치 연극이라도 하듯이 화려하다. 이 같은 서민들의 목소리나 발성법은 소박하고 세련되지 않은 생생한 목소리지만 저 고도의 기교를 갖춘 전통적 성악의 특색과 어딘가 공통적인 뿌리를 가지고 있다. 이 민족이 태생적으로 지니고 있는 음악성이 이 같은 서민들의 단순한 일상 생활 속에서 찾아볼 수 있는 한, 전통음악의 근본적 변질은 일어나지 않을 것이다.

20세기 전반 구미 음악을 받아들이는 일이야말로 음악의 근대화로 여겨졌기 때문에 아시아 국가들의 전통음악은 큰 타격을 입었다. 한국 또한 예외가 아니었다. 즉 민요나 전통예술 중 대부분이 구미 문화를 기준으로 평가되었기 때문에 그 가치를 인정받지 못하고 주목받지도 않았다. 이 같은 경향에 대해서는 오늘날 반성되고는 있지만 일각에서는 아직도 그 여파가 남아 있다. 전통음악 본래의 모습을 경시하며 서양음악의 스타일로 장식하는 것을 전통음악의 발전으로 간주하는 사고방식이다.

그러나 한국 전통음악 특유의 장식음이 많은 곡선적 선율을 서양음악의 법칙에 맞추어 정형적인 소리로 만들어 대편성의 음악으로 재편성한다고 해서 그 음악 본래의 울림을 얻을 수는 없다. 예를 들어 최근 대단히 유명해진 강원도 민요 '한오백년'이나 전라도의 '육자배기토리'의 선율을 백 명씩이나 되는 전통악기가 소리를 맞춘 반주로 노래하는 게 얼마나 의미가 있을까. 백 명이 합주하기 위해 음고나 음색, 미세한 움직임, 악센트의 위치 등을 맞추어 나가야 한다. 이런 식으로 한다면 독특한 소리의 아름다움을 살려낼 수 없을 뿐만 아니라 한국 전통음악의 특색이기도 하는 비브라토의 아름다움이나 자유로운 장식음이 죽고 만다.

　이 나라 전통음악의 합주는 외래음악의 영향을 받은 음악이나 이씨조선왕조의 궁정음악을 제외하면 본래 각 악기의 선율음을 한 치의 차이도 없이 동일한 움직임으로서 합주하는 일은 거의 없다. 민중의 마음으로부터 태어난 민속음악과 예술음악에서는 다양한 악기들이 각기의 개성들이 자유롭게 그 장점을 간직하면서 조화를 이루게 된다. 가히 불균형 속에서 통일성이 갖추어진 합주인 것이다. 각기의 개성을 살릴 수 있는 순간을 음악의 흐름 속에서 서로 경합하는 것과도 같다. 이 같은 음악구조는 틀림없이 한국인들의 사고방식이나 사회구조상의 특색 혹은 생활양식으로부터 태어났을 것이다.

가교
한국영화 '만다라'
[架橋] 韓国映画「曼陀羅」のこと

사토 다다오(佐藤忠男)는 1930년 니가타에서 태어나 공장에서 일하면서 『영화평론(映畫評論)』 독자란에 평론을 투고하여 주목을 받기 시작했다. 『영화평론』 편집위원을 지내면서 개인 잡지 『영화사연구(映畫社研究)』를 간행했다. 일본영화대학 교수, 명예학장 등을 역임했고 대한민국 옥관문화훈장 수훈자이기도 하다. 마닐라영화제 심사원으로 초청받은 그는 임권택 감독의 작품 「만다라」의 미술과 카메라워크를 높이 평가하면서 그 이유를 주인공들의 추위나 공복감 등 현실감이 전해지는 영상미에서 찾았다.

지난해 마닐라의 국제영화제에 아내와 함께 초대받아 많은 영화를 보았다. 그 때 나와 아내의 일치된 의견은 거기서 본 모든 영화중 최고의 작품은 한국영화, 임권택 감독의 '만다라'라는 것이었다. 이 영화는 1980년 제작이기 때문에 1982년 제작 작품만이 수상 자격이 있는 이 영화제 정식 참가작품이 아니었다. '아시아영화의 전망'이라는 주제로 옆 상영장에 출품되어 상영되고 있었지만 수상 대상이 되지 않아 관객도 적었다. 이미 베를린영화제에 출품되어 화제가 되었다는 소문을 들었기 때문에 우리도 보러 간 것이다.

'만다라'라는 말에서 할 수 있듯이 영화는 불교영화며 두 명의 선승(禪僧)이 주인공이다. 한국에 대해 너무나도 지식이 부족한 나는 이 나라를 유교국가로만 생각해 왔기 때문에 조선불교의 존재

페이지
17-19

필자
사토 타다오
(佐藤忠男, 1930-)

키워드
만다라, 임권택,
마닐라국제영화제

해제자
김웅기

를 알지 못했고 우선 이 점에서 신선한 인상을 갖게 되었다. 일본과 많이 다르지 않은 선사(禪寺)가 나타나 얼어붙을 것처럼 추운 겨울 아침에 기상부터 작무 그리고 좌선이라는, 우리도 잘 아는 선승들의 수행 일과가 그려져 있다. 아름답고 차분한 좋은 영상이 이어진다. 작년에 NHK가 일본 호쿠리쿠의 유명한 선사인 에이헤이지(永平寺)의 선승들이 수행하는 모습을 수려(秀麗)한 영상으로 다큐멘터리를 제작하여 국제상을 받은 적이 있었다. 너무나도 아름다워서 수해의 가혹함을 느끼지 못하게 할 만큼 꿈같은 환상의 차원이었다. '만다라'의 영상 역시 아름답기는 하지만 추위나 공복감이 생생하게 전해지는 현실감이 확실히 느껴져 나는 이쪽에 더 호감이 간다.

이들이 뭔가 자꾸 말하면서 시골 길을 걸어가는데, 의미를 충분히 파악할 수 없었지만 나도 아내도 그 대화에 빠져들었다. 언어의 음악적 리듬, 말투에 도연(陶然)해진 것이다. 조선어를 접하는 일 자체는 가끔 있어왔지만 우리는 이 영화를 통해 처음으로 조선어의 울림의 미라는 것을 알게 되었다.

영상미에 대해서는 앞서 언급했지만 이 영화의 카메라와 미술은 내가 지금까지 본 한국영화 중에서도 월등히 베스트다. 물론 지금까지 내가 본 한국 영화의 수가 아마도 아직 스무 편에도 미치지 못할 정도여서 이 정도의 편수로 이 작품이 한국영화의 전체적 수준에서 어디쯤에 자리매김될 것인지에 대해서는 제대로 판단할 수 없다. 만약 이 정도 작품이 한국 영화에 몇 편씩 있다면 대단한 일이다.

주인공들의 여정에 따라 한국의 시골 풍경이 나오는데, 이는 그래픽적인 관광사진처럼 아름다운 것이 아니다. 오히려 선이라는 금욕적 종교를 주제로 하는데 어울리는 지나치게 아름답지 않은 고담(枯淡)한 미라고 할 수 있을 것이다. 때로는 수채화 같고, 수묵화 같기도 하다.

가교
야나기 무네요시의 인류애
[架橋] 柳宗悦の人類愛

다케시타 도모마스(竹下肥潤)는 1919년에 태어난 저술가이며, 중국 명언집이나 리더십 등 교양서를 펴냈다. 그는 국가체제에 영합하며 반성 없이 타 민족을 멸시하는 평범한 일본인들이 잘못을 되풀이하지 않기 위해 과거사를 제대로 배워야 한다고 느꼈다. 그는 이 점에서 야나기 무네요시(柳宗悦)를 높이 평가한다. 다케시타는 경험을 통해야만 문제를 실감할 수 있는 대부분 일본인들과는 달리 야나기가 '자타일여(自他一如)'의 견지에서 광화문 파괴 등 조선 식민지배에 반대하는 입장을 폈다는 점에서 감명을 받는다.

슬픈 일이기는 하지만, 인간이란 체험을 하지 않는 한, 정리(情理)의 세계에 관한 것을 잘 알지 못한다. 어느 시대든 어디서든 이는 사실일 것이다. 이를테면 기술의 기초인 자연과학의 세계에서는 끊임없는 진보·발전이 가능하다. 이는 수학과 논리의 세계의 사상(事象)이기 때문이며, 몇 번이든 실험이 가능하고, 또한 동일한 조건에서는 동일한 결과를 얻을 수 있기 때문이다. 그러나 인간의 정리의 세계는 과학기술인 수학이나 논리의 경우와 달리 실험을 할 수 없다. 설령 간단한 실험은 가능하더라도 결과는 꼭 동일하지 않을 수도 있다. 그것은 과학이 지적 근거가 일정한 기초이며 정확성으로만 평가받는 것인데 반해 정리의 세계에서는 아무런 지

페이지
19-23

필자
다케시타 도모마스
(竹下肥潤, 1919~)

키워드
야나기 무네요시,
국가번영, 지식인

해제자
김웅기

적 근거와 변증을 갖지 않은 인정(人情)이라는 것이 항상 따뜻하며 올바른 평화의 심리라는 것을 제시해 주기 때문이다. 제2차세계대전 때까지 일본의 대(對)외국 전쟁은 모두 일본 국외에서 벌어졌다. 따라서 신문의 문자나 그림에 나타나는 전쟁을 통해서는 그 재해를 알 수 없었다고 할 수 있다. 하물며 다른 나라에 의해 통치를 당하는 점령행정의 실체 따위는 부끄러운 이야기지만 생각이 미치지 못했다.

지난 대전에서도 당초 전쟁터는 일본 국토가 아니라 역시 해외 또는 해상이었다. 그러나 전투가 지속될수록 일본 하늘에서도 폭격이 시작되면서 처음으로 그 재해가 과연 어떤 것인지 알게 되었다. 그러나 아직도 국토 안에 타국 군인들이 상륙하여 전쟁이 벌어진 오키나와를 제외하고는 육상에서의 전쟁의 처절함을 대부분의 일본인은 모른다. 심(心)이라는 정리의 세계 것은 보이지 않는만큼 복잡하다. 그러나 따뜻한 감정으로 마음의 표출이라고도 할 수 있는 미의 세계에 눈을 돌리다 보면 자연스럽게 편견은 사라지게 될 것이다. 이 지구상에서 소멸된 나라나 민족은 수없이 많다. 그러나 그런 나라와 민족의 마음은 예술이라는 형태로 표현되고 있다. 이런 일을 깨닫기 위해서는 한 나라의 역사와 자연, 더 나아가서는 거기서 사는 사람들의 풍속·습관 등 오랜 시간 축적된 문화에 대한 따뜻한 심정이 있어야 한다. 말은 쉽지만, 이러한 기본적인 일을 알아차릴 수 있는 사람이 적기 때문에 몇 번이고 같은 것을 말하고 싶은 것이다. 솔직히 이를 분명히 깨닫고 확신하는 계기를 내가 갖게 된 것은 전후 야나기 무네요시(柳宗悦)의 저작을 접한 이후부터다. 이와 더불어 전쟁 재해 체험을 했기 때문이다. 집이 전소한 데다가 삼대에 걸쳐 간직해온 만권이 넘는 책들도 불에 타 버렸으며, 나 자신이 히로시마에서 원망스러운 원폭의 직격탄을 맞아 사경을 헤매는 처지를 체험한 후에야 비로소 진정 전쟁파괴의 처절함을 알게 되었다. 그리고 처음으로 피해의 고통을 이해하게 되었다고 말할 수 있다. 전쟁 당시 일본 지식인들은 오족협화(五族協和) 등 실체가 없는 구호를 믿고 맹주가 일본이라고 하면서 막상 하는 일은 끔찍한 우월 사상으로 다른 민족을 멸시하고 있었다. 그리고 패전. 이번에는 이 시대를 살면서도 자신을 열외에 두며, 위정자비판을 거리낌 없이 쏟아내는 인텔리들이 얼마나 많은가.

NHK 한글강좌

[架橋] NHKハングル講座

나가이 미치오(永井道雄)는 도쿄에서 태어난 교육사회학자이며, 교토대학을 거쳐 도쿄공업대학 교수를 지내면서 교육의 실제적 개혁에 진력을 다했던 인물이다. 1974년 문부대신(文部大臣)으로 취임하였는데, 당시 민간인이 대신으로 임명된 것은 17년 만의 일이었다. 대학에서 한국어 강좌가 점차 늘어나는 가운데 NHK에서도 한글강좌가 개설되는 것이 한반도와의 교류와 이해를 한층 도모해 줄 것으로 기원하고 있다.

1984년 봄부터 NHK가 '안녕하십니까? 한글 강좌' 방송을 시작한다고 들었다. 기쁜 일이 아닐 수 없다. 1974년부터 76년까지 문부성 대신으로 일했을 때, 진심으로 바랐던 일 중 하나는 이웃에 사는 한반도 사람들과 자자손손 대등하게 그리고 평화적으로 협력할 것을 일본인에게 가르치는 교육을 확립하는 일이었다. 당시 문부성 안에 장관의 자문에 응답하기 위하여 문명문제간담회가 설치되며, 일본 학자뿐만 아니라 서양과 아시아의 학자들도 참여하여 의견을 나눈 적이 있는데, 거기서 논의된 것 중 하나는 일본인은 그동안 서양의 학술, 교육, 문화에만 관심을 기울여 왔지만 이제는 아시아의 그것에 대해서도 관심을 갖고 배워야 한다는 것이었다. 그런데 많은 일본인들은 아시아라고 하면 바로 중국과 인도를 떠올리며, 중국에서는 한자, 유교, 율령제 등이, 또한 인도에서는 불교가 일본

페이지
23-25

필자
나가이 미치오
(永井道雄, 1923~2000)

키워드
NHK, 한글강좌,
문부대신

해제자
김웅기

으로 전해진 일을 말하는 한편, 다른 아시아 국가들과의 문화교류는 잊을 때가 있다. 이는 편협한 태도며, 더 넓게 아시아의 여러 지역과의 문화교류를 생각해야 한다는 것이 문명문제간담회의 견해였다.

일본에게는 동남아국가들도 중요하다. 하지만 뭐니해도 이웃 한반도 사람들과의 문화교류는 중국과 인도만큼이나 중요하다. 이를 잊어서는 안된다는 것이 간담회의 일치된 견해였다. (이 간담회의 보고서는 중앙공론사에서 '역사와 문명'이는 이름의 상·하 2권으로 정리되어 간행되고 있다). 일본인이 한반도와의 문화교류를 가볍게 보는 이유 중 첫 번째는 36년에 걸친 식민지시대의 견해, 사고방식의 습성을 아직 충분히 버리지 못하는데 비롯된다.

두 번째 이유는 메이지 초기부터 일본은 급속한 부국, 산업화, 경제성장을 추구하느라 서구를 모범으로 삼았기 때문에 아시아국가들을 가볍게 보는 경향이 강하다는 것이다. 이른바 탈아입구적 경향이다. 내가 문부대신으로 취임했을 당시 일본 국립대학 약 80개 중 한반도의 언어강좌를 개설하던 곳은 오사카외국어대학뿐이었다. 사립대학에서 가르치는 곳도 수가 적었다.

일본인으로서 창피할 뿐만 아니라 앞으로 한반도 사람들과의 협력이 필요해질 때 그 언어와 문화를 이해하는 일본인이 적다는 것은 일본의 국익에 어긋난다. 이 언어를 가르치는 대학에는 국립, 사립, 공립을 막론하고 문부성이 힘을 빌려주어야 한다고 나는 말했다. 다행히도 국립 도쿄외국어대학이나 도야마대학 등에서 조선어를 가르치기 시작했으며, 또한 사립대학에서도 20여 곳에 달하고 있다. 일본과 한국에 국한된 것 없이 세계 나라들은 긴 안목으로 역사적 견지에 서서 미래를 생각해야 한다. 지금 한반도는 두 개의 국가로 나누어져 있지만 우리가 바라는 것은 반도의 평화다. 더 먼 미래에는 우리 일본에서 사는 이들이 간섭하는 것이 아니라 그곳에서 사는 이들의 생각에 따라 끈기 있게 평화적으로 한반도 사

람 전체의 발전과 행복을 실현시킬 수 있는 길을 열어가는 것이
바람직하다고 생각한다.

이 같은 방향에 따라 일본인이 이웃으로서 협력하기 위해서는
먼저 이웃의 언어와 문화를 배워 깊은 이해를 해나가는 일이 필요
하다. 학자, 교육자, 학생 등의 교류, 매스컴의 활동에 의해 이웃에
사는 사람들에게 애정을 가지며 깊이 알게 되는 일이야말로 모든
출발점이다. HK의 강좌가 이 방향에 따라 커다란 성과를 거둘 수
있기를 나는 진심으로 바라마지 않는다.

특집 〈제1부〉 나에게 있어서의 조선어
조선인과의 만남에서
[特集 〈第1部〉 私にとっての朝鮮語] 朝鮮人との出会いから

고베학생·청년센터는 1955년에 탄생한 롯코 그리스도교학생센터가 전신이다. 1972년에 이전한 후 유학생 지원과 더불어 이웃에 사는 재일조선인과 한반도를 둘러싼 역사문제에 대해서도 적극적으로 관여하고 있다. 조선어강좌도 그 일환으로 시작된 것이다. 조선어강좌는 1971년 1월에 만들어진 조선문화, 역사 등을 배우는 일본인 서클 '무궁화회' 활동의 일환이며, 격월로 「무궁화통신(む〈げ通信)」을 펴내는 등의 출판활동도 벌였다.

조선어를 배우기 시작한 지 1년이 되어가고 있다. 지금 배우고 있는 고베학생·청년센터는 연말에 학회가 있고, 조선의 민요 등을 소재로 한 조선어극을 초급부터 상급까지 능력에 따라 연기하게 되어 있다. 작년 3월에 나는 객석에 있었다. 그리고 올해 겨우 연극에 나갈 수 있을 정도까지 조선어 학습을 이어나갈 수 있었다. 학창시절 음악을 하고 있던 관계로 영어 외의 노래 정도 읽을 수 있으면 좋겠다는 정도의 가벼운 마음으로 몇 개 외국어를 배워본 적이 있다.

나와 조선어, 그리고 조선과의 만남은 한 명의 인간, 재즈 베이시스트 김성구(金成亀) 씨 (「계간 삼천리」 32호 그라비아에서 소개됨)를 빼고는 생각할 수 없다. 물론 그 전에도 조선인과의 교류가 없었던 것은 아니다. 예전에 우리 집 앞에 살던 조선인 1세 K

페이지
39-41

필자
아메타니 후미코
(前谷史子, 미상)

키워드
고베학생·청년센터,
김성구, 김창국

해제자
김웅기

씨는 이사한 후에도 종종 찾아와 아버지와 바둑을 즐기거나 취미를 같이 하며 둘이서 외출하곤 했다. 하지만 나는 한 번도 K씨 입에서 조선어를 들어 본 적이 없었다. K씨의 일본어 발음이 때로는 잘못 된 것이어서 이해할 수 없을 때가 있었다. 만약 그가 조선인이 아니라 미국인 또는 프랑스인이었다면 아마도 "일본어를 잘하시네요"라고 말했을 것이다. 왜 유창하게 일본어를 말하며 일본에서 살고 있는지, 게다가 조선인인 그의 이름이 일본 이름이었음에도 불구하고 이에 대해서도 의문조차 갖지 않았던 나였다.

대학 입시를 앞두고 있던 무렵, 김씨(한참 뒤에 플루트 연주자 김창국 씨인 것을 알게 됨)라는 사람이 입시와 관련하여 친절하게 나에게 가르쳐 준 적이 있었고, 입학 후에도 같은 과 동료들 중에 조선인이 있었다. 그 사람의 경우, 일본 이름이었지만 어떠한 의문도 차별 등의 감정도 아무것도 없었다. 차별이라는 것을 실감하게 된 것은 아마도 내가 결혼할 때쯤이었을 것이다. 실체도 모르면서 사람들이 수군거렸다. 김성구 씨와의 만남은 완전히 우연이었으며, 베이스의 매력에 끌려 재즈스쿨을 다니게 된 일로 시작된다. 카네코 타다오(金子忠男)라는 강사 이름이 안내서에 적혀 있었다. 다만, 민속음악에 관심이 있다는 그의 자기소개 글에 공감이 가는 정도였으며, 만약 다른 강사에게 배웠다면 아마 나는 조선어를 배우는 일도 없었을 것이고, 또한 조선에 대해 알지도 못했을 것이다.

배운지 두세 달 지났을 때쯤, 어느 날 라이브에서 카네코 타다오 씨는 '조선인선언'을 했다. 그리고 김성구라는 본명을 밝히며 연주를 했다. 본명을 밝힌다는 것이 어떤 의미인지 아무런 지식도 없는 나였지만 주위의 분위기나 나의 깊은 마음으로 용기와 결단력이 요구되는 일이었을 거라고 짐작되어 가슴이 뜨거워졌던 것을 기억한다.『왜 조선인이 일본 이름을 자칭하는 것인가』라는 책을 소개받아, 바로 읽어 보았다. 그리고 그 밖에 조선에 관한 책도 읽기 시작했다. 여러 조선 관련 행사에도 초대되어 참가하기도 했다. 김

성구씨와 동포 친구들 간의 대화 중에는 가끔 조선어가 섞여 있어 대화에 끼어들 수 없기도 해서 약간 분하게 느껴진 적도 있었다. 곧 고단샤(講談社)의 「조선어의 권유(朝鮮語のすすめ)」라는 책을 소개받은 때의 신선한 충격은 지금도 기억이 남아 있다.

조선어 학습을 통해 그리고 다양한 기회를 통해 나는 비슷한 얼굴이고 일본어를 말하고는 있지만 조선인은 생활습관도 언어도 다른 외국인이고 게다가 어느 외국보다도 밀접한 관계에 있어 더욱 우호를 깊이 해야 하는 외국이라는 인식을 강하게 느끼고 있다. 일본인이 만들어낸 조선인에 대한 근거 없는 차별. 사실을 모르는 채 넘어가는 것으로 얼버무리는 것이 얼마나 많은 차별을 낳고 용인하는 일로 이어지는지. 조선을 알게 된 이후로 또 다른 근거 없는 차별문제에 대해서도 관심을 갖게 된 것 같다. 김성구씨가 뿌린 '진실되게 바라보는 씨앗'이 내 마음에 조선을 알게 되는 계기를 마련해 주었다. 그리고 나는 이제 딸이나 친구들에게 비록 부족한 말이기는 하지만 조선에 대해 말하고 있다. 아직 조선을 알게 된 것은 시작 단계에 불과하지만.

「고향」에 대한 사모
[〈第1部〉 私にとっての朝鮮語]「故郷」への思慕

오사카 북부 다카쓰키시에서 조선어강좌를 운영했던 다카쓰키 무궁화회(高槻むくげの會)는 1972년 정식출범 이후 외국인등록 지문날인 철폐운동 등 재일한국·조선인 차별철폐운동을 펼쳐온 단체다. 1979년에는 취업차별의 근본적 원인으로 간주되어온 다카쓰키시 공무원채용에서 국적조항 철폐를 성공시켰다. 그로 인해 그 이듬해부터 오사카 북부 일곱 개 지자체에서 재일한국·조선인의 채용 길이 열리게 되었다. 또한, 1985년부터는 동 시 교육위원회가 '재일한국·조선인교육사업'을 일본 최초로 시작하는 등의 많은 성과를 거두었다.

저는 아버지의 직장 관계로 패전으로 일본으로 돌아올 때까지 약 5년 동안 남조선의 전라남도 화순에서 지냈습니다. 화순은 근처에 탄광이 있는 작은 마을이었는데, 일본인이 상당수 살았던 것 같습니다. 그곳 생활은 기후나 음식 등 부모님께는 어려움이 많았던 것 같지만 철이 들 무렵까지 거기서 지낸 저에게는 고향이 화순이라고 말할 수 있을 정도로 그리운 수많은 기억들이 있는 곳입니다. 한번은 어떤 조선어를 외운 내가 자랑스럽게 집에서 말했더니 아버지께서 화를 내셔서 "그런 말을 쓰는 아이는 집에 들어오지 말라"며 밖으로 저를 쫓아내셨습니다. 영문도 모르는 채 야단을 맞아 원망스러웠는데 그 때 이후 관심을 가져서는 안 되는 것으로

페이지
41-42

필자
미노우라 이쿠요
(箕浦郁代, 미상)

키워드
화순, 고향,
다카츠키 무궁화회

해제자
김웅기

여겨져 조선어를 접할 일은 거의 없습니다.

훗날 지금은 돌아가신 아버지께 그 때의 일을 물어본 적이 있습니다. 아버지께서는 "그건 인간끼리 쓰는 말이 아니었다. 그리고 그때는 조선어를 말하기도 금지되어 있던 시대였다"며 당시 일을 여러 가지 말씀해 주셨습니다. 처음 배운 말이 이른바 비속어였다는 것은 불운이었지만 무슨 말인지 확인도 하지 않은 채 쓴 것을 새삼 부끄럽게 생각하기도 했습니다. 그러나 조선 사람들이 자신의 나라의 말을 쓰면 안 되는 시대였다는, 상상하기도 어려운 사실이 있었던 것을 처음 알게 되어 놀라지 않을 수 없었습니다. 화순에서 우리 일본인 소학교는 한 교실에 두 학년, 세 개 교실밖에 없는 작은 소학교였습니다. 조금 떨어진 곳에 있는 조선인 소학교의 큰 건물과 넓은 운동장은 우리의 동경 대상이었기에 억압된 수업이 거기서 행해지고 있었다고는 생각하지도 못했습니다.

일본의 패전 날을 기뻐하는 조선 사람들의 움직임도 아버지의 이야기를 듣고 나서야 겨우 이해할 수 있게 된 것 같습니다. 이제 마흔 나이가 돼서 조선어를 배우고 싶다는 마음을 갖게 된 데 대해 가족들은 "나이 들어 귀소본능이 강해졌다"라든가 "어렸을 때의 욕구 불만 해소"라 하며 의욕을 잃게 하는 말을 하곤 하는데 그게 맞는다 할지라도 그 무렵, 빨래터 등에서 안면이 있는 아주머니들의 튀는 것과도 같은 조선어의 울림을 잊지 않은 한, 공부를 계속 해 볼 생각입니다. 그리고 언젠가 내 고향을 찾아갈 때 "한마디라도 말할 수 있었으면"이라며 조선어를 시작했던 것이 이제는 발음이 너무 어려워 "적어도 표지판이나 간판을 읽어낼 수 있었으면"라는 소원으로 바뀌기는 했지만, 비유하자면 '정거장'과도 같은 타카츠키 무궁화회 교실을 다니면서 말과 더불어 조선의 역사, 문화, 풍습 그리고 현재를 바라보는 눈 등을 배워나가고 싶은 마음입니다.

일본어와의 상이相異

[〈第1部〉 私にとっての朝鮮語] 日本人との相違

1970-80년대에 적지 않은 일본인들이 조선어 학습에 관심을 갖게 된 것은 한국의 군사독재에 대한 반감과 민주화운동에 대한 관심이 다수를 차지하고 있었다. 이에 따라 일본 각지에서 시민들에 의해 자생적으로 조선어 학습 모임이 생겨났다. 요코하마의 '조선회(朝鮮の會)' 또한 이 같은 단체들 중 하나인 것으로 보인다.

아직 제대로 배워 본 기간이 짧은 내가 내 자신과 조선어에 대해 말할 수 있을만한 것이 특별히 없습니다. 하지만 우연한 기회를 통해 알게 된 몇 가지 단어, 글자의 독특함, 발음의 아름다운 울림 등에 왠지 매료되면서도 학습 방법도 모르는 채 십 여 년의 시간을 거쳐 우연히 2년 전, 무언가에 투자할 수 있는 매일 한 시간이라는 정해진 시간을 얻게 되었을 때, 주저 없이 조선어 독학에 쓸 것을 나로 하여금 결심하게 만든 것은 과연 무엇일까. 그동안 한국 민주화운동에 관심을 갖게 됨에 따라 집회 등에 참가하기도 했었지만 언어 학습의 동기는 꼭 그 연장선상에 있는 것이 아니라, 오히려 이웃나라 사람들이 가지고 있는 문화에 관심이나 막연한 동경이 한글이라는 것을 통해 내 마음 속에서 자리를 잡게 된 것 같습니다.

독학을 해나갈수록 문법구조의 유사성이나 한자어, 공통된 언어 사용 등이 공부의 재미를 배가시켜주었지만 이후 '조선회(朝鮮の 會)'의 초급강좌에서 배우기 시작한 지 반년이 지난 현재 의식하게

페이지
43-44

필자
고지마 신이치
(児島紳一)

키워드
조선회, 요코하마,
민주화

해제자
김웅기

된 것은 오히려 일본어와의 차이라는 측면이다. 발상과 표현 방법에는 고유한 것이 있고 아무리 비슷하다고 해도 일본어를 직역한다고 조선어가 될 수 없습니다. 따라서 조선어를 학습한다는 것은 이웃나라 사람들의 사고방식이나 기질을 이해하려고 하는 것이고, 또 역사적으로 형성되어 온 조선문화와 널리 친해지는 일을 포함하게 됩니다. 이는 모든 언어에 대해서도 해당하는, 새삼 말할 필요도 없는 상식일지도 모릅니다.

하지만 현실은 여러가지 문제가 있는 듯합니다. 중국어, 조선어 강좌를 개설하면서도 뉴스 등에서는 여전히 중국인, 조선인의 이름을 일본식 발음으로 읽는 등 무신경한 NHK나 회화 책자를 손에 쥐고 매춘관광으로 나가는 사람들은 논외라 할지라도 최근의 '한국붐'만 해도 단순히 붐으로만 무조건 받아들이기가 어려운 것이 느껴지기도 합니다. 그만큼 현해탄을 넘어 진정한 민중과의 연대를 이루고자 하는 일본인들의 영위 안에서도 널리 조선 (따라서 당연히 일본)의 역사와 문화를 배우고, 사람들 사이의 교류를 심화해나갈 노력이 한층 요구되는 것이 아닐까 합니다. 한국어를 익힌다는 것은 이를 위한 중요한 방법이라고 생각합니다.

제 언어 실력은 아직 실용 이전 수준이고, 여러 가지 측면에서 이해도 얕은 것이기는 하지만 이러한 조선어과의 만남을 소중히 여기며, 앞으로도 학습을 이어나가고자 합니다.

배움이 즐겁다

[〈第1部〉 私にとっての朝鮮語] 学ぶのは楽しい

페이지
44-45

필자
야스오카 치에리
(安岡千絵里)

키워드
현대어학숙, 김희로,
가지모라 히데키

해제자
김웅기

조선인 차별을 일본사회에 문제제기한 김희로(金嬉老)사건을 둘러싼 공판을 둘러싼 지원활동에 나선 일본인들이 1970년에 설립한 것이 현대어학숙(現代語學塾)이다. 강사와 수강생들에 의해 자율적 운영 되는 것이 특징이며, 오늘날까지 활동이 지속되고 있다. 식민지배 책임이나 재일조선인차별이 극복되지 못하는 상황에 대한 문제의식을 갖고 조선어 학습모임으로 시작했다. 설립 경위나 수강생들의 관심에 따라 한반도 역사·문학·문화·사회문제, 재일조선인문제 등을 주제로 공개강좌나 학습회를 추진해온 것도 특징이다.

도쿄 요요기에 있는 현대어학숙(現代語學塾)을 다니기 시작한 지 2년이 됐다. 이 학원은 1970년 김희로공판대책위원회 사무실에서 시작된 조선어 학습회가 모체다. 현재 월요일부터 토요일까지 매일 초급부터 중급, 초급I, 초급회화, 고급, 자주반(강독·회화)의 일곱 개 종류의 반이 개설되고 있다. 이 밖에 1년에 몇 번씩 다양한 강사를 초청하여 공개강좌가 열리고 있다. 최근에는 「서울의 연습문제(ソウルの練習問題)」 저자 세키카와 나츠오(関川夏央) 씨께서 말씀해 주시기도 했다. 운영 측면에서도 각 반에서 한 두 명 선출되는 대표자들이 중심이 되어 학원생에 의해 유지되고 있다.

매주 한 번 자신의 강좌에서 두 시간씩 제대로 공부하고 돌아가는 것도 하나의 방법이겠지만 스스로 적극적으로 움직여 본다면 사람들과의 관계성이 넓어짐에 따라 자신의 역량을 발휘할 수 있는 터전이 넓어진다. 현대어학숙은 그 재미를 충분히 맛볼 수 있는 곳이라고 생각한다. 이렇게 말하는 나도 사실 아직 주체적으로 참여하고 있다고는 말할 수 없지만 그래도 일주일에 한 번씩 요요기까지 오는 게 매우 즐겁다. 예습을 하지 못해서 곤란하다는 생각이 들 때가 자주 있지만 안 가고 싶다는 마음이 일어나는 일은 거의 없다. 한번 취직하게 되면 바쁜 탓도 있어 직장의 사람들 외의 관계가 아무래도 적어지게 된다. 지금의 나에게 있어 어학숙은 새로운 인간관계가 확장되는 소중한 장소이며, 여기에 오는 사람들이 다양한 사고방식이나 감정을 가지고 있다고는 해도 여하튼 조선어를 배우고 싶어서 모여들었다고 생각하다 보면 그것만으로도 기뻐진다.

나는 대학 시절에 열정이 있는 선생님과 몇몇 친구들과 함께 조선어 공부를 시작한 적이 있다. 하지만 의지가 약해서 발음이나 기초적인 문법조차 조금도 외울 수 없었다. 그런 상태에서 「창작과비평」에 실릴 정도의 어려운 논문을 몇 편씩 읽어나가기도 했는데 어느 날 정신을 차려보니 나는 "물을 주세요"라든가 "오늘은 춥습니다"라고조차 조선어로 말하지 못했던 것이다. 머리에 떠올린 몇 가지 일본어 문장을 번역해 보려고 했지만 어느 것 하나 말할 수 있는 것이 없었다. '제국주의'나 '민족해방'에 대해서는 알고 있으면서 '물'이나 '춥다'도 몰랐던 것이다. 조선어로 말하고 싶다. 그때 간절해졌다. 그래서 어학숙을 다니기로 결심했다.1년이 지나 중급반으로 들어갔다.

현대어학숙으로 들어온 이상, 가지무라 히데키(梶村秀樹) 선생님께 안 배우는 법은 없다. 교재는 서울에 있는 화학회사를 다니는 한 여성의 현장수기다. 이 저자와 나는 거의 같은 나이이기는 하지만 시대가 50년 차이가 나는 게 아니냐 할 정도로 살아가는 세상이 다르다. 마치 『여공애사(女工哀史)』의 세계인 것이다. 그래도 그녀들은 직장이나 사회를 변화시키기 위해 한 발짝씩 나아가고 있다. 아, 여기에도 힘내고 있는 사람들이 있구나라는 생각이 강하게 와닿는다. 조선어를 배우는 일은 즐겁다. 단순한 글자의 나열이 의미 있는 것으로 변해간다. 언젠가 한국을 여행하게 되면 한 사람이라도 많은 사람들과 조선어로 말해보고 싶다.

〈제1부〉 나에게 있어서의 조선어
한글에 매료되며
[〈第1部〉 私にとっての朝鮮語] ハングルに魅せられて

일본 시민들에 의한 조선어강좌는 도시부에서만 운영되는 것이 아니었다. 치바현 나라시노시(千葉縣習志野市)에 있던 녹두문고(綠豆文庫)의 사례처럼 당시 조선어를 배우며 한반도를 둘러싼 역사나 정치를 논의하는 지식인층들에 의해 수도권 확대됨에 따라 교외의 주택지에서도 풀뿌리 학습 서클들이 모여 운영되고 있었던 것을 알 수 있다.

먼저 제가 조선어를 배우게 된 동기부터 적고자 합니다. 1982년 5월 직장 상사인 T씨의 권유로 방한한 적이 있습니다. 연휴기간인 탓에 항공권을 구하는 데 어려움이 있어 안내 역할을 맡은 T씨가 먼저 떠난 후 어쩔 수 없이 혼자서 도항하게 되었습니다. 김포공항으로 도착하자마자 한글의 세례를 받고 다른 승객들의 뒤를 매달리듯이 터벅터벅 따랐습니다. 입국수속, 세관검사를 무사히 마친 저는 비행기가 한 시간 연착한 탓에 마중 나온 T씨를 만나지 못한다면 하는 걱정으로 통로를 불안하게 걸어갔습니다. T씨를 확인했을 때 느낀 안도감, 그 때 그의 모습이 구세주처럼 보였던 것은 당연한 일이었습니다. 알지도 못하는 기호로밖에 보이지 않았던 한글 속에서 어찌 해야 할지 모른다는 것은 불을 보듯 뻔한 일이었기 때문입니다.

이것이 인연이 되어 『1000만 명의 해외여행 – 한국어회화(1000

페이지
45-47

필자
스즈키 츠구오
(鈴木次雄)

키워드
나라시노, 후나바시,
녹두문고

해제자
김웅기

万人の海外旅行 – 韓國語會話)』를 구입하여 놀이 삼아 읽게 되었습니다. 교과서기술문제로 일본의 자세가 관계 각 방면에서 운운되기 시작했을 무렵이었습니다.

두 번째는 반일운동이 벌어지고 있는 것을 보도를 통해 알면서 방한했습니다. 실제로 택시 승차 거부도 당했습니다. 그런 어수선한 상황에서 8월 15일 광복절에 일어난 한 사건이 저를 조선어로 이끌어주었습니다. 그 사건이란 이날 밤 친구 S군과 술집의 카운터에서 「1000만명의 –」로 뜻을 뒤져가면서 적당히 취하며 즐겁게 마시다가 폐점 직전 왼 편에서 "여보(어이!의 뜻)"라는 목소리가 S군을 향해 퍼부어졌습니다. 저에게는 예기치 못한 일도 아니었고, "역시 올 것이 왔구나"하는 느낌이었지만 순식간에 취기가 깨졌습니다. S군과의 사이에서 실랑이가 있은 후 갑자기 제 옆에 앉아 "일본 사람?"이라는 물음을 시작으로 일본 문부대신을 비롯한 일본인이 나쁜 사람이라며 영어와 한자를 섞어가면서 적어댔습니다. 그는 저를 시험하고 있었던 것 같습니다. 하지만 제가 접하는 태도를 보고 점차 어투가 부드러워졌고, 그는 저에게 맥주를 따라주며 건배를 외치게 되었습니다.

돌아가는 길목에서 저는 여태껏 문화적으로도 막대한 은혜를 입은데다가 이웃나라이면서도 조선어를 모르는 자신에게 답답함을 느꼈습니다. 귀국 후 T씨에서 물려받은 『쉬운 한국어(やさしい韓国語)』와 『국어 입문(国語入門)』을 손에 쥐며 독학을 시작했습니다. 그러나 독학하는 탓에 조금도 느는 기색이 느껴지지 않는 안타까움과 단순히 귀로 듣고 반복하는 발음에 어려움을 느껴 종종 좌절할 뻔했습니다.

이런 와중에 83년 4월 초순 S신문 지면상에서 조선어 강좌가 소개되고 있었습니다. 강좌의 주최단체명은 '뿌리회(10월 '녹두문고'로 개칭)'였으며, 입문·중급이 후나바시 상공회의소에서, 초급이 나라시노시 기쿠타공민관에서 개최되고 있다고 적혀 있었습니다. 돌아가는 길이기도 해서 조급한 마음으로 바로 응모하기로 했습니다.

수강생은 저를 포함하여 한 10명으로 소집단이지만 역사와 영어 교사들, 신문기자 등 다사제제(多士済々)의 용사들이 모여든 데다가 열정적인 U강사의 모습에 압도당한 것이 첫 인상이었습니다. 열성적인 집단의 활동에 생동감 있어 재미있다는 경험을 예전에 했던 적이 있어 "이거다!"하는 확신을 가졌습니다.

끝으로 녹두문고의 구성에 대해 소개할까 합니다. 운영위원(현재 강사 2명과 8명의 수강생으로 구성되며 대표자는 두지 않는다)과 25명의 수강생으로 구성되어 있습니다. 운영위원회에서는 조선어 강좌 운영에 관한 일과 어려운 재원으로나마 조선관계 서적을 중심으로 하는 도서관(공공시설에서는 조선과 관련된 책을 찾기가 거의 어렵다) 만들기와 관련하여 매월 논의하고 있습니다.

조선어를 배우는 한편, 양국의 역사를 공부하여 교류를 해나가고 싶은 요즘입니다.

조선어와의 관계를 이어나가며
[〈第1部〉 私にとっての朝鮮語] 朝鮮語とかかわり続けて

와세다봉사원(早稻田奉仕園)은 미국 선교사에 의해 1907년에 창설되었다. 국제적 시야에 입각하여 사회를 성찰하고 타자와 더불어 살기 위한 인성교육을 제공하는 데 의의를 두고 있으며, 오늘날까지 활동을 이어가고 있다. 1935년부터 패전까지 일계인 2세들을 위한 일본어교육을 실시했고 1970년대부터 재단법인화하여 조선어를 비롯한 아시아언어 강좌를 개설하기 시작했던 것이 그 대표적 사례. 이 글을 통해 당시 조선어 강좌에는 다양한 사회문제에 관심을 가진 일본 시민들이 모여들었던 것을 알 수 있다.

오랫동안 나는 이른바 조선문제와 조선어를 배우면서 이를 계속해나가야 할지에 대해 고민이 있었다. 그런데 약 1년 전부터 와세다봉사원의 조선어강좌를 다시 다니게 되면서 공부는 좀처럼 진전되지 않지만, 적어도 고민하는 일에 있어서는 예전만큼은 아니다. 우리 집은 지방에 있는 평범한 중산층 가정이며, 게다가 이웃들도 모두 고만고만했기 때문에 군이 들여다보려고 하지 않는 한, 그 외 세계에 대해서는 아무것도 모르는 채 살아갈 수 있는 환경이었다. 사실, 나는 자기 세계에 너무 갇혀버린 나머지 밖의 세상과의 격차로 노이로제가 걸릴 뻔하기도 했다. 그래서 도쿄에 온 스무 살 때, 우연히 재일조선인과 만날 수 없었더라면 지금 쯤 어디서 무엇을 하고 있는지 상상도 할 수 없다.

페이지
47-49

필자
후지오카 유리코
(藤岡ゆり子)

키워드
와세다봉사원,
차별,
민중

해제자
김웅기

나와 조선과의 만남은 그 사람을 알고 이해하는 일로 시작되었는데, 이는 동시에 나 스스로의 내면을 들여다보고 억압하는 측에 있는 일본인으로서의 나 자신, 억압 받는 측인 여성으로서의 자신 등 자기자신을 대면하고 찾게 되는 과정이기도 했다. 재일조선인 고투의 생활사를 그린 책을 닥치는 대로 읽거나 연극이나 실제로 만난 사람들로부터 이야기를 들으면서 내가 지금까지 상상도 할수 없을만큼의 사실의 무게에 압도당했다. 막이 내려지듯이 가려져 있던 사실들이 보이기 시작함에 따라 마음의 분노, 슬픔, 고통을 알게 되었다. 특히 대학의 사학과 연구실에서 처음으로 진정한 의미를 알게 된 김희로사건을 그린 책『김희로의 법정진술(金嬉老の法廷陳述)』을 읽었을 때의 충격은 지금도 잊을 수 없다. 또한, 이 무렵부터 와세다봉사원의 조선어강좌를 다니게 되었다.

그러나 또 다른 한편으로 나는 어떠한 운동에 속하는 것도 아니고 대학에서 조선을 전공하는 것도 아니었다. 개략적 지식으로는 알게 되었다, 이걸로 이미 충분한 게 아닐까. 이대로 계속해야 할 필연성은 아무것도 없어 보였다.

4학년이 된지 얼마 되지 않은 무렵 야마다 쇼지(山田昭次) 선생님의 조선사세미나를 수강하려다가 결국 그만 둔 적이 있었다. 소문대로 빡빡한 수업이어서 가벼운 마음으로 전공과의 양립이 무리일 거라고 판단되기 때문이기도 했지만 더 이상 깊이 관여하고 싶지 않기 때문이기도 했다. 얼마 후 야마다 선생님으로부터 편지를 받았다. 선생님은 이렇게 쓰셨다.

"저는 이렇게 생각합니다. 한 걸음 걸었다면 두 걸음 걷도록 하십시오 두 걸음 걸었다면 세 걸음 걷도록 하십시오 그러다 보면 어느새 100 걸음을 걷게 될 것입니다. 심각하게 생각하지 않아도 됩니다. … 자네의 경우, 행동으로 한 걸음 나아가는 일이 필요합니다."

지금이면 마음에 남을만한 선생님 말씀도 당시 나침반을 잃어버린 나에게는 오히려 부담으로 다가왔다.

하지만 '조선'을 만난 후 나의 세계는 점차 확대되었다. 서클을 통해 제3세계에도 눈을 돌리기도 했고 국내 문제에 대해서도 꽤 열심히 관심을 가졌다. 원죄(冤罪)사건에 대해 조사하고 마츠자키 웅노스케(松崎運之助)의 도움으로 『학교』라는 책에 감동하여 야간중학교 교사가 될 것을 심각하게 고민했던 적도 있었다. 곧 취업 시즌을 맞이했고, 면접에서는 차별문제에 관심이 생겨 조선어를 공부하고 있다고 하면 말은 맞춘 것처럼 기업들이 문을 닫았다. 나 스스로 기업에 종속당하는 데 대한 저항감도 있었다.

그때 무렵 무심코 한국의 현실을 직접 보고 싶어져 겨우 내정된 직장을 포기하고 한국으로 떠났다. 현 정권에 반대하는 재일조선인은 부모의 임종을 맞이할 때조차 돌아갈 수 없다고들 하는 상황에서 일본인이 안일하게 떠나는 데 대해 주저하는 마음이 앞서기는 했지만 와세다봉사원의 조선어강사인 K목사님께서 민중과 정권은 따로 노니 다녀오라고 말씀해 주셨기 때문에 결심하게 된 것이다.

〈제2부〉 나에게 있어서의 조선어
자주강좌로서 6년
[〈第2部〉 私にとっての朝鮮語] 自主講座として六年

　　메이지대학(明治大學)에 조선어 과목 개설을 촉구하기 위한 실적 쌓기라는 차원에서 시작된 것이 이 글의 주제인 자주강좌다. 재일동포와 일본인 등 재학생 10명 정도로 시작되었으며, 초기 목적이였던, 대학에서 과목이 개설된 이후에도 활동이 지속되었다. 2, 3세인 조선인 학생들이 자주강좌에서 모국어를 배운 동기는 자신의 뿌리찾기에도 있었지만 남북이 갈등하는 기존의 재일동포 학생서클에 싫증을 느낀 이들도 있었다. 자주강좌는 재일동포 학생들에게 민족차별 문제를 함께 의논하고 극복해나가는 터전을 마련했다.

　　자주강좌 조선어는 6년 전 동양사학과 학생 몇 명이 모여 시작되었다. 원래는 NHK의 조선어강좌 개설운동을 계기로 메이지대학에서도 조선어강좌를 요구하려고 모인 것이지만, 서명 운동보다 먼저 스스로 실적을 만들어나가자며 자주강좌가 탄생했다. 강사를 스스로 찾고, 1978년 5월 개강했다. 자치회 재건운동 등 대중운동이 아직 메이지대학에서 살아 있던 시절 일한(日韓) '연대'운동을 하던 사람들도 참가하여 10명 정도로 시작했다. 당초 어디까지나 대학의 조선어강좌가 열릴 때까지 임시방편 정도로 생각했다. 그러나 한 조선인 학생으로부터 "이것이 없으니 만들면 된다는 차원에 문제가 아니다. 메이지대학의 커리큘럼에서 조선어가 부정되었

페이지
106-109

필자
세이노 켄지
(淸野賢司)

키워드
메이지대학,
자주강좌, 송부자

해제자
김웅기

고, 이를 모두가 당연시 여기고 의심하지도 않은 현실 자체를 따져 묻어야 하는 게 아닌가. 그리고 우리의 조선어는 일본 경찰과 군이 배운 '지배의 도구'로서의 조선어의 전통을 부정하여 '인간들이 서로 소통하기' 위한 조선어를 획득하는 일이 아니냐"는 문제제기가 있은 다음, 자주강좌는 임시방편에서 '일본인과 조선인 간의 공동학습'을 축으로 한 자율적 자주강좌 운동으로 탈피했다.

이후 매주 월요일 저녁부터 이즈미캠퍼스에서 조선어강좌를 연지 이미 6년이 된다. 메이지대학 측이 좀처럼 조선어를 개설하지 않았던 탓도 있지만, "설마 6년이나 지속될 줄은 아무도 생각하지 않았다"는 창립 멤버의 변. 수강생은 10-15명 정도로 크게 다르지 않지만 반은 점차 늘어나 한 때는 세 개 반, 작년에도 초·중급 두 개 반을 운영했다. 운영을 위해 발행하는 적자는 빌딩청소 일을 하면서 충당하고 있다.

또한 어학강좌와 병행하여 주 1회의 학습회와 1년에 두 번 정도의 공개강연회를 가져서 조선어를 배우는 자신들의 위치를 모색하고, 또한 새로운 동료를 모집해 왔다. 주제는 조선인 강제연행, 입국관리문제, 재일조선인 교육사 등. 최근 몇 년은 대부분이 '일본인과 조선인 간의 관계사'를 축으로 하고 있다.

조선어를 배운다는 것은 어떤 의미를 지니고 있는 것일까? 자신과 동료들에 빗대서 말하면 이렇게 될 것이다. 일본인에게는 먼저 지금까지 소박하게 믿어온 근대 일본의 영광이나 전후 민주주의의 광택이 조선인 관점에 섰을 때 전혀 다른 비인간적 모습을 나타내는 데 경악한다. 그리고 그 역사와 자신과의 관계가 잘 보이지 않아 몸부림치게 된다. 일본인으로 태어난 것 자체만으로 차별하는 측이 된다니 말도 안된다라는 식이다.

그렇다면 조선인 학생에게 있어서는? 자주강좌에 참가하는 조선인들은 모두 일본에서 태어나서 일본인 학교에서 자란 2세, 3세들이다. 우리말 (모국어)를 배우는 일은 대부분 처음이었다. 이들이 조선어를 배울 것을 선택하고 계속해나갈 때, 이 과정에는 일본사회가 조선인에게 강요하는 무거운 짐을 오히려 주체적으로 짊어져야한다는 태도의 결정이 선택될 수 밖에 없다. 그리고 일본인이 그 짐의 무게에 대해 생각이 미쳤을 때, 일본인 또한 조금씩 변해간다. 무거운 짐의 분담을 통해 즉 조선문제를 자신의 문제로 인식하는 일을 통해 그 속에서 보이는 일본인의 문제, 조선인 차별을 빼놓을 수 없는 일본사회의 모습을 대상화할 수 있게 된다. 동시에 조선의 풍요로움에 눈을 뜨게 된다.

이리하여 자주강좌는 단지 조선어를 배우는 터전으로 그치지 않고 자신의 삶을 되묻는 일종의 학교로서의 의미를 지녀 왔다. 기축은 모두 한국어를 배우려는 일본인과 조선인 간의 관계- 긴장관계다.

지금도 떠올릴 수 있다. 여름 합숙에서 장장 네 시간에 걸친 「입관(입국관리)」문제 학습회를 감행한 후 마무리하는 자리에서 "언제까지 이런 일이 계속되어야 하는가. 우리는 차별받기 위해 태어난 게 아니다"라고 외친 이카이노 태생의 조선인. 가와사키의 '어머니 모임(オモニの會)' 송부자씨가 생애사를 말한 후 일본인 학생이 잇따라 충격을 말하는 가운데 "하지만 그 정도 일은 조선인에게는 지극히 일반적인 일이지"라고 조용히 말한 야구부 주전투수였던 재일조선인 2세. 역사를 배운다고 해서 그것이 인간의 문제로 아직 와 닿지 못했던 나는 눈앞에 있는 그들에게 일본이 강요한 피차별의 짐의 무게에 경악하고 침묵했다. 그리고 나는 동시에 역사가 개인에게 미치는 영향의 깊이에 대해 막연하게나마 이해하기 시작했다. 조선인학생들과 마주보고 대화할 수 있게 될 때까지 그 때부터 더 오랜 시간이 필요했다.

초급강좌 10년

[〈第2部〉 私にとっての朝鮮語] 初級講座の10年

한국의 군사독재에 반대하기 위해 일본 여러 지역에 사는 시민들 사이에서 한국 민주화운동에 연대하는 움직임이 활발하게 전개되었다. 김대중, 김지하 등 정치범으로 몰린 한국인의 존재는 일본에서도 널리 알려졌고 이를 위한 구명운동이 일어났다. 적지 않은 일본인들은 군사독재가 일제 식민지배의 연장선상에 있는 것으로 인식하여 곧 자신의 문제로 간주했다. 도쿄 교외에서 활동했던 히가시무라야마조선문제연구회(東村山朝鮮問題研究會)는 이 같은 성격을 지닌 모임 중 하나다.

1972년 6월 첫 모임 때도 그랬고 7월 히가시무라야마 조선문제연구회의 이름으로 처음 가두 선전활동을 하며 남북한의 자주적 평화통일을 주창하는 7·4공동성명을 일본인 그룹으로서 지지했을 때, 그때부터 오늘날에 이르기까지 우리는 조선연구에 뜻을 갖거나, 하물며 조선연구 자체를 주제로 삼는다는 의식을 품어본 적이 없었다. 처음부터 우리는 조선을 매개체로 하는 일본, 일본인이야말로 문제라고 말해 왔다. 그래서 우리는 모임의 명칭을 조선연구가 아니라, 망설이면서도 "히가시무라야마 조선문제연구회"로 정한 것이다.

구 강좌(1973년부터 7년 동안 계속해온 조선어강좌를 구 강좌로, 3년의 공백기간을 거쳐 작년 11월에 개강한 그것을 신 강좌로

페이지
109-110

필자
교 사부로
(京三郎)

키워드
히가시무라야마,
조선문제연구회,
7·4공동성명

해제
김웅기

202

부른다)가 시작된 10년 전에는 누구 하나 조선인의 이름을 조선식으로 부를 수 있는 사람이 없었다. 이에 비해 이번 신 강좌에 참석하는 사람들은, 예를 들어 金大中을 '김대중', 金芝河를 '김지하'라고 자연스럽게 부르고 있다. 읽는 법을 모르면 스스로 찾거나 다른 사람에게 물어봐서라도 제대로 부르려고 한다. 이 일만으로도 지난 10년 동안 세월의 변화를 생각하지 않을 수 없다.

구 강좌 시절에는 조선어를 공부하는 일본인이라고 하면 '의심의 시선'으로 보는 조선인을 만나는 일이 흔히 있었다. 조선을 연구하는 학자라고 칭하는 사람들조차 조선어를 공부하지 않은 채 밀어붙일 수 있는 시대였던 것이다. "가끔 조선어를 공부하는 일본인이 있으면, 그 녀석은 꼭 옛날에 조선의 민족독립에 적대하며, 이제는 민족통일을 방해하여 조선인을 억압하는 일본 권력의 앞잡이 ……"라는 재일조선인들의 경험으로부터 비롯된 의심을 불식하지 못했을 것이다. 이는 오늘날 다시금 조선어를 공부하는 일본인들에게 던져지는 물음이기도 하다.

우리는 구 강좌 기간 동안 조선인 선생님들로부터 계속 들어온 말이 있다. "언제까지나 조선인 강사에게 의지하는 것이 아니라 문자의 초보 정도는 당신들 일본인이 가르쳤으면 한다"고. 그래서 다소 시도해 보기는 했지만 구 강좌에서는 결국 끝까지 조선인 선생님들께 의지하고 말았다. 하지만 신 강좌에서는 모임을 둘러싼 주변 여건이 변해 있었다. 작년 11월부터 올해 3월까지 주로 교편을 잡은 것은 세 사람. 각기 특색을 살려 한글의 초보와 친해지기 위한 수업을 해왔다. 신 강좌의 당초계획을 그대로 실행했었더라면 우리 주위에는 이렇게 강단에 설 수 있는 인재는 열 손가락에 육박했을 것이다. 또한, 신 강좌 개강에 즈음하여 교실을 확보하는 데에서도 좋은 조건이 마련되었다. 3년의 공백기간 동안 그동안 하나도 없었던 히가시무라야마시의 공민관이 새로이 두 개나 생긴 것이다. 참가자는 구 강좌의 경험으로 미루어 볼 때 20명 정도 모일 거라고 생각해 보기도 했지만 3년의 공백 기간 탓에 계속 불안했다. 그러나 이 불안은 기우에 불과했다. 참가자는 30명을 기록하여 우리가 준비한 공민관 교실에는 들어갈 수 없었고 다른 교실을 부탁하여 이동했다. 히가시무라야마시는 사이타마현에 인접해 있어 교통, 정보 측면에서 불편한 도쿄 외곽에 있다. 이러한 도쿄 변방에서 개강된 조선어강좌에 이 정도 수강생들이 모여든 것이다.

확실히 이때까지 모임의 활동이나 그 인쇄물을 접하여 참여하게 된 사람이 대다수였다. 실체로 모임의 월간지『무궁화』2000부, 전단지 2000장 등으로 신 강좌를 선전했다. 그러나 우리는 단순히 모임의 활동성과만이 아닌 시대의 추이라는 것을 참가자 수를 통해 확인하지 않을 수 없었다.

<제2부> 나에게 있어서의 조선어
이카이노 도서자료실에서
[〈第2部〉 私にとっての朝鮮語] 猪飼野図書資料室で

1977년에 설립된 이카이노 조선도서자료실(猪飼野朝鮮圖書資料室)은 전년에 발효한 국제인권규약과 이에 따른 전세계적인 인권의식 고조가 그 배경에 있다. 일본 최대의 재일동포 집주지역 오사카 이쿠노구(生野區)에서는 이 시기 이후 1, 2세들에 의해 잇따라 민족도서실이 개설되었으며, 민족학교나 민족학급만으로 충족하지 못했던 민족교육의 한 부분을 짊어지고 있었다.

나는 1년 여 전부터 이카이노 조선도서자료실의 조선어강좌에서 강사를 맡고 있다. 이 자료실은 오사카외국어대학 조선어연구소의 유지(有志, 〈교원 및 학생〉)가 중심이 되어 운영되고 있다. 나도 그 중 한 사람으로서, 평소에는 조선어를 전공하는 학생으로서 인적이 드문 미노오시에 있는 연구실 책상에 앉아 있다. 그리고 일주일에 한 번씩 버스와 전철을 타며 1시간 10분 거리에 있는 츠루하시에 위치하는 자료실에 와서 나보다 연배가 높은 수강생들을 상대로 조선어를 가르치고 있다. 대학에서 몸에 밴 풋내 나는 창백한 표정의 나를 의식하지 않을 수 없다. 그리고 수강생 한 사람 한 사람 속의 다양한 형태의 '조선어'와의 관계성을 보아하니, 아 조선어와 마주한다는 것은 '연구대상'만이 아니다라는 당연한 일을 새삼 생각하게 된다.

조선어강좌를 맡으면서 항상 떠올리는 것은 나는 무엇을 위해

페이지
110-111

필자
기시다 후미타카
(岸田文隆)

키워드
이카이노,
오사카외국어대학,
츠루하시

해제자
김웅기

205

조선어를 하는 것일까, 여기서 강사를 맡는 목적이 무엇일까 하는 것이다. 내가 한국어를 배운 지가 6년이 되지만, '조선어'라는 언어는 지금도 여전히 종잡을 수 없는 안개가 낀 것과도 같은 존재다. 동시에 그 알 수 없는 것과 씨름하는 나 자신의 모습에 대해서도 역시 이해할 수 없는 것이다. 혹 언제까지나 그 속에 들어가지 못한 채 평생 입구에서 우물쭈물하면서 나의 위치를 모색할 지도 모른다고 생각해 보곤 한다. 이런 내가 조선어강좌를 담당하는 목적을 나름대로 생각해 본다.

이 이카이노 조선도서자료실에는 규약이라는 것이 없다. 다만 최근 국철 쓰루하시역 승강장에 걸린 자료실 광고판에는 '이해와 친선을 위하여'라고 쓰여져 있다. 조선어강좌 개교 이래 6년 동안 이 표어 같은 말만이 강좌의 운영활동의 목적이 되어왔다. '이해와 친선을 위하여'라는 목적에 대해서는 모두가 박수를 칠 것이다. 그러나 구체적인 형태로 무엇이 '이해'며 '친선'인지와 관련해서는 개개인의 입장 차이를 반영하여 다양한 의미를 지니고 있다. 의미를 지닌 '이해와 친선을 위하여'라는 문자 그대로의 뜻과 실체로 이 말에 대해 개개인이 생각하는바 사이에는 큰 간격이 존재한다. 아마도 그 간격을 조금씩 메워가는 일이야말로 조선어강좌의 역할일지도 모른다. '이해와 친선'이라는 추상적 개념에 그치지 않고 더 알차고 확고한 것으로 하기 위한 모색. 강사, 수강생 개개인의 '조선어'와 관계되는 방법을 서로 확인하면서 일본과 조선의 새로운 관계를 개별적인 인간의 수준에서 생각해나가는 터전. 조선어강좌란 이미 갖추어진 것이 아니라, 지금은 막연한 상태로밖에 파악되지 못하고 있는 '이해와 친선'에 새로운 출발점을 찾아내기 위한 하나의 시도라고 생각한다.

하지만 어학강좌라는 것은 운영이든 수업이든 단조로운 일들이 많다. 석 달에 한 번씩 교재를 인쇄하고 개강식을 연다. 일주일에 한 번씩 수업을 한다. 내가 배워 온 것을 그대로 가르친다 … 이런 식으로 기계처럼 일을 하다 보면 강좌의 목적인 '이해와 친선'이라는 말이 점점 무색해진다고 느껴지곤 한다. 실제로 하는 일과 고상한 목적이 이어지지 못하게 된다. 자료실에는 앞서 언급했듯이 성문화된 규약 같은 것은 없을 법한데 왠지 틀에 박힌 방식에 빠져 버린다. 그뿐만 아니라 두뇌도 단순해진다.

그런 타성을 깨어 트리는 것은, 뒤풀이 등을 통해 수강생들을 접할 때다. 일과를 마치고 겨우 강좌를 다니며 집에서 교재를 펼 시간조차 없는 이들도 상당수 있다. 그러나 그런 와중에도 조선어를 마주하려고 강좌를 다니는 수강생들의 성실함에 정말 용기를 얻는다. 그런 한 사람 한 사람의 성실함이 쌓여갔을 때야말로 일본과 조선의 '이해와 친선'이라는 말이 명확한 형태를 지니게 될 거라고 생각해 본다.

조선어 시민강좌에서

[〈第2部〉 私にとっての朝鮮語] 朝鮮語市民講座で

일본 국공립대 최초로 조선어학과가 개설된 것은 1963년 오사카외국어대학(현 오사카대학)이었다. 조선어 학습의 대중화를 목적으로 학생들의 자율적 활동으로 운영된 것이 조선어 시민강좌다. 필자는 교사 역할을 맡는 조선어학과 재학생이며, 조선어 시민강좌가 일본인과 재일조선인 간의 진솔한 대화의 터전이 되기를 바라고 있다.

제가 오사카의 조선어시민강좌에 강사로 참여한 지가 벌써 1년이 지났습니다. 그때그때 길기는 했지만, 돌이켜 보면 정말 빠릅니다. 뭔가 정신없이 해왔다는 생각이 듭니다. 이 강좌는 1963년 오사카외국어대학 조선어학과가 설치되었을 때, 츠카모토 이사오(塚本勳) 선생님 등에 의해 시민강좌로 시작되어 현재에 이르고 있습니다. 처음에는 츠카모토 선생님이 강사를 맡고 계시다가 점차 학생들의 손에 맡겨져 선배로부터 후배로 이어져 현재 여섯 명의 학생 유지(有志)들이 강사를 맡고 있습니다. 장소는 오사카외대가 우에혼마치에서 미노오시로 이전했을 때, 나카노시마 중앙공회당으로 바뀌었습니다. 반은 초급·중급·상급으로 나뉘어져 있고, 보통은 한 반 당 10명 정도가 되지만, 때로는 두세 명밖에 수강할 사람이 없거나 처음 인원이 절반으로 줄어드는 일도 있었습니다.

수강생은 일본인과 재일조선인이며, 연령대도 학생에서 초로(初

페이지
112-113

필자
토리이 세츠코
(鳥居節子, 미상)

키워드
오사카, 시민강좌,
오사카외국어대학

해제자
김웅기

老) 분까지 다양합니다. 또한, 조선어강좌로 오게 된 동기도 가지 각색이어서, 예를 들어 직장에서 필요해졌다거나, 친구가 있다, 조선의 도자기에 관심이 있다, 조용필 노래를 부를 수 있게 되고 싶다, 여행을 할 것이다 등 세어보면 그 인원 수 만큼이나 들 수 있을 것입니다.

교재는 선배들이 만든 것으로 개량해서 사용하며, 수업은 강사들 각기 시행착오를 반복하면서 노력하고 있습니다. 나는 초급 클래스를 담당하고 있습니다만, 이 클래스가 가장 어렵다고 생각했습니다. 왜냐하면 초급에서는 처음 조선어를 접하는 사람이 대부분으로 그 사람들에게 첫인상의 좋고 나쁨에 큰 영향을 미칠 것이며, 그것은 또한 강사의 교수법에 의해 좌우된다고 생각 때문입니다.

저는 이 강좌를 일본과 조선 간 교류의 하나의 터전이라고 생각합니다. 물론 그 규모는 별거 아닐지도 모르지만, 재일조선인과 일본인, 혹은 일본인끼리, 재일조선인끼리 자신이 생각하는 일을 솔직하게 말할 수 있는 관계를 만들 수 있었으면 합니다. 이 조선어강좌는 20년 간 지속되어 왔는데, 그동안 강좌를 통해 조선을 접하게 된 사람은 수십 명, 아니 수백 명에 이를 것입니다. 이 점을 감안한다면, 수수하기는 해도 확실한 반응이 있는 일조교류의 터전일 거라고 말해도 무방할 것입니다. 물론 저 자신은 그 20분의 1밖에 강좌에 참여하지 않았지만 다음 후배들에게 물려주는 중요한 일이라고 생각합니다.

<제2부> 나에게 있어서의 조선어

한국 신문을 읽다

[〈第2部〉 私にとっての朝鮮語] 韓国の新聞を読む

필자에게 한국 신문을 읽는 모임(韓國の新聞を讀む會)에 참여할 것을 권유한 다카사키 소지(高崎宗司)는 쓰다주쿠대학(津田塾大學) 교수로 일하면서 조선 식민지배에 대한 사죄와 배상을 일본정부에 촉구하는 운동을 펼친 역사학자다. 1970년대 초에 조선어가 교과목으로 개설되었을 때 학교를 다녔고 가지무리(히데키, 梶村秀樹) 교수가 있었다는 내용에서 미루어 볼 때, 필자는 도쿄도립대학(東京都立大學)을 다닌 것으로 추측해 볼 수 있다.

작년 2월 다카사키 소지(高崎宗司) 선생님께 한국 신문을 읽는 모임에 참가하지 않겠냐며 권유를 받았을 때, 저는 그 자리에서 동의했습니다. 김대중씨 석방이라는 성과가 있어 그동안 참여해 오던 시민운동이 해산될 지도 모르는 상황이 하나의 큰 이유였습니다. 그러나 그 이상으로 이를 제가 조선어를 마주보는 마지막 기회로 삼으려 했기 때문입니다.

제가 처음 조선어를 접하게 된 것은 이미 10 여 년 전의 일입니다. 당시 저는 베트남전쟁을 반대하여 사이타마현에 있는 미국 아사카 야전병원 철수를 촉구하는 시민운동에 참여했습니다. 70년대 들어 해방세력 측 승리가 거의 결정되었을 무렵 대학에서 중국어를 수강했습니다. 침략자의 언어인 영어와 일본어는 사양이라는, 지금 돌이켜 보면 불손한 생각도 있었습니다. 미중관계가 닫히기

페이지
113-114

필자
오이시 린
(大石凜)

키워드
다카사키 소지,
한국 신문,
가지무라 히데키

해제자
김웅기

도 하고 일중국교 회복도 아직 꿈같은 시대였습니다.

제가 다니던 대학에서는 당시로서는 드물게 조선어가 필수선택의 외국어과목으로 인정되고 있었습니다. "조선어를 해보면 어떨까. 자네에게는 그런 기회가 있는 거니까. 가지무라(梶村秀樹) 선생님께서 가르치고 계시니"라고 조언해 주신 것도 그 시민운동 안에서였습니다. 바로 산세이도(三省堂)의 『이해하기 쉬운 조선어(わかる朝鮮語)』를 구입해서 읽기 시작했지만 잘 이해할 수 없습니다. 당시 저는 등하교 때 가지무라 히데키 선생님 모습을 뵈었을 정도에 불과했습니다. 검은 색 둥근 테두리 안경과 항상 무거워 보이고 부풀어있는 선생님 가방이 인상적이었습니다.

대학도 4학년이 되었을 때, 다른 강의와 시간대가 겹치기는 했지만 용기를 내서 드디어 조선어 수업에 얼굴을 내밀어 보았습니다. 강사는 지금 도쿄외국어대학에서 교편을 잡고 계시는 조 레이키치(長玲吉) 선생님으로 바뀌어 있었습니다. 선생님의 겸허한 말투와 중모음의 번잡함만 기억에 남아 있을 정도여서 '어'와 '오'의 구별도 불안한 채 몇 번 수강하다가 그만 던져버리고 말았습니다. 이 수업의 교과서인 『조선어의 기초(朝鮮語の基礎)』(우메다 히로유키 저)를 당시 시부야에 있던 '테크'까지 사러 갔던 것이 그리운 추억입니다.

다음 기회는 74년에 찾아왔습니다. 국적변경기재운동 당시 만난 조총련 사람에게 강사를 소개받아 동료들 몇 사람이 모여 일주일에 한 번씩 공부를 시작했습니다. 교재는 조선청년사의 『조선어회화(朝鮮語会話)』였습니다. 문법을 거의 생략하고 바로 회화로 들어간 것이 어려움을 초래했는지 발음 측면에서는 일정 수준의 진전을 보았지만 문법이나 어휘는 좀처럼 외워지지 않았습니다.

그러다가 이 모임에서는 일제시기의 『조선일보』 사설을 읽기 시작했고 수업 후 술자리의 재미(물론 주제는 늘 일본과 조선의 관계였지만)가 더 우세해지기도 해서 활동 자체는 점차 수그러들

211

게 되었습니다. 그 당시 총련 분들의 후의로 자주 상영한『피바다』나 몇 편의 조선 영화를 통해 나레이션의 웅장한 남자 목소리와 부드럽고 상냥한 여자 목소리에 감명을 받았습니다. 언젠가 꼭 도전해 보자는 마음만은 남길 수 있게 되었지만 운동과 언어학습은 특히 초급 단계에서는 준별(峻別)해야 한다는 지극히 당연한 교훈을 깨닫게 된 것은, 역시 다행이었다고 할 수 있겠습니다. 그 후 몇 차례의 한국 여행에서 사람들의 따뜻한 마음을 가슴으로 몇 마디 할 수 있는 정도의 범위를 벗어나지 못했습니다. 회사 친구와 고려서림의『표준한국어(標準韓國語)』내용을 서로 암기하기도 했습니다. 이것 역시 저의 태만 탓에 어중간한 것으로 되고 말았습니다.

또한, 오사카외국어대 친구로부터 학내에서 열리는 조선어강좌 사본을 받아 공부해 본 적도 있었습니다. 이 그룹 사람들로부터는 언어를 배우는 것과는 별도로 외국어학습에 대한 기본적인 인식 측면에서 많은 것을 배운 것 같습니다. 정치적·사회적 관심이나 우리 일본인들이 짊어져야 할 역사적 책임으로부터 출발한 이들과는 또 다른 조선어에 대한 접근법도 알게 되었습니다. 원체 우리가 당장 그 책임에서 벗어날 수 없다는 것은 자명한 일이기는 하지만.

79년 도쿄외국어대학에서 학외를 위한 조선어 공개강좌가 열렸습니다. 간노 히로오미(菅野裕臣)선생님께서 집필하신 교과서는 매우 꼼꼼하게 구성되어 있었습니다. 일 때문에 끝까지 수강할 수는 없었지만 틈이 날 때마다 그 후에도 가끔 읽고 있었습니다. (이 때의 교과서는 81년에 하쿠수이사(白水社)에서『조선어 입문(朝鮮語の入門)』이라는 으로 출간되었습니다. 입문서로는 문자와 발음 부분이 너무 어렵다는 의견도 있지만 저처럼 여러 번 중단을 거듭해 온 초보자에게는 각별히 친근한 것으로 느껴집니다).

80년 들어 우연히 서울에서 온 유학생을 알게 되었습니다. 올해 광주사건과 김대중씨 등의 운명을 걱정하며 예전보다 더욱 우리 일본인들의 책임을 생각하게 되는 해였습니다. 우리가 일본어를 가르치고 그에게서 한국어를 배우는 주 1회의 스터디그룹도 광주 사건이나 일한 간의 바람직한 관계로부터 완전히 자유로워질 수는 없습니다. 신문보도나 잡지 『세계』의 논문이 늘 화제가 되었습니다. 이러한 논조가 한국과 한국민에 대한 마이너스의 이미지를 조장하지 않을까 하는 그의 우려와 그 반대로 이러한 사태를 외면하지 않는 일이야말로 서로 존중할 수 있는 관계를 만들어내는 것으로 이어진다는 저의 인식이 부딪히는 나날이었습니다. 이러한 논의를 거쳐 제가 많은 것을 배운 것과 마찬가지로 그가 얻은 것 또한 결코 적지 않았을 것이라 믿습니다.

조선어와의 만남

[〈第2部〉 私にとっての朝鮮語] 朝鮮語との出会い

유신정권부터 전두환정권 시절 사이 160명 이상의 재일한국인 정치범이 한국에서 구속되고 모진 고문 끝에 감옥살이를 강요당했다. 일본에서는 가족뿐만 아니라 학교 동기생 등 수많은 일본인들도 이들의 구명·석방운동에 참여하는 등 사회적 파장이 컸다. 필자는 재일한국인 정치범을 주제로 다룬 영화를 접하게 됨으로써 '조선'에 대한 관심을 갖기 시작했다. 이 글은 그가 지자체 공무원으로서 교육위원회가 개설하는 조선어 시민강좌 담당자로서 일하기까지의 과정에 관한 내용이다.

조선어와의 만남은 고등학교 시절로 거슬러 올라간다. "성적이 좋은 사람이 수준 높은 학교를 가고 성적이 좋지 않은 사람이 수준이 낮은 학교를 가는 것은 결코 좋은 일이라고 단언할 수 없다. 왜냐하면, 학력에 따라 차별·선별하는 사회구조를 긍정·조장하는 역할을 해버리기 때문이다. 차별이 가득한 사회를 변혁시켜나가겠다는 결의를 가지며 지역에 있는 고등학교를 다니자. 고교 간 격차를 없애자"는 발상에 근거한 지역집중수험운동을 거친 나는 당시로서는 보기 드문 유형의 고등학생이었다.

그런 나를 확실히 〈조선〉과 마주하게 해 준 것은 고2(1978) 봄에 근처 대학에서 본 영화 『시우 아주머니(詩雨おばさん)』였다. 그 대학의 조선인서클 학생들이 주최한 영화상영회에 같은 고등학교

페이지
115-117

필자
다카하시 히로시
(高橋洋)

키워드
히라카타, 사회교육,
재일한국인정치범

해제자
김웅기

친구들 몇 명을 데려갔다. 『시우 아주머니』는 재일한국인 정치범을 주제로 한 영화로, 한국의 감옥에서 죄수들이 일본의 조선침략, 조선의 남북분단 등에 대해 논의하는 장면이 박력이 있었다. 마부이의 얼이 있는 연기와 고무로 히토시(小室等)의 청초한 음악이 인상적이었는데, 무엇보다도 막연하게 밖에 인식하지 못했던 재일조선인, 일한관계에 대해 "큰일 났다. 더 공부해야지"라고 자각하게 되는 계기가 되었다.

그런데 내가 있던 고등학교가 개교된지 얼마 되지 않아서 그랬는지 학생들에 대한 통제가 각별히 엄격했다. "흐름에 휩쓸리지 않게 살고 싶다"고 쓰인 동인지를 배포한 것만으로 교사들이 "과격파 등장?"이라고 떠드는 등 지금 돌이켜보니 평화로운 학교이기도 했지만 당시 나는 교사들의 억압적 태도에 꽤나 화가 나 있었다. 어쨌든 사회를 공부하고 싶다, 현실을 예리하게 분석하고 싶다고 그런 젊음이 넘쳐났던 나는 그해 가을 문화제에서 〈재일조선인 문제〉를 주제로 전시를 가졌다.

이 시기 나의 마음가짐은 마치 "얘들아! 공해문제, 오키나와문제, 베트남전쟁에 대해 알고 있어? 학교에서는 그런 것들을 안 가르쳐 주잖아. 그래서 우리 스스로 공부 해야지"라며 소학교 교실에서 교감 선생님과 대치하면서 간곡히 호소했던 산리즈카(三里塚) 소년행동대와도 같았다.

그리하여 비근한 문제에서 〈조선〉으로 다가가는 것이 아니라, 조금 들뜬 기분으로 〈조선〉으로 접근했던 나는 고3이 되었을 때 조선어를 배우기 시작했다. 가르쳐 주신 분은 인근 중학교 교사 선생님. 매주 토요일 오후는 그 중학교로 갔다. 고등학교 수업 중에는 졸거나 조선에 관한 책을 읽거나 둘 중 하나였던 나에게 매주 한 번 조선어에만 열중할 수 있는 "수업"이었다.

졸업 후, 나는 한 민간기업에 취업했다. "공무원시험을 보면 어떻겠느냐"는 부모님과 선생님들의 진로지도에 대해 "공무원이라니 그런 미지근한 직장으로는 안 갈테야"라며 오기가 넘치던 나도 취업한지 석 달 만에 너무도 쉽게 "우와 민간에서는 도저히 못살겠다"며 좌절하고 말았다. 일을 마치고 나면 공무원시험을 위한 공부. 그 와중에 고교시절의 뜻을 이어나가는 작업이 필요하다는 일념으로 히라카타시 교육위원회의 조선어교실을 계속 다녔다.

당시 조선어교실 초급반은 매주 목요일 저녁이었는데 수업을 빠진 것은 한 번뿐이었다. 조선어의 예복습을 할 여유가 전혀 없었기 때문에 후반부터는 전혀 수업을 따라갈 수 없었고 피로가 쌓였을 때는 반 졸기도 했지만 어쨌든 끝까지 다니기는 했다.

이런 저런 일이 있었고 81년 봄에 다행히도 나는 조선어교실 동료들의 격려 덕분에 히라 카타시청으로 취직했다. 83년에는 교육위원회 사회교육과로 배치되어 기이하게도 조선어교실담당자가 되었다. 73년에 시작된 조선어교실은 벌써 11년째를 맞이하고 있다. 올해부터 어린이와 주부들도 참가하기 쉬워지도록 입문반을 평일 저녁부터 토요일 오후로 옮기기도 했다. NHK에서도 강좌가 시작되어 조선어학습 환경은 점차 갖추어지게 되었다.

⟨제2부⟩ 나에게 있어서의 조선어
『계간 메아리』를 창간하며
[⟨第2部⟩ 私にとっての朝鮮語]『季刊メアリ』を創刊して

　　대학 졸업 후 중학교 교사가 된 필자는 재일조선인 집주지역인 고베 나가타구(長田區)에서 중학교 교사로 일하기 시작했다. 이곳에서 만난 재일조선인들의 현실에 직면하게 되었지만, 이들 자녀의 어려움을 그저 바라만 볼 뿐 아무것도 못하고 현실에 좌절을 맛본다. 이후 전근을 간 지역에서 고베학생·청년센터 조선어강좌를 다니게 되어 조선사 학습이나 문제의식을 함께 나눌 수 있는 동료들을 만나게 된다. 이 연장선상에서 조선 아동문학을 번역, 연구하는 「계간 메아리」을 창간하기에 이르렀다.

　　나의 교사 생활은 고베 나가타구에 있는 오하시중학교에서 시작했다. 교과는 국어. 이 중학교는 케미컬슈즈를 만드는 무수한 영세 공장들 한가운데에 위치한 재일조선인 자제들이 반의 4분의 1을 차지하고 있었다. 고베에서 외국인 자제가 가장 많은 중학교다. 나는 학생들의 생활실태를 머리로만 이해하고 있던 재일조선인의 생활을 체험적으로 파악할 수 있게 되었다. 가정방문을 가면 안에서 할머니들이 모여 수다를 떠는 일도 있었다. 조선을 애써 피하려 하는 부모를 만나기도 하고 그 반대로 스스로 이야기를 꺼내는 부모도 있는 등 다양한 주장들이 있었다. 가정이 붕괴된 집이 눈에 띄고, 도산으로 분신자살을 시도하는 아버지의 사례 등 새끼교사

페이지
117-119

필자
나카무라 오사무
(仲村 修)

키워드
계간 메아리,
고베 학생·청년센터,
무궁화회

해제자
김웅기

에게는 충격이라고 밖에는 표현할 수 없었다. 그 딸인 여학생은 착한 아이였지만, 담임인 나에게 속마음을 드러내는 일은 결코 없었다. 나는 수수방관할 수밖에 없었다.

그 오하시중학교를 3년 만에 떠났다. 교사 일에 익숙해지기 위한 3년이었다고도 말할 수 있겠지만, 조선어와 조선 문화·역사를 나름 배워온 내가 그 아이들에게 무엇을 하며 무엇을 주었을까 생각해 볼 때, 실로 서늘한 것밖에 남지 않았다.

전근은 나에게 큰 전환점이 되었다. 그것은 새로 배치된 학교에서 가까운 고베 학생·청년센터의 조선어강좌 수강생이 된 일이다. 뼈를 묻기로 한 고베에서 여태껏 조선어를 함께 배우는 동료가 없다는 게 외로웠고, 고립무원, 게다가 집으로 돌아가면 지쳐버려서 책을 펼 기력도 없는 삶을 어떻게든 개선하고 싶어서 수강하게 된 것이다.

현재까지 이 강좌에서 배운지 8년째. 기대 이상의 수확이 있었다고 나는 생각한다. 단순히 어학강좌의 수강생이라는 틀에서 벗어나 인간적인 교제나 계발, 연말에 있는 조선어 연극, 한국에서의 현지집중강좌에 매년 몇 명씩 참가. 또한, 동 센터가 조선사세미나를 개강하여 조선사를 연구하는 '무궁화회(むくげの會)'의 멤버들이 조선어강좌에 다수 표함되어 있는 데 비롯된 확장성과 심화… . 당연한 결과로 상급반에는 조선어 경력 십수 년이라는 녀석들이 우글우글 모여드는 곳(?)인 것으로 현재는 되어 있지만 조선과 제대로 마주보는 참으로 착한 친구들을 많이 얻었다. 또한, 83년도 상급반의 게스트 방식 (조선어를 모어로 하는 게스트를 매월 1명씩 초대. 게스트의 약력이나 전문분야에 대한 이야기를 조선어로 말하며, 수강생들도 조선어로 질문한다) 등은 새로운 시도로 여겨지며, 나 스스로도 상당히 즐기고 유익했다.

작년 10월 나는 「조선아동문학번역 및 연구」라는 부제를 달아 『계간 메아리』라는 책자를 발간했다. B5판, 20쪽 전후의 아담한 책자이다. 말이 조선아동문학이지 그 분야는 대단히 넓다. 전래동화, 창작동화, 소년소녀소설, 동요, 동시(童詩), 아동극 등등 다양하다. 전래동화처럼 비교적 소개가 되어 있는 것이 아니라『계간 메아리』에서는 주로 창작동화, 소년소녀소설, 동시의 소개와 연구에 주력해 나가고 싶다. 연구측면에서는 개별 작품론과 작가론 그리고 문학사이다. 참고로 창간호에서는 아류(児流)문화 운동가이자 구미 아동문학을 조선의 아이들에게 소개하여 일본의 아동 류 문화 운동가이며, 서양 아동 문학을 조선의 어린이들에게 소개함으로써 일본의 이와야 사자나미(厳谷小波)와 같은 역할을 다한 방정환(方定換)의『만년셔츠』와 창작동화의 선구자 마해송(馬海松)의『토끼와 원숭이』를 번역했다.

『유정』을 번역하며

[〈第2部〉私にとっての朝鮮語]「有情」を翻訳して

페이지
119-121

필자
무라마쓰 도요노리
(村松豊功)

키워드
유정, 칠인회, 이광수

해제자
김웅기

지명관(池明観) 한림대학교 석좌교수는 T·K생이라는 가명으로 군사독재 시절 「한국으로부터의 통신(韓國からの通信)」이라는 연재글을 일본 거주 시절 일본 유수의 종합지『세카이(世界)』에 기고했었다. 또한 그는 와세다봉사원(早稲田奉仕園) 조선어강좌에서 이광수의 장편소설『유정』을 읽은 일본인 그룹이 한 번역 작업을 감수했다. 1980년대까지만 해도 조선어를 잘하는 일본인은 경찰이나 자위대 관계자들이 다수였으며, 번역 작업에 참여했던 필자는 민중 입장에서 조선어를 배우는 사람들이 수적으로 늘어야 일본사회에서의 조선의 위상을 바꾸어 놓을 수 있을 거라고 생각했다.

작년 가을 우리 '칠인회(七人の會)'는 지명관 선생님의 감수 아래 이광수의 장편소설『유정』의 번역을 고려서림에서 펴냈다. '칠인회'란 와세다봉사원의 조선어강좌에서 1981년 9월 말부터 이듬해 3월 초순에 걸쳐『유정』을 읽은 그룹이 번역 작업을 하는 데 있어 잠정적으로 명명한 이름이다.『유정』은 1933년 10월부터 그해 말까지 〈조선일보〉에 연재된 작품으로 지 선생님의 말을 빌리면 "한국문학 사상 최고의 낭만주의 문학"이라고 한다. 거기에는 과거 3·1운동으로 투옥 된 경험을 가진 청렴한 지식인 최석(崔晳)과 미모로 마음도 아름다운 애국지사의 유아(遺兒) 남정임(南貞

妊)의 사랑이 가정에서의 원한이나 세상의 도덕적 질곡 등으로 몰려, 방황 끝에 시베리아로 도착한 최석의 죽음으로써 끝나는 비극으로 그려져 있다. 지 선생님께서는 1938, 9년 경 오열하면서 이 작품을 읽었다고 하셨다. 병을 무릅쓰고 눈 내리는 시베리아까지 최석을 쫓아가는 정임은 어두운 시대를 사는 당시 학생들에게 "마돈나"와 같은 존재였다는 것이다. 또한, 현재 한국에서도 『유정』은 고전으로의 위치를 확립하여 후세들도 읽고 있다고 들었다. 몇 번 영화화된 적도 있었고, 한국 친구가 쓴 편지에 따르면 지난해 3·1절 때 텔레비전 드라마화 되기도 했다고 한다.

처음으로 번역에 참여하여 알게 된 일들이 몇 가지가 있다. 일곱 명의 공동작업 탓으로 문체나 번역어의 통일에 예상보다 많은 에너지가 소요되었다. 일본어로 읽는데 견딜만한 것으로 완성시키는 일도 우리 아마추어들의 모임으로서는 꽤 힘든 일이었다. 이러한 일본어로의 음미도 하나의 어려움이었지만 그 이상의 난관은 조선어를 일본어로 옮겨 바꾸는 것 자체에 내재되어 있었다. 그 중 하나가 "번역이란 무엇인가"라는 문제다.

당초 우리는 균등하게 배분 한 페이지 수를 개별적으로 번역하여 문장화했지만, 이 때, 원문 속의 단어나 문장 구조를 번역자의 해석을 최대한 억제하여 직역투로 재현하는 데 역임을 두었다. 그런데 이 시도를 거듭할수록 결국 번역이란 결국 번역자에 의한 원문 해석의 표현이며, 절반 이상은 일본어에 의한 창작이라는 것을 깨닫기 시작했다. 논문보다는 시나 소설의 경우 한층 더 타당할 것이다.

확실히 조선어는 어순·골격이 일본어와 같다. 한자를 모체로 한 단어가 많은 것도 일본어와 유사하다. 그래서 일본어를 생활언어로 하는 사람들이 이것을 배우고, 번역하는 것은 다른 언어의 경우보다 용이하다, 라고 속단한다면 그것은 착각일 것이다. 쓰고 말하는 하나의 단어, 한 절의 문장 속에도 그 언어의 주체인 민족 고유의 생활감각과 문화가 새겨져 있다. 이 생활 감각과 문화는 다른 언어를 쓰며 살아가는 사람들이 완전히 이해하기란 불가능하다. 언어가 지니는 함의와 울림이 벽을 만들어낸다. 거기서 성립되는 것은 고작 자신의 생활언어에 의하여 행해지는 하나의 해석에 불과하다. 조선어를 일본어로 옮겨 바꾸는 것도 그런 것이다. 이러한 결론에 이르러 비로소 번역은 진척하기 시작했다.

한편, 또 다른 번역상의 어려움에 대해 써보고자 한다. 그것은 "왜 이광수인가?"라는 번역의 주체적 의미 부여에 관한 문제였다. 전후 일본에서 이광수의 이름은 일반적으로 거의 무(無)나 다름 없다. 게다가 "조선문제"에 관심을 보이는 이들 사이에서 이광수는 조선의 현대 문학 사상 기념비적 작품『무정(無情)』의 저자임과 동시에 3·1운동에 앞서 도쿄 거주 조선인 유학생 들이 발한 2·8독립선언서의 기초자(起草者)로 알려지고 있는데, 동시에, 아니 그 이상으로 '일제시대' 말기 '가야마 미츠로(香山光郎)'라고 창씨개명한 친일파의 거두로 잘 알려져 있다. 조선 근현대사 관계 책을 펴다 보면 여러 번 '민족반역자' 이광수의 이름을 찾을 수 있다. 일본에서는 그의 작품을 읽지 않아도 '친일파'라고 하면 이광수의 모든 것을 이해해 버릴 정도의 상황이 있다고 생각한다. 전후 한국 문학 번역의 활황 속에서 이광수의 문학은 '내선일체'시대의 김사량이 번역한『무명(無明)』의 재록을 제외하고 단 한편도 번역·소개된 것이 없다는 사실은 이러한 상황 없이 생각할 수 없다. 이런 작가의 작품을 일본어로 옮기는 작업이란 주저하는 마음을 수반하지 않을 수 없었다.

온돌방
おんどるばん

서민의 교환기사를 가나가와현(神奈川県) 야마토시(大和市)·구가 준이치로(久我順一郎)·회사경영·48세

일조우호를 위해 꾸준한 활동을 하고 계시는 데 경의를 표합니다. 특집이 항상 시의적절하여 좋습니다. 최근 이웃나라에 대해 인식을 다시하기 위해 여러 출판들이 이루어지고 있는 것도 모두 본지의 노력 덕분일 것입니다. 제37호의 조선통신사에 대한 특집은 대단히 공부가 되었는데. 당시 양측 국민, 일반서민들의 교환(交歡)이 어땠는지에 대해 더 알고 싶습니다.

오미하치만의 상수도 고베시(神戸市)·가미요시 가즈오(神吉和夫)·대학 조수·36세

오미하치만에는 게이쵸 12(1607)년 조선통신사가 방문한 것을 계기로 창설된 것으로 알려진 수도시설이 있으며,「시가현 하치만쵸사」에 상세히 기술되어 있다. 지금도 일부 사용되고 있는 이 상수도는 일본 수도 역사상 중요한 시설 중 하나다. 나는 지난 몇 년 동안 이 수도시실에 대해 연구해 왔는데 통신사가 방문한 게이쵸 12년에 관한 확실한 사료를 아직 만나본 적이 없다. 본지 37호 특집「에도시대의 조선통신사」를 읽어보았는데 오미하치만의 수도에 대해 다루지 않았던 것이 아쉬웠다. 니시카와 히로시(西川宏) 씨의 「도모(鞆)·히비(日比)·우시마도(牛窓)의 교

페이지
254-256

필자
독자

키워드
조선통신사, 수도,
임전혜, NHK,
한글강좌,
안녕하십니까

해제자
김웅기

류」내용 중에 우시마도에 있는 통신사 접대용 우물에 관한 이야기를 흥미롭게 읽었다. 우물에 새겨진 문장 일부가 사진으로 나타나 있는데 그 전문을 알고 싶다. 또한, 우물의 규모는 어느 정도일까요.

잡감 두 세 가지 가마이시시(釜石市)·가와무라 유타카(川村豊)·교사·49세

본지와 같은 잡지가 있다는 것을 아마도 「아사히저널」광고를 통해 알게 되었다. 실은 제가 일본사 교사인데 문부성의 검정교과서로 보니 어느새 완전히 천박해진 것 같다. 고3 딸에게 "가장 싫어하는 나라가 어디니?"라고 물어 본 적이 있었다. '조선'이라고 딸이 대답했다. 어쨌든 지저분하다는 것이다. 빈민가의 미국 흑인이 훨씬 '멋지다'고 말한다. 내가 잘못했다고 생각했다. 그런 말을 한마디도 딸에게 말한 적이 없는데 나의 본질적 인식을 딸이 아이의 본능으로 학습해 버린 듯했다. 『일본 속 조선문화(日本の中の朝鮮文化)』나 『교과서에 쓰여진 조선(敎科書に書かれた朝鮮)』등을 읽다가 이 잡지를 발견했다. 좀처럼 '납득'할 수는 없지만 그래도 지금 나 자신이 인생의 (역사 인식의) 전환점에 와 있다는 것을 곰곰이 생각하지 않을 수 없다.

귀중한 문헌 요코하마시(横浜市)·시바하라 사토시(柴原覚)·무직·63세

저는 본지 제13호 때부터 읽고 있습니다. 당시 요코하마 교육관계지의 조선인에 대한 기술의 부당함이 문제가 되던 시기였습니다. 한때 일제시대에 조선에서 「황민화」정책에 가담한 자로서, 패전 후 식민지통치의 교육정책, 행정, 방법 등의 자료수집에 뜻을 가진 입장에서 『계간 삼천리』는 귀중한 문헌 중 하나입니다. 또 한 가지, 전쟁 당시 조선에서 『문교의 조선(文敎の朝鮮)』으로 세뇌당하며 지금은 '이에나가교과서검정소송'을 지원하고 있는 저에게 있어,

특히 본지 31호에서 36호는 정독해야 할 책입니다. 본지가 남북통일과 한국 민주화 노력을 계속하기를 바라면서 저 또한 조선 '침략'에 관한 기술에서 글자뿐만 아니라 왜곡된 내용도 저지하는 노력을 계속해나가고자 합니다.

이웃으로의 사명 가와니시시(川西市)·테라모토 히사미(寺本寿海)·자영업·48세

『계간 삼천리』를 매우 기쁘게 읽어보았습니다. 일본과 가장 가까이에 있으면서도 가장 먼 나라인 것처럼 느껴지는 조선. 그리고 서점에서도 중국관련 책은 상당히 늘고 있는데도 조선에 관한 책은 아직 적고, 전문 서적은 전무나 다름없어 안타깝게 느껴집니다. 전후 일본은 경제적 발전에만 사로잡혀 문화적 측면에서는 매우 뒤져 있어 참으로 부끄러운 일이라고 생각합니다. 어린 시절부터 조선인과 함께 자란 사람에게 재일조선인이 아직도 일부 일본인들로부터 멸시 받고 있는 상태는 매우 슬픈 일입니다. 저는 조선인도 일본인도 같은 종족이며, 서구인과는 달리 같은 피로 맺어진 동포인 것으로 믿습니다. 그런 의미에서도 더욱 조선의 역사·문화 등을 배우고 함께 어우러지는 기회를 가질 것을 희망합니다. 그것이 이웃이 마땅히 해야 할 일이 아닐까요.

의미 있는 만남 치바시(千葉市)·우치노 메이카(内野芽花)·주부·45세

저는 우연히 재일조선인 남편을 만나 세 아이를 조선인으로서 조선학교를 다니게 하고 있습니다. 그런 저조차도 사적인 일 때문에 또 다시 본지를 읽어보려고 생각하게 되었습니다. 아이들도 어느 정도 컸고, 부모로써도 잘 자라 주었다고 생각하는 반면에 민족학교만 다니면 충분하다고 생각했던 부모의 의도와는 전혀 다른 측면도 나타나기도 해서 당황하고 있는 요즘입니다. 이것 역시 결국 부모의 삶의 투영인 만큼 먼저 저 자신을 돌아보아야 할 것 같

225

습니다. 임전혜(任展慧) 씨는 새삼이라기보다는 처음으로 제 아버지(우치노 켄지, 內野健児)에게 조선에서의 일에 대해 가르쳐 주신 분입니다. 그리고 그분과의 만남은 여성으로서, 엄마로서 신기하고도 의미 있는 만남이었습니다.

매듭을 짓는다는 것 구마모토현(熊本県) 시모에키조군(下益城郡)·혼다 하루미츠(本田晴光)·무직·72세

과거의 역사를 파헤치며 되묻는 일에 의해서 비로소 진실이 보이기 시작합니다. 매듭을 명확하게 짓는다는 것, 거기서 진정한 의미의 신뢰와 더불어 사는 정신이 생겨나는 것 같습니다. 지금도 여전히 그러한 문제가 특정 사람들에 의해 왜곡되고 있습니다. 그것은 일본, 조선 양측에서 소위 기득권을 누리고 있는 특권층들이 그렇습니다. 그런 것들을 물리침으로써 진정한 인민들의 연대가 가능해질 것입니다. 세계 인민의 연대가 이루어졌을 때야말로 평화로운 인간의 아름다운 역사가 창조될 것입니다.

한글을 공부하고 싶다 나라현(奈良県) 이코마시(生駒郡)·하마타니 히데오(濱谷英夫)·무직·73세

본지 제36호 특집 「대지진의 시대」는 다시 한 번 관동대지진의 공포를 상기시켜 주었는데, 그 이상으로 권력자의 잔인하기 그지없음에 두려워 온몸이 떨었습니다. 일본인으로서 정말 부끄럽다는 생각이 들었습니다. 영화 「오계(五戒)」를 봤을 때, 화랑도(花郎徒)를 처음으로 알게 되고 문무양도에 힘쓰는 젊은이들의 모습에 감동했습니다. 일본어판은 없었지만 열기가 가득한 조선어에 매료되어 내용도 상당부분 이해했습니다. 조선의 『소학독본』 같은 것을 게재해 주실 수 있는지요? 한글을 공부하고 싶어서 그렇습니다.

재일조선인에게 있어서의 조선어강좌 도쿄도(東京都) 메구로구(目黑区)·박철수(朴哲洙)·회사원·32세

나는 학교에서 조선어(모국어)를 배운 적이 한 번도 없었고, 어렵사리 친구들과 한국어를 공부하고 있다. 그래서만은 아니지만, 언제나 입문에서 멈추어 있고 몇 년이 지나도 '소학생.' 그렇다고 조선어와 마주하는 일을 그만 두면 모국을 마주보는 일도 그만 두게 될 것 같아 포기할 수 없다. 언어를 회복해 나간다는 것은 민족성을 회복해 나가는 것 그 자체며, 그것이 죽을 때까지 계속되는 작업이라고 나 스스로 다짐했다. 올해 4월부터 NHK에서 「안녕하십니까 - 한글강좌」가 시작된다. NHK에서 조선어강좌가 시작되면 꼭 수강할 거라고 이것 또한 어느 때부터인가 다짐했다. 드디어 이루어지게 됨에 따라 나에게 있어 획기적인 일이 되었다. NHK의 조선어강좌가 어디까지나 일본인을 위한 조선어강좌라는 점에 대해서는 백번 알지만 다른 한편으로 나 같은 재일조선인 2세가 조선어를 습득하는 기회가 된다는 것 또한 사실이다. 그만큼 재일조선인 2세·3세 대부분이 방치되어 왔다는 것이다. NHK 조선어강좌로 많은 일본인들이 조선어를 통해 왜곡된 조선에 대한 인식을 변화시킬 것을 기대해 본다. 그때 재일조선인에게 모국어가 갖는 의미가 어떤 것인지 한층 선명해질 것이다.

NHK에 대한 요망 나라시노시(習志野市)·무라야마 토시오(村山俊夫)·조선어학원 강사·31세

NHK에서 「한글강좌」가 드디어 시작했습니다. 개강까지의 우여곡절도 그랬지만 교재 판매가 늦어지기까지 해서 아마도 전도다난할 듯합니다. TV강좌는 아직 두 번밖에 보지 않았지만 입의 움직임을 확대해서 보여주거나 촌극·애니메이션 등을 살린 유익한 내용으로 되어 있습니다. 다만 가타가나에 의한 발음표기는 발음연습이 끝나는 제6과 이후에는 없는 편이 나을 것 같습니다. 가타가

나에 의지하게 되면 언제까지 지나도 정확한 발음을 할 수 없게 되니까. 라디오강좌는 어렵다는 게 주변 사람들의 소감입니다. 3일 차 때 과거형, 4일차 때 현재진행형의 예문이 나와서 그럴 것입니다. 또한, 남성과 여성의 발음 간에 미묘한 차이가 있을 경우, 어느 쪽을 선택해야 할지 고민스러울 때도 있는 것 같습니다. 여하튼 조선·한국이라는 표현을 전혀 쓰지 않은 채 어디까지 해낼 수 있을지 흥미진진합니다. 오에 선생님께서는 남북 간의 발음표기 차이에 대해 언급하신 적이 있는데 의식적으로 북과 남의 균형을 잡으려 하시는 공평한 자세에 공감을 느낍니다.

편집을 마치고
編集を終えて

지난 4월 초부터 NHK가 「안녕하십니까－한글강좌」라는 명칭으로 조선어강좌를 개설했습니다. 명칭에는 석연치 않은 것이 있지만, 교재는 판매가 시작된지 2주 만에서 TV, 라디오 각각 12만부를 넘었다고 합니다. 진정한 의미로 선린우호를 도모하기 위해서는 서로 언어를 존중하며 말을 이해하는 일이 필요하지만 일본에서는 조선어를 배우려고 해도 많은 어려움이 따랐습니다.

그러한 가운데 이번 호 야하기 가츠미(矢作勝美) 씨 논문에 있듯이 본지 제4호(1975년 11월)의 「상호이해를 위한 제안」(구노 오사무, 김달수 대담)이 계기가 되어 「NHK에 조선어강좌 개설을 요구하는 모임」이 출범하여 서명운동이 시작되었습니다. 1976년 3월의 일이었습니다. 이리하여 이듬해 4월 4일 발기인을 대표하여 구와바라 다케오(桑原武夫), 나카노 요시오(中野好夫), 구노 오사무(久野收), 하타다 타카시(旗田巍) 김달수(金達寿) 등이 NHK 회장을 만나 3만 8천여 명의 서명을 건넴과 함께 조선어강좌의 조기개설을 요청했습니다.

그때부터 7년, 강좌의 명칭을 둘러싸고 분규하기도 했지만 본지는 일관되게 「조선어강좌」를 주장해 왔습니다. 조선어라는 표현은 역사적, 학술적으로 사용이 관례화되어왔으며, 조선민주주의인민공화국의 그것을 뜻하는 것이 아니기 때문입니다. 본호의 특집명인 「조선어란 어떤 언어인가?」에도 이러한 뜻을 담았습니다.

페이지
256

필자
이진희
(李進熙, 1929~2012)

키워드
NHK, 안녕하십니까,
한글강좌

해제자
김웅기

229

1984년 가을(8월) 39호

고바야시 마사루와 조선 – 하나의 추억
[架橋] 小林勝と朝鮮――一つの思い出

사이토 다카시는 일본 도쿄 출신으로 역사학자이며 국제정치학
자이다. 도쿄대학 대학원 사회학 박사이며, 가쿠슈인대학(学習院
大学) 교수를 엮임했고, 명예교수이다. 주요 저서로는 『국제정치
의 기초(国際政治の基礎)』(1988), 『역사 감각(歷史の感覚) – 동시
대사적 고찰(同時代史的考察)』(1990), 『동시대사 단편(同時代史
斷片)』(1998) 등이 있다. 고바야시 마사루와 고등학교 동학이었던
추억을 기록한 것이다.

고바야시 마사루가 서거한지 이미 13년이 지났다. 식민지였던
조선을, 자신의 고향으로 삼고 그것을 작품에 응집시킨 일본인 작
가는 이제 없다. 만년의 고바야시는 뭔가에 홀린듯했다. 옥중생활
그리고 병원 입원생활로 그의 육체는 쇠약해 졌다. 그의 정신에
씌인 것은 조선이었다.

나는 고바야시 마사루와 고등학교 동기였다. 엄밀하게 말하면
입학은 내가 1년 더 빠르다. 『고바야시 작품집』에 적은 년보에 '1
년 상급자로 다케이 데루오(武井昭夫), 유치 아사오(湯地朝雄)
등이 재학'이라고 표기한 것은 틀린 것이다. 나는 1년을 유급했기
때문에 고바야시와 동기가 되었는데, 다케이나 유치는 고바야시
보다 2년 이상이었다. 나는 단지 함께 재학했던 것이 아니라 같은
기숙사에서 생활했다.

페이지
14-17

필자
사이토 다카시
(斉藤孝, 1928~2011)

키워드
고바야시 마사루,
아리랑, 도라지타령,
조선체험, 반성

해제자
서정완

1947년, 48년, 49년까지 고바야시와 함께 생활했었다. 그 당시는 식량사정이 안좋은 시대였다. 가끔 고바야시 집에 가서 쌀이나 된장 등을 받아오지 않으면 안되었다. 고바야시는 점점 정치운동이나 신일본문학회 활동으로 바빠지게 되어, 식량 운반은 친구들 중 한 사람에게 부탁하게 되었다.

고바야시에게서 배운 아리랑이나 도라지타령의 멜로디를 의식에서 생각나게 된 것은 그로부터 10년 후 내가 베를린에 유학하고 있었던 때 였다. 분단국가인 독일에서 여러 가지 체험을 통해 비로소 조선의 분단상태가 놓은 심각함을 알게 되었다. 이 시기에 나는 『동시대를 읽다(同時代を読む)』를 썼다. 나는 독일에 가서 일본의 인테리라는 자는 유럽이라던가 특히 전후에는 아메리카에 눈이 가 있어서 이웃 나나에 눈길을 주지 않는다는 것을 알았다. 이것은 나에게 있어서 첫 번째 전기가 되었다.

고바야시에게 작가로서의 테마는 3가지가 있었다고 생각한다. ①화염병사건을 포함한 공산당원으로서의 당(黨)활동, ②폐결핵 등 병상 체험, ③조선에 있어서의 식민자의 아들로서의 체험이 그것이다. ①은 정치 문제이고, ②는 인간의 생사의 문제인데, 고바야시의 경우 ①과 ②는 그것을 지탱하는 기초적인 체험으로서 ③의 문제가 있다. 게다가 '안 지히(an sich)'적인 조선체험이 아니라 '퓌어 지히(für sich)'적인 체험이었다. 말하자면 반성적이면서 자각적인 체험이었다. 그는 육군사관학교에서 공산당으로의 길을 걸었다. 그의 그러한 길을 가게 된 뒷배경에는 시류에 편승하는 기회주의적(opportunistic)인 태도가 아니라, 전쟁에 대한 반성이었으며, 조선에 대한 일본의 식민지지배에 대한 반성이기도 했다. 그가 죽을 때 까지 일본과 조선 양 민족의 연대를 위해 붓을 든 것도 그 자신이 조선에서 자란 경험을 미래로 향하게 하여 살리고 싶다는 마음에서였던 것이다.

영화에서 보는 80년대의 '고래사냥'

[架橋] 映画に見る八〇年代の鯨獲り'

우쓰키 게이코는 프리 저널리스티이다. 1948년 가가와현(香川県) 출신으로 니혼대학(日本大学) 예술학부에서 연극·영화를 배웠다. 그러나 중간에 중퇴하고 여성잡지 계약기자로 활동하기 시작한다. 텔레비전 구성작자로 데뷔하고 매스컴에 관계한다. 1982년 한국에 유학을 했는데, 유학 당시 한국에서 여성문제나 사회문제, 재일외국인 지문날인문제를 취재했는데, 이는 일본의 전후 처리문제가 방치되고 있다는 것을 자각하게 해주는 계기가 되었고, 1990년에 친구와 지인들을 모아 「일본의 전후 책임을 확실하게 하는 모임(日本の戰後責任をハッキリさせる会)」을 발족했다. 전국으로 확대되는 회원들과 함께 한국의 원일본군인 군속이나 유족, '위안부'의 보상청구 재판(91년 12월 제소)를 지원했다. 일본의 전후처리 전후책임을 묻는 활동을 적극적으로 전개했다. 이 글은 한국영화의 변화와 그 특징에 대해 논하고 있다.

최근 한국영화가 점점 재미있어지고 있다. 특히 영화가 전공이 아닌 내가 한국에 갈때마다 시간을 내어 영화 관람을 하고 있다. 올해 들어 본 영화는 〈바보선언〉(이장호 감독), 〈고래사냥〉(배창호 감독), 〈초대받은 사람들〉(최하원 감독) 등 세 작품이다. 그 중에서도 〈바보선언〉과 〈고래사냥〉은 텔레비전으로 인해 관객이 줄어드

페이지
17-20

필자
우스키 게이코
(臼杵敬子, 1948~)

키워드
이장호, 〈고래사냥〉,
배창호, 최하원,
청춘 영화

해제자
서정완

는 상황에서 영화계에서 오랜만에 수십만대의 관객동원을 이룬 힛트작들이다. 게다가 이장호와 배창호 두 감독은 한국영화계를 대표하는 젊은 감독이었다. 이장호감독은 38세, 배창호 감독은 33세의 젊은 나이이다. 이장호 감독은 에너지가 넘치는 사람이었는데, 수년 전에 처음 만난 것은 크리스마스였다. 지인 집에서 열린 파티에 영화관계자 몇 명이 함께 했는데 그는 비틀즈의 노래를 불렀다. 그의 비틀즈 노래를 들으면서 당시 불안정한 한일관계 속에서 자연스러운 만남과 동세대로서 갖는 친근감을 강하게 느꼈다. 상이(相異)가 아니라 공감, 공유할 수 있는 것을 만들어 가는 것이 지금부터의 한일관계에서는 필요한 것이 아닌가라고 생각하게 되었다.

이장호가 감독으로 데뷔한 것은 그가 29살 때였다. 그의 작품 중에서 내가 좋아하는 것은 〈바람불어 좋은 날〉과 〈어둠의 자식들〉이다. 〈바람불어 좋은 날〉은 박정권하의 4년동안 활동금지로 영화를 찍지 못했던 그가 오랜만에 매가폰을 잡은 작품이다. 급격한 근대화가 진행되고 어지럽게 변해가는 시대에 대한 이장호 감독의 걱정 그리고 바램이 선명하게 전해진다. 그러한 의미에서는 해방 세대인 이장호의 신선함과 뜨거운 메시지가 여러 곳에서 보이는 작품이다.

또 한 사람 주목할 만한 감독은 배창호이다. 지금도 상영 중이라고 생각하는데, 〈고래사냥〉은 40만 이상의 관객동원을 이룬 작품으로 올해 최고의 힛트 영화이다. 예전에 한국 대학생과 한국 영화에 대해 이야기를 하자 이마살을 찌푸리며 말한 내용이다.

'최근 영화들은 호스테스 스토리가 많다. 국산영화는 언제나 어두운 테마를 다루고 있어 흥미가 떨어진다. 도대체 영화감독의 주류는 노동자나 호스테스들이어서 수준이 떨어진다'

80년대까지 호스테스 이야기를 다룬 한국영화가 많았지만, 요 2, 3년은 경향이 바뀌어 왔다. 사회 저변에서 신음하는 사람들을 그린다고 해도 눈물 동정을 받으려고 그리는 것은 아니었다. 더

235

강하고 성격 발랄한 사람들이 웃고 울면서 살아가는 영화가 많아 졌다고 생각한다. 배창호 감독이 데뷔한 것은 불과 2년전으로, 〈꼬 방동네 사람들〉이 첫 번째 작품이다. 연세대학을 졸업하고 일단 기업에 취직을 했지만, 영화 매력에 빠져 UCLA 영화과에서 공부 한 후 이장호 감동 어시스턴트로 근무하다가 데뷔한 것이다. 이번 〈고래사냥〉은 지금까지 없었던 새로운 청춘 영화를 만들어 냈다고 생각한다.

이 〈고래사냥〉은 10년의 의미가 있다. 즉 70년대에 활약하다가 수년전에 타계한 고하길종 감동의 대표작인 〈바보들의 행진〉의 테 마를 계승하고 있기 때문이다. 암울한 시대 속에서 넘치는 젊음의 에너지를 꽃피우지 못하고 좌절하고 침묵하지 않을 수 없었던 70 년대의 '허망한 꿈'이기도 했기 때문이다.

가교
아틀란타의 이씨李氏
[架橋] アトランタのリーさんのこと

미하시 오사무는 도쿄 출신이며 도쿄대학(東京大学) 문학부 사회학과를 졸업했다. 이후 와코대학(和光大学) 인간 관계학부 교수, 학장을 역임하고 퇴직 후 명예교수를 역임했다. 차별론을 전공했고, 주요 저서로는 『차별론 노트(差別論ノート)』(1973), 『메이지의 섹슈얼리티(明治のセクシュアリティ)』(1999), 『일본의 사회과학과 차별 이론』(1994) 등이 있다. 이 글은, 일본에 강제연행 된 재일조선인 중에 한센병 환자 경험에 대해 적은 글이다.

작년 4월부터 1년간 나는 아메리카에 있었다. 세상 사물을 생각할 때 항상 나에게 근본적으로 자리 잡고 있는 흑인문제에 그 땅에서 피부로 접하고 싶다고 생각하여 처음부터 동양계미국인이나 멕시코인들과 관련한 문제로 관심을 넓히는 것에는 금욕적이었다. 그렇기 때문에 일본인조차도 최저 필요한도 내에서만 만났다.

그럼에도 불구하고, 미국 시민권을 가진 조선인과는 공교롭게도 자주 만났다. 그 이유 중 하나가 일본인이 고층 빌딩 속의 오피스에 사는 것이 많은 것에 비해 그들 조선인이 사람들의 일상생활 활동 영역에 사는 경우가 많았기 때문이라고 생각한다. 예를 들면 뉴욕시의 채소가게에서 조선인이 경영자를 만나는 경우가 많았다. 가전 전지제품 판매점 사장도 자주 부딪치다.

또 하나는 내가 조선인과 자주 만나는 이유에 아마도 내 얼굴

페이지
20-23

필자
미하시 오사무
(三橋修, 1936~2015)

키워드
미국 시민권,
미국거주 조선인,
애틀란타 대학,
군대체험

해제자
서정완

생김새가 있을 것이다. 내 얼굴 골격은 분명히 조선민족의 특징을 갖고 있다. 그 때문에 거리에서 '안녕하십니까'라고 한국 사람이 자주 인사를 해 온다. 한번은 뉴욕의 흑인으로부터 인사를 받고 놀라서 조선어로 되돌려 주었는데, 적어도 그는 조선인과 인사를 주고받았다고 믿고 있을 것이다. 이러한 예에서도 알 수 있듯이 뉴욕과 같은 흔히 말하는 인종의 도가니 속에서 사는 사람들은 얼굴 특징 등에 의해 일본인과 조선인을 구별한다. 일본인이 자주 입에 담는 '외견상으로는 구별할 수 없다'라는 대사는, 일본인의 조선인에 대한 무관심을 말해주는 것이라고 생각한다.

여기서 소개하고 싶은 이 씨로 내가 길에서 우연히 만난 미국거주 조선인이다. 어떤 식으로 내 앞에 이 씨가 등장했는지를 쓰기 위해서는 그와 만났던 남부의 대도시 애틀란타의 일부터 이야기를 시작해야 할 것 같다. 나는 남서부의 백인 집에서 방 한 칸을 빌려 그곳에서 흑인대학으로 유명한 애틀란타 대학에 한 달 정도 다녔다.

어느 날 거리를 걷고 있는데 그곳에서 흥미로운 가게를 발견했다. 흑인 손님을 상대하는 기념품 가게라고 할까. 싼 물건들이라면 무엇이든 있는 가게였다. 1달러를 내면 흑인들이 좋아하는 향(香)을 20개 정도 손에 넣을 수 있다. 내가 들어가니 상품들 속에 가게 주인의 얼굴이 보였다. 내가 아는 재일조선인의 얼굴과 닮아 있다. 두 사람의 얼굴이 중첩된다. 가게 주인도 '오랜만입니다'라는 표정을 하고 있었다. 넓지 않은 가게이기 때문에 두 사람은 말을 건네기에 충분한 거리에 있었다. 안녕하십니까. 이 말을 건넨 사람이 이 씨였다.

나는 '실은 일본인입니다'라고 대답했다. 그러자 그는 일본에 3일정도 간 적이 있다고 말했다. 이것이 계기가 되어 둘은 서툰 영어로 이야기를 나누었는데, 그는 일본어를 말 할 수 있는 듯이 '내 일본어를 알아듣겠습니까'라고 말했다. 알아들을 수 있습니다. '어릴 적에 강요된 것이지요'라고 말하자, 그것에는 답하지 않고 그는 40년 만에 일본어를 사용하는 것이 기쁘다고 먼 기억 속의 일본어를 되살리기 시작했다. 그리하여 일본어가 두 사람 사이의 주요 언어가 되었다.

사람이 좋아 보이는 인상을 가진 부인은 상품 판매를 방치한 남편을 대신해 가게를 보고 있었는데, 손이 비자 두 사람에게 와서는 일본어를 즐겼다. 실제로는 전혀 이해하지 못했지만, 알 것 같은 기분이라고 했다. 들어보니 5살 때까지 이카이노(猪飼野)에서 자랐고, 조국에 돌아갔었다고 한다. 내가 간사이 사투리로 이야기를 하자 부인은 들었던 기억이 있었던 말들을 생각해 내었었는지 모르겠다.

생각해 보니 나는 한국군 정규군이었던 사람과 만나서 이야기를 한 것은 이 씨가 처음이었다. 일본은 패전 후 40년 가까이가 지났다. 전쟁이 패전이었기 때문에 말단 지위에서 싸운 병사들의 체험은 진정한 의미에서 밖으로 나오지 못하고 매장되었다. 병사들은 실제로는 많은 체험에서 많은 지식이나 지혜를 갖고 있을 것이다. 그것을 군대 체험이 있는 흑인들로부터 나는 새롭게 배웠다.

평양의 간판 문자

[架橋] 平壤の看板文字

오자와 노부오는 도쿄시 출신이다. 니혼대학(日本大学) 예술학부에 재학 중에 「신일본문학」에 참가했고, 「신도쿄감상산보(新東京感傷散歩)」가 하나다 기요데루(花田清輝)에게 인정을 받아 졸업 후 소설·시·희곡·평론·하이쿠(俳句) 등 다기에 걸친 집필활동을 전개했다. 저서로는『벌거벗은 대장(裸の大将) 일대기』로 구와하라 다케오(桑原武夫) 학예상을 수상했다. 그리고 『천황제와 공화제의 사이에서(天皇制と共和制の狭間で)』를 집필했다. 이 글은 오자와 노부오 자신이 조선민주주의인민공화국을 방문한 경험을 회상하며, 일본이 선진국인지에 대해 묻고 있다.

3년 전 가을에 조선민주주의 인민공화국을 방문하여 평양시를 중심으로 10일 정도 체재했다. 나쓰보리 마사모토(夏堀正元)를 단장으로 하는 일행으로 7명의 방문단에 나도 참가했다. 나쓰보리 씨에게 권유를 받기 전까지는 여권에 'except north korea'라고 특별히 적혀 있는 나라에 갈 수 있다고 생각지도 못했다. '가겠습니다'라고 나는 즉답을 했다. 오로지 호기심이었는데, 다른 것은 생각지도 않았다.

아니 한 가지 비장한 결심이 있었다. 이번 기회에 조선어를 조금이라도 공부하자였다. 출발 전까지는 몇 개월이 남아 있었다.

실은 가지이 노보루(梶井陟)의『알기쉬운 조선어』라는 학습서

페이지
24-27

필자
오자와 노부오
(小沢信男, 1927~)

키워드
나쓰보리 마사모토
(夏堀正元),
가지이 노보루
(梶井陟),
평양방문, 조선어

해제자
서정완

를 발행 당시에 구매하여 10여 년간 책장에 장식한 채로 지내왔다.

할 수 없다는 생각이 들었다. 적어도 한글을 읽는 방법만이라도 외우자고 생각했다. 발음을 모두 가타카나 방식으로 외웠다. 그러자 한순간에 그것을 외워버렸다. 거의 하루 만에 외웠다. 나 자신도 놀랐다.

원래 나는 어학이 매우 서툴렀다. 영어도 제대로 읽지도 못한다. 그런 나에게 여하튼 하룻밤사이에 그것이 가능했기 때문에 한글은 정말 알기 쉬운 문자라고 생각한다. 단, 그 이후 전혀 숙달하지 못했다. 그 이후 학습을 하지 않기 때문에 어쩔 수 없는 일이다. 그렇지만 3년이 지난 지금도 의외로 잃어버리지 않고 있었다.

그리하여 평양에 갔다. 대외문화연락협회의 일본어 가능자의 안내로 연일 이곳저곳을 견학했다. 김일성 생가를 비롯해 박물관, 기념관, 학생소년궁, 공동 농장, 댐, 제철 공장, 대학, 산부인과 병원, 근로자 주택 등등을 둘러보고, 판문점에도 가고 서커스나 영화를 관람했다. 유원지에서 놀기도 하고 고분을 둘러보고, 지하철도 타기도 하고 일본 적십자군도 만났고 평양냉면도 먹었다. 지금 생각해보아도 정신없는 것이었다.

나는 요망사항이 있으면 말해보라고 해서 단 하나 길거리를 걸어보고 싶다고 신청했는데, 좀 차원이 낮았던 것 같다. 주위사람들에게 거절당했다. 단체 행동을 어기지 말라고 단장이 말했다. 나는 동분서주 차창 밖에서 보이는 시내를 관찰했다. 평양시는 한마디로 말한다면 공원도시 이다. 길거리에는 가로수, 광장에는 화단과 분수 등이 있었다. 대동강과 보통강(普通江) 두 개에 걸쳐있고 그 녹색과 물은 깨끗했다.

3년 전의 회상이었다. 지금 다시 생각나는 것은 요즘에 아래와 같은 일도 있었기 때문이다. 일본은 지금 식량자급율이 3할로 보유 쌀도 바닥인데 이웃나라 한국에서 쌀을 수입하려고 하고 있다. 그런데도 일본은 풍요로운 선진국이라는 것이 국민 각자에게 통념이 되어 이제 아무도 그것을 의심하지 않는다. 그 아무도 속에 나도 뒤섞여있는지도 모른다. 이런 과밀 도시에 토끼집에서 반은 이를 받아들이고 반은 어쩔 수 없이 살고 있는 것이다. 적어도 이런 상태를 '풍요롭다'라고 생각하는 것은 일본 국민의 상상력의 빈곤이 아닐까. 이 상상력의 빈곤이야 말로 이전에 일본민족을 막지 못하고 이웃나라를 부당하게 얕보게 한 하나의 원흉이다. 지금 또 그 길을 걷고 있는 것은 아닐까.

1984년 가을(8월) 39호

정담
외국인등록법을 둘러싸고
[鼎談] 外国人登録法をめぐって

편지부에서 알림사항으로 제시한 내용을 시작으로 전개한다. 현재 일본 사회에는 약 82만 명의 외국인이 생활하고 있다. 그런데 그들에 대해 외국인등록법은 다음과 같이 엄격한 규정을 설정하고 있다. ①일본에 1년 이상 재주하는 만16세 이상의 외국인은 거주하고 있는 자치체에서 외국인등록 신청을 실시하고 게다가 5년마다 확인신청을 시행한다. 등록증명서 교부 받지 않으면 안된다. ②그때 등록 원표, 등록 증명서, 지문 원지(原紙), ③등록증명서는 상시 휴대하지 않으면 안된다, 등등이다. '재류외국인의 공정한 관리에 이바지하는 것을 목적으로 한다'라는 이 외국인등록법이 대상으로 하는 외국인의 약 83%가 한국적/조선적을 가진 재일조선인이다. 80년대에 들어서 지문날인을 거부하는 재일외국인이 잇따르고 있다. 이에 대한 내용을 대담 형식으로 진행한다.

다나카 히로시: 지금 되돌아보면 재일조선인을 둘러싼 문제라는 것은 1970년의 박종석군의 히타치차별사건 때부터 조금씩 양상이 달라져 왔던 것은 아닌가하고 생각한다. 그 이후 젊은 세대가 자신이 납득할 수 없는 것에 대해 자신 나름대로 부딪쳐서 그것을 세상에 물어가는 것이 '흐름'으로 나왔다. 그리고 변호사나 변리사, 공립소학교, 중학교의 교원이라던가 최근에는 우편국 외무원(우편배달부) 등에 국적 조항을 철폐해 왔다. 그 중에서도 아마 한 번도

페이지
28-43

필자
다나카 히로시
(田中宏, 1937~),
김달수
(金達壽, 1919~1997),
니이미 다카시
(新美隆, 1947~2006)

키워드
박종석, 지문날인 거부,
외국인등록법, 한종석,
거부자

해제자
서정완

243

잊은 적이 없는 외국인등록 지문제도에 대해서도 어떠한 형태로든 이의를 제기하려는 지하수와 같은 생각이 재일조선인에게는 있었다고 생각한다. 그러한 연쇄반응의 연장선상에서 80년대에 들어서 지문날인 거부가 기대하지 않았지만 산발적으로 각지에서 일어나고, 지금은 하나의 '흐름'을 만드는 것이 되었다고 나는 생각한다.

니이미 다카시: 나는 80년 9월에 지문날인을 거부한 한종석 씨의 변호인을 맡고 있었는데. 처음에는 당혹스러웠다. 외국인등록법에 대해 어느 정도 알고는 있었지만, 상시휴대의무에 대해서는 문제가 있다고 듣고는 있었지만 외국인등록법을 다시 읽어 본 것은 이 한종석씨 사건을 통해서였다.

김달수: 그럴 것이다. 외국인등록법은 우리 재일외국인에게는 매일 매일 관계를 갖는 거북한 법률인데, 일본인에게 있어서는 일상생활과 직접적인 관련이 없는 것이기 때문이다.

니이미 다카시: 검찰청 쪽에서도 처음에는 지문날인거부는 형식범죄 즉 찍느냐 마느냐의 사건이기 때문에 부검사가 담당하는 사건으로 1인 재판관으로 구성하는 재판 쪽으로 기소했다. 그러나 이것은 각 지역의 사건들과 병행되어 정치적인 커다란 문제가 될 가능성이 있다고 생각했기 때문에 3명으로 구성하는 합의체 재판소에서 심리를 진행했으면 하는 재판 변경을 신청했다. 검찰관과 약간의 논쟁이 있기는 했지만, 결국 합의체 재판을 하게 되었다. 그 후 예상을 훨씬 넘는 반향이 일고 운동체의 반응이 재판에 반영되지 않을 수 없는 구조가 되어 나로서도 중요한 변호의 입장이 되어 버렸다고 최근 들어 생각하게 되었다.

다나카 히로시: 우리들이 이름을 확인하고 있는 거부자 숫자는 대체로 30여명 정도이다. 거부자에게는 재입국을 인정하지 않는다는 법무성의 보복조치가 개시되었기 때문에 일단 거부는 했지만 그 사정으로 인해 지문을 날인한 사람도 있으니, 그 사람들을 포함하면 40여 명은 넘는다. 그 중에서 재판까지 간 것은 현재 8명이다.

그 이외의 사람들에 대해서는 신문 등에서도 이름이 나오고 있듯이 당국도 모르는 것은 아닌데, 등록 사무를 담당하는 시구정촌(市区町村)은 경찰에 고발을 하고 있지않기 때문에 지금까지는 경찰이 움직이고 있지는 않다. 특히 간사이(関西)지방에서는 고베와 교토에서의 1건을 제외하면 경찰에 불려 가지 않고 있다.

이처럼 동일한 행위를 시행한 사람인데도 불평등한 처우를 실시하고 있다는 것은 소송으로서도 문제가 있는 것이다. 이 지문날인거부 사건은 이 사람에게는 거부하는 것은 어쩔 수 없는 것인데, 이 사람의 경우는 문제라고 하는 '이유가 불분명한' 확신범이라는 케이스이기 때문이다. 오히려 지자체가 외국인을 '주민'으로서 정확하게 파악하여 국가의 자세에 이의를 제창하는 것은 주목할 만하다.

「재일」에 대해서의 의견

「在日」についての意見

문경수는 도쿄도 출생으로 재일한국조선인 2세로 정치학자이다. 리쓰메이칸대학(立命館大学) 국제관계학부 교수이다. 전공은 한국정치사이다. 호세이대학(法政大学) 문학부를 졸업했고, 이후 다시 학사편입으로 추오대학(中央大学) 법학부에 진학했다. 그 후 호세이대학 대학원 사회학연구과 석사를 마치고 국제기독교대학 조교가 되었다. 이후 리쓰메이칸대학에 교수로 근무한다. 이 글은 재일조선인의 정주화 현상과 그에 따른 재일조선인이 삶의 방식에 대한 변용에 대한 논의들을 정리하고 있다.

상식적으로는 사람들이 정치적인 활동을 취하는 배경에는 언제나 생활 문제가 함께하는 것이라고 생각하지 않으면 안된다. '민족'이라던가 '통일'이라는 재일조선인에게 있어서 자명한 전제로 간주해 온 가치 이념조차도 생활자 일본의 일상적인 의식이나 행동에 의해 지탱되어지지 않았다면 단순한 관념적인 도식으로 끝날 것이다. 재외조선인의 문제를 생갈 할 경우 본국의 변혁을 요구하는 실천자의 '이념'과 그 지역에 뿌리를 내리고 있는 생활자 측의 구체적인 감정은 원래 처음부터 괴리가 있을 수 있다는 것을 잊어서는 안된다.

재일조선인의 '정주화'의 진전도 그러한 '이념적인 것'과 '생활적인 것' 사이의 괴리를 어쩔 수 없이 심화시켜온 것이다. 그런데

페이지
80-89

필자
문경수(文京洙, 1950~)

키워드
가치이념, 정주화,
사토 가쓰미
(佐藤勝巳),
가지무라 히데키
(梶村秀樹)

해제자
서정완

246

이 괴리의 문제, 바꾸어 말하자면 재일조선인의 '정주화' 문제가 어느 정도 자각적으로 논의되기 시작한 것은 내가 알고 있는 한 1970년대 중반 경부터라고 생각한다.

한편 히타치 취직차별 재판에 이어 오사카와 가와사키(川崎) 등에서 행정차별 반대 움직임이 있고, 기성의 조직적 움직임과는 조금 차원이 다른 생활권 옹호 운동이 산발적이긴 하지만 구체화되고 있다.

근래 재일조선인의 정주화에 기인하는 움직임이나 논의가 이전에 없었던 것처럼 활발해지는데 그것은 좀 부풀려 말하자면 정주화라는 현실이 낳은 혼미함속에서의 모색이라고 말할 수 있을 것이다.

조선전쟁(1950~1953), 4·19(1960), 한일조약(1965), 남북공동성명(1972) 등 시대를 아무리 쌓아 와도 통일에 대한 전망은 보이지 않게 되고, 그러는 사이에 '재일'은 '재일'나름대로의 역사를 축적해 왔다. 재일조선인의 자제들은 더욱 더 그 자제(3세, 4세) 교육 문제가 심각해지는 상황 속에서 '재일'이 가진 종래의 모습에 대해 근본적으로 반성하게 하는 것이다.

이처럼 재일이 '전기'를 맞이하고 있는 이 시기에 재일조선인 운동의 새로운 방향 설정과 관련하여 하나 주목할 논쟁이 전개되었다. 77년부터 78년에 걸쳐 실시된 『조선연구』 학술지에서 나타난 논쟁이 그것이다. 잘 알려진 것처럼 이 논쟁은 사토 가쓰미(佐藤勝巳) 씨 등 5명이 연명에 의한 「자립 관계를 목표로」(172호)라는 의 논문에 발단하여 이것을 비판한 가지무라 히데키(梶村秀樹) 씨의 고군분투의 형태로 전개되었다. 논쟁의 내용을 간단하게 정리하여 소개하자면, 5명이 재일조선인의 '정주화'의 진전을 통해 재일조선인은 '공화국이나 한국 이상으로 일본에서의 모습을 진지하게 모색'해야 한다고 하는 것에 대해 가지무라 씨는 자신의 견해가 5명에 대한 비판으로서 당연히 예상되는 통일중시(본국지향)이라는 의미에서 '전형적'인 것이 아니라는 것을 밝히고, 그러한 양자택일적 시점 그것에 대해 이론을 제기했다. (176호, 「본지 172호 논문에 대한 내 의견」) 및 185호 「다시 본지 181호 논문에 대한 내 의견」)

논쟁은 2번 정도 오고간 후 논점이 다 나온 것과 중요한 재일조선인의 참가를 얻어내지 못한 것을 이유로 종결하게 된다. 논쟁의 쟁점은 '정주화'의 인식, 사카나카(坂中) 논문 평가, 민족교육 모습, 일본인의 조선 문제에의 관여 방식 등 다기에 걸쳐있었고 지금 시점에서 보아도 꽤 유익한 문제 제기가 있었다고 생각한다.

지역운동 속에서 「재일」을 생각한다
함께 산다
[地域運動の中から「在日」を考える] 共に生きる

이 글은 청구사의 역사에 대해 적고 있다. 청구사를 창립한 시기부터 체제를 정비해 온 과정을 구체적으로 기술하고 있다.

1984년 5월 27일, 가와사키 남부 공업지대 한가운데에 있는 사쿠라모토(桜本)소학교(재일조선인 학생이 전체 2할 이상을 차지하고 있음)에서 이 획기적인 사건이 일어났다. 이 날은 소학교 창립 50주년을 축하하는 대운동회 날로 특별 프로그램으로서 조선 농악이 성대하게 연주되었다. 당일 초청된 우리들(소학교에 이웃하는 사회복지법인 청구사의 사쿠라모토 보육원 원아, 보모, 부모, 청년들)은 그동안 준비한 특훈의 성과를 피로했다.

그 중에는 조선인뿐만 아니라 일본인 어린이들이나 어른들도 함께 운동장을 무대로 삼아 춤을 추었다. 말 그대로 청구사가 꿈꾸는 '함께 살아가기'의 모습이 그곳에 나타났다. 지역 어머니들이 눈물을 흘렸다. 사쿠라모토 소학교에 재적하고 청구사에 모인 동포들의 어린이들도 크게 기뻐했다. 청구사 15년의 실천을 축적해 오는 과정에서 꿈에서만 보았던 일이 현실이 되었던 것이다. 춤을 추는 사람도 그것을 보는 사람도 모두가 흥분하여 학교관계자도 진심으로 찬사를 보냈다.

청구사는 재일대한기독교 가와사키교회를 모태로 하여 지금부터 15년 전에 보육원운영에서 시작했다. 그때는 법인으로서 인가

페이지
103-105

필자
이상호(李相鎬, 미상)

키워드
사쿠라모토(桜本)
소학교,
청구사,
재일대한기독교,
가와사키교회

해제자
서정완

된 것이 아니었다. 예배당을 이용하여 스토브 한 대를 놓고 아무것도 준비되지 않은 상태의 보육원이었다. 교회를 개방하고 맞벌이 부모가 많은 지역의 필요성에 대응한다는 열의를 갖고 출발했다.

그리고 5년 후 법인인가를 받아 건물도 바꾸었다. 그리고 체제를 정비하고 정구사로서의 활동을 넓혀가기 시작했다. 당초는 조선인이 운영하는 보육원이라는 것만으로 아무리 가까워도 아이를 보육원에 맡기지 않는 일본인 부모도 많았다. 또한 보육원에서 '본명을 부른다'라는 것을 실천하는 것에 대해 동포의 부모로부터 아이를 퇴원시키는 경우도 있었다. 그러나 다른 한편으로는 이를 이해해주는 사람들이 지역 속에 확대되어 갔다.

이러한 보육원의 운영에서 학동보육 노바(당나귀)의 모임, 단포포(민들레) 모임(소학교 고학년), 중학생부, 고교생부, 개나리 클럽(민족 클럽) 등처럼 청소년이 모이는 장소를 만들어갔다. 지금은 비좁은 건물에 매일 150명이 넘는 아이들이 출입하고 있다. 그리고 많은 자원봉사자들의 협력을 통해 조선인, 일본인이 하나가 되어 함께 투쟁하고 함께 살아가는 길을 모색하고 있다.

재일동포가 변혁의 담당자가 되어 가는 것이 요구되어지고 있는 것은 아닐까. 단순히 차별 탓으로 한다던가, 일본사회나 일본인 탓으로 돌려 끝내버리는 것이 아니라, 스스로가 일어나고 살아가는 용기를 통해 본명을 사용하고, 언어니 문화, 생활 등에서 표현하는 힘을 갖지 않으면 안된다. 그리고 민족차별과 투쟁하는 것을 통해 다른 차별도 인지하게 되고 '함께 살아간다'는 역사를 창조해 가고 싶은 것이다.

지역운동 속에서 「재일」을 생각한다
부락해방운동 속에서
[地域運動の中から「在日」を考える] 部落解放運動の中から

이 글은 부락해방운동과 재일조선인이 함께하는 투쟁에 대해 적고 있다.

하구사(蛇草) 지구는 히가시오사카 시내에 있는 피차별부락이다. 교통편이 좋은 편이고 재일동포가 가장 많이 거주하는 오사카시 이쿠노(生野)와 이웃한 것도 있어서, 피차별부락 중에서도 비교적, 동포가 많은 지역이다. 〈하구사 지구 재일한국·조선인 인권을 보장시키기 위한 모임〉(이하 〈인권 모임〉이라 약칭한다) 은 그 하구사에 사는 동포 조직으로 결성한지 올해로 6년이 된다. 〈인권 모임〉을 1978년 12월에 결성할 수 있었던 것은 직접적으로는 부락해방운동이 배경으로 존재했다. 더 나아가 국제인권규약 비준 투쟁이 고조된 것 등도 계기가 되었다.

2년 정도 전에 부락차별 결과 열악한 환경에 놓인 부락 대중이 주택요구 투쟁으로 일어났을 때 재일동포도 적극적으로 참가했다. 부락대중과 재일동포는 입장은 다르지만, 지역에 생활기반을 갖는 재일동포에게 있어서 이 문제는 차별/억압을 받고 있는 것에서 일어나는 생활문제로서 중요한 관심사였고 그 요구가 재일동포와 동일했기 때문이다.

그리하여 부락해방운동을 부락대중과 함께 투쟁해 가는 과정에서 주택 입주를 비롯해 동화 대책 사업으로 개인 급부(給付) 일부

페이지
110-112

필자
현화남(玄和南, 미상)

키워드
피차별부락, 주택 입주, 동화 대책, 국제인권규약, 생활권 보장

해제자
서정완

가 재일동포에게도 적용되고 '투쟁을 하면 성과도 올라간다'는 것
이 동포들 사이에 의식화되었다.

그 후 인권존중에 대한 여론이 국내외에서 높아져갔다. 국제인
권규약을 비준시키기위한 구체적인 투쟁이 진척됨에 따라 '내외인
평등'을 요구하는 목소리가 재일동포들로부터도 높아져갔다. 그리
고 해방동맹 하구사 지부의 지도 하에서 동포들의 '장학금 요구자
조합'이 조직되고 장학금뿐만 아니라 모든 민족 차별을 없애기위
해서도 동포들의 조직을 만들어야 한다는 기운이 급속하게 성장하
고 〈인권 모임〉 결성으로 발전하게 되었다.

결성 이래 '모든 민족차별을 용서하지 않고 생활, 교육, 직장 등
각 분야에서 재일동포의 기본적 인권 보장을 쟁취해 간다'는 것을
목표/과제로 하여 운동을 전개해 왔다. 말하자면 생활 요구 투쟁을
중심으로 한 활동인 것이다. 그러나 그것은 단순하게 재일동포 생
활권 보장을 획득하는 것만으로 시종일관해 온 것은 아니다. 요구
를 모아서 구체적인 운동을 일으키면서 자기변혁을 이루는 과정이
기도 했다. 이것은 부락해방운동에서 배워온 것이다.

지역운동 속에서 「재일」을 생각한다
장소를 만드는 것
[地域運動の中から「在日」を考える] 場を作ること

이 글은 '어머니 학교' 체험을 소개하고 있다. 재일조선인 '어머니'들이 글을 배우는 것이 갖는 의미도 함께 제시하고 있다.

최근 이쿠노(生野)어머니 학교에서 『어머니들 문집』을 간행했다. 약 50명의 어머니들이 문자를 배우는 것에 대한 기쁨 그리고 당신 자신의 고생스러웠던 인생기가 육필로 쓰여져 있다. 한편 한 편이 어머니들의 추억으로 점철되고 저절로 눈물이 난다.

어머니 학교를 개교한지 약 8년이 된다. 매주 월요일과 목요일 밤 두 번, 착실하게 지속해 왔다. 한 어머니로부터 '일본어를 몰라서 버스나 전차를 타는 것도 불편하고, 상점 혹은 일을 해도 모르기 때문에 얼마나 창피했는지 모른다. 공부를 하고 싶다. 이렇게 생각하는 사람은 많을 것이다'라는 절실한 호소가 있어 교사나 보모, 기독교회의 청년들, 지역 자원봉사자가 중심이 되어 오사카 성화(聖和)교회 예배당을 교실로 삼아 시작되었다.

3년 정도 전에 현재의 장소인 성화사(聖和社)회관으로 옮겨왔는데 그 사이 8년 동안 많은 어머니들이 다녀갔다. 지금은 글을 배우는 학교로서의 역할은 물론이거니와 1세 어머니들의 모임 장소가 되었다.

나에게는 이 어머니 학교가 지역 활동의 출발점이다. 솔직히 말해서 주 2회 어머니학교는 힘들긴 하지만, 어머니들과 함께 배우는

페이지
112-114

필자
김덕환(金德煥, 미상)

키워드
이쿠노(生野)어머니
학교, 성화(聖和)교회,
청년 교사, 민족의식

해제자
서정완

것을 통해 많은 귀중한 체험을 했다. 여기서는 더 자세하게 적을 수는 없지만, 무엇보다도 어머니학교 운영을 통해 오늘날 재일동포의 상황을 실감으로 체험할 수 있었다.

어머니 학교를 개교하고 1,2년간은 동포 청년 교사도 많이 있었다. 어머니 학교의 '존재방식'에 대해서도 그들의 발언이 무게감이 있었다. 그러나 8년이 지난 지금, 어머니학교 활동을 담당하는 동포는 이제 많이 줄어들었다. 성실하게 주2회 수업을 담당해 주는 일본인교사의 모습이 보일뿐이다. 『어머니들 문집』 문집도 그들 노력에 의해 간행되었다. 분명히 일본인 교사와 동포교사와는 그 사회적 입장이 다르다. 동포청년에게 있어서는 그 사회적 기반이 너무 약하다.

내가 어머니학교 체험을 통해 오사카, 이쿠노(生野)라는 지역에서 활동하는 의미를 탐구해 왔다. 2년 정도 이전에 성화사회관에서 근무하게 되었는데, 두 가지 목적을 갖고 지금까지 활동하고 있다.

하나는 당연한 것인지 모르겠지만, 재일동포가 민족적 자각을 갖고 살아 갈 수 있게 하기위한 활동이다. 추상적인 말이 아니라 구체적으로 지역이라는 생활 장소에서 그것을 실현해 가는 것이 그것이다. 많은 운동들에 의해 취직이나 사회보장제도 권리 문호가 넓어졌다고는 해도 앞서 언급한 것처럼 어머니학교 교사의 예를 보듯이 우리들 재일동포가 놓인 사회적 상황은 아직도 힘든 상황이다.

그러한 상황 속에서 지금까지 반복해서 민족적 자각을 갖고 살아야 한다고 호소해왔다. 그러나 우리들 재일동포에게 있어서 민족성이란 과연 무엇인가라는 의문이 솔직히 말해 들지 않는 것은 아니다. 추상적인 언어나 문장은 수없이 써 왔지만, 오늘날 지금까지 민족성, 민족의식을 높이기 위해 어떠한 구체적인 실천이 우리들 동포의 손에 의해 이루어져 왔을까.

지역운동 속에서 「재일」을 생각한다
「공생」을 목표로
[地域運動の中から「在日」を考える] 「共生」をめざして

이 글은 일본 사회에 정주하게 된 재일조선인의 지역운동과 공생의 의미를 소개한다.

히타치(日立) 취직차별 투쟁 중에 생겨난 '민족차별과 투쟁하는 연락협의회'(민투련)은 10년간에 걸쳐 행정상으로나 사회현상으로서 민족차별을 없애기 위해 노력해 왔다. 〈토끼 어린이모임〉은 이 민투련 운동의 아마가사키(尼崎)에서 구체적 실천(지역 활동)으로서 생겨나고 8년간에 걸친 시행착오를 반복해 왔다.

〈토끼 어린이모임〉이 생겨난 것은 공영주택 입주나 아동수당 지급 등을 둘러싼 효고(兵庫)민투련과 시(市) 당국과의 교섭이 성과를 내고난 후인 1976년 3월이었다. 차별적인 행정을 개선해 가는 것은 반드시 필요한 일인데, 이를 위해 스스로의 손으로 해야 할 일도 있고 이를 하지 않으면 차별조항이 없어진다 해도 진전으로 자신의 것이 되지 않는다는 자성 속에서 재일조선인이 모이는 장소를 만들고자 했던 것이다.

그것은 구체적으로는 지역교육활동으로서 어린이회 이외에는 생각하지 않았다. 차별의 뿌리를 뽑기 위해서는 차별을 하지 않는 그리고 차별에 기죽지 않는 어린이를 만드는 수밖에 없기 때문이다.

어린이를 어떻게 기를 것인가라는 문제는 자신이 어떻게 살려고 하는 것인가와 같은 것으로 지역에 살면서 재일조선인의 위치를

페이지
114-116

필자
양태호(梁泰昊, 미상)

키워드
히타치(日立) 취직차별, 차별조항, 난민조약, 내외평등, 시대상황

해제자
서정완

항상 생각하지 않을 수 없다. 1982년 난민조약 가입은 커다란 임펙트로서 사회복지제도에 '내외평등'의 원칙이 도래하게 되었다. 즉 지금까지 일본 국내법 대상이 '국민'이었던 것에 비해 이 이후는 '일본 국내에 주소를 가진 자'를 대상으로 하게 되었다. 이 변하를 '1982년 체제'의 시작이라고 부를 수 있는데, 그것은 샌프란시스코 조약을 기전으로 하는 1952년 체제가 끝났다는 것을 의미한다.

30년이 지난 '시대'의 변화는 단순하게 제도상 차별조항이 철폐된(실은 아직 남아있기는 하지만)것에 그치지 않고 언젠가는 자신의 나라로 돌아간다는 '외국인'에서 '일본국내에 거주하고' 일본사회의 일원으로서 공생하는 존재로서 질적인 전환을 이루게 되었다고 말할 수 있다. 지금은 '재일'을 전제로 하는 자녀 교육에 대해 새롭게 묻지 않을 수 없다.

귀국을 전제로 하는 한 민족지상주의라고도 말할 수 있는 교육도 있을 수 있었는지 모르지만, '재일'을 전제로 할 때는 일본 사화의 모습과 관련하는 위치에서 '자신을 잃지 않는' 자세가 요구된다.

바꾸어 말하자면 언젠가는 조선에 돌아가야 하니까 '조선인답게' 일본에 산다면 '일본인답게'라는 도식이 아니라 조선인 이라는 사실을 버리지 않고 또한 일본사회의 일원으로서 자각에 선 발상을 갖지 않으면 안된다. '일본인답게'라는 말에 의해 획일화 된 '일본인답게'야말로 문제인 것으로 금후 민족적 출자를 포함해 다양한 일본인의 출현하는 것은 오히려 당연한 일일 것이다.

시대상황의 변화 속에서 발상의 전환도 요구되어 지는 것은 재일조선인 뿐만이 아닐 것이다. 재일조선인이 지역에서, 학교에서 그리고 직장에서 함께 존재한다는 전제에 서서 일본사회가 어떻게 변해야 할 것인가 동시에 묻고 있는 것이다.

온돌방
おんどるばん

이상한 강좌명 기요세시(清瀬市) · 히나 노부오(日那暢夫) · 회사원 · 27세

4월부터 개강된 NHK 조선어강좌가 '안녕하십니까'라는 이상한 명칭을 하고 있어 의아해하고 있었는데, 본지 38호의 야사카 가쓰미 씨의 「'NHK에 조선어 강좌를' 운동 8년」을 읽고 지금까지의 경과를 잘 알 수 있었다. NHK 측 대답이 있었다면 꼭 알려주었으면 한다. 38호는 오무라 마스오씨의 「대학 조선어 교육의 현상」을 비롯해 여러 가지 흥미로운 기사가 있어 즐겁게 읽었다.

한글 강좌에 대하여 도쿄도 가쓰시카구(葛飾区) · 요시다 쇼슌(吉田昌俊) · 공무원 · 32세

5월 3일 한국 연행에서 돌아와서 곧바로 본지 38호를 얻을 수 있었다. 현재 독자들이 알고 싶어 하는 것이 무엇일까를 생각해준 편집에 대해 호감을 갖고 있다. 또한 남북조선문제에 대해서도 냉정한 자세의 의견이 크게 도움이 되었다. 한국여행은 6일간의 짧은 여행이었지만, NHK의 「한글 강좌」를 한국의 많은 지인들도 알고 있었고, '안녕하십니까'라는 강좌명이나 그 내용에 대해 재일조선인 사람들이 품고 있는 의문과 동일하다는 것에 놀랐다. 여하튼, 시비를 묻는 것보다 한글을 배우는 것이 먼저라고 보는 내 의견에 찬동을 해 주어서 매우 행복했다. 이웃 나라 언어 수강 희망자가

페이지
254-256

필자
히나 노부오
(日那暢夫, 미상),
요시다 쇼슌
(吉田昌俊, 미상),
아라이 데쓰오
(新井徹夫, 미상),
구스다 다미코
(楠田民子, 미상),
미요시 미쓰야스
(三好充恭, 미상),
우부카타 나오키치
(幼方直吉, 1905-1991)

키워드
조선어 교육,
한글 강좌, NHK,
사할린잔류

해제자
서정완

많아지도록 귀지의 편집에 기대를 하는 바이다.

긴 안목으로 지속하고 싶다 우라와시(浦和市)·아리아 데쓰오(新井徹夫)·고등학교 교사·47세

『계간 삼천리』제38호 특집「조선어란 어떤 언어인가」를 흥미롭게 읽었다. 올해 4월부터 시작한 NHK 라디오 강좌「한글 강좌」에서 학습한 것을 긴 안목으로 지속하고 싶다고 생각한다. 또한 같은 호의 강재언씨의「'문화정치' 하의 지배와 저항」은 크게 참고가 되었다.

즐거운 조선어학습 도쿄도(東京都) 세다가야구(世田谷區)·구스다 다미코(楠田民子)·치과위생사

나는 조선어를 배우고 있는 일본인이다. 부끄럽게도 최근까지 귀지의 존재를 전혀 알지 못했다. 그리고 조선어와의 만남도 또한 우연이었다.

나는 올해 2월, 처음으로 한국여행을 했다. 목적은 조선요리 연구라고 하면 거창한데, 맛있는 음식을 찾아서 먹으로 다니는 것이었다. 비행기를 타면 단 2시간이면 도착하는 가까운 나라인데 이웃나라에 대해서 아무것도 알지 못했다. 한국여행을 마치고 돌아와서는 손에 닿는 대로 조선의 역사나 문화, 일본과의 관계에 대한 책을 읽었다. 그리고 이웃나라 말을 배우는 것이 가장 중요하다고 생각하여 통신교육을 수강했다. '가가사기 사(舍)'의 강사인 다카시마(高島)선생님으로부터 귀 잡지를 소개 받았다. 통신교육 내용은 매우 좋았고 어학을 공부하는 것이 이렇게 즐거운 것인지 생각지도 못했다. 지금은 조선어와 사랑을 나누고 있는 상황이다.

한평생 공부하고 싶다 도쿄도(東京都) 고가네이시(小金井市)·미요시 미쓰야스(三好充恭)·고등학교 교원·46세

귀 잡지 38호는 모든 기사가 매우 재미있어서 한 번에 다 읽어버렸다. 학생시절부터 조선·조선어에 관심이 있었지만, 일에 쫓겨서 시간을 낼 수가 없었다. 우연히 수학여행으로 한국에 가게 되었고 3월에 예비조사를 실시했다. 이것을 계기로 역사, 문화, 언어를 오랜 숙원이었던 꿈을 이루기 위해 본격적으로 공부를 개시했다. 한 번에 많은 책을 읽은 탓에 내 머리는 지금 혼란스러운데 이후 평생 과제로 삼아 공부해 갈 생각이다. 고대에는 조선으로부터 도래한 사람들이 일본문화를 만들었으며, 또한 조선은 위대한 사람들을 많이 배출한 나라이기도 하다. 나는 굴절된 눈이 아닌 눈으로 조선문화를 배우고, 우호를 위해 동시에 자신의 전문분야인 국문학 연구에도 도움이 될 것이라고 생각한다.

사할린잔류 한국인문제 국제 심포지움에 대하여 미타카시(三鷹市)·
우부카타 나오키치(幼方直吉)·대학교수

매년 8월이 되는 우리들은 전쟁체험을 발굴하여 서로 이야기하고 평화를 위한 결의를 새롭게 한다. 여기서 다루는 사할린 잔류 한국인 문제도 그 중 하나인데, 아시아에 대한 전후책임의 하나이다. 이 사할린 잔류 한국인문제 발생의 역사적 과정, 그리고 현재 국제정세의 의미에 대해서는 여기서는 언급하지 않지만, 우리 일본인으로서는 그들 모국에서의 가족 실태파악 혹은 그들의 한탄스러움에 대해 귀를 기울이는 것이 중요할 것이다. 그것은 중국 동북 잔류의 일본인고아문제와 어쩌면 공통되는 부분이 있다는 점을 유의해 둘 필요가 있다.

이 문제에 대해서는 이전에 도쿄 지방재판소에서 있었던 가라후토(樺太)재판도 진행 중이며, 최근에는 '아시아에 대한 전후 책임을 생각하는 모임'(대표 오누마 야스아키〈大沼保昭〉)를 중심 과제로 내세우고, 이미 기관지로서 『전후책임』도 간행하고 있다. 다만 일반인들에게는 거의 알려지지 않은 것이 현실이다.

따라서 이 이번 회의에서는 이 문제를 집중적으로 다루어 널리 많은 사람들에게 호소하기위해 한국 학자, 변호사, 외국에 머무르고 있는 사람들을 비롯해, 국제연합 관련자나 저널리스트를 초청하여 국제 심포지움을 개최하게 되었다. 그리고 실행위원회(책임자, 가시와기 히로시〈柏木博〉)를 만들어 각계각층의 찬동을 얻어 개최하게 되었다.

편집을 마치고
編集を終えて

일본에 1년 이상 재류하는 외국인에게는 등록증을 받을 때 지문을 날인하는 것이 강요되고 있는데, 그것을 거부하는 사람들이 급속하게 늘고 있다. 또한 지문날인을 강제하는 것은 인권문제에 맞지 않는다고 재판에서 다투고 있다. 가지무라 히데키(梶村秀樹)의 논문에서 자세하고 다루고 있듯이 지문날인 거부운동을 생각할 때 외국인등록을 통해 재일조선인을 관리, 추방하려는 일본 정부의 정책에 눈을 돌리지 않으면 안된다.

그것은 1947년 5월에 공포된 '외국인등록령'에서 시작되었고, 1948년 4월에는 민족교육을 탄압하는 고베(神戶)사건을 일으켰고, 1949년 11월에는 조선인학교를 강제적으로 폐쇄했다. 자국의 언어를 배울 권리조차 빼앗아 버린 것이다.

그러나 1970년대 후반에 들어서면 재일외국인에 대한 차별철폐를 요구하는 운동이 고조되고, 국제여론의 압력에 의해 지금까지의 정책을 변경하지 않을 수 없게 되었다. 1979년에 국제인권규약, 81년에 난민조약을 비준한 것이 그것이다.한편 재일조선인의 의식도 크게 변했다. 일본에의 정주화라는 현실 아래 민족성을 유지하면서 일본사회에서 적극적으로 살아가려는 2세, 3세의 새로운 움직임이다. 본 호에서는 이러한 문제들을 생각해 보기위해 젊은 세대들의 고뇌와 현실적인 운동을 다루었다.(편집위원 이진희)

페이지
56

필자
이진희
(李進熙, 1929~2012)

키워드
지문날인, 지문날인
거부운동, 외국인등록령,
차별철폐, 국제인권규약

해제자
서정완

해제자 소개

서정완 한림대학교 일본학연구소, 사업단장
김웅기 한림대학교 일본학연구소, HK교수
전성곤 한림대학교 일본학연구소, HK교수
김현아 한림대학교 일본학연구소, HK연구교수
석주희 (전) 한림대학교 일본학연구소, HK연구교수
임성숙 한림대학교 일본학연구소, HK연구교수

한림대학교 일본학연구소 일본학자료총서 II
〈계간 삼천리〉 시리즈

계간 **삼천리** 해제집 *6*

초판 인쇄 2020년 12월 20일
초판 발행 2020년 12월 30일

해   제 | 한림대학교 일본학연구소
펴 낸 이 | 하운근
펴 낸 곳 | 學古房

주   소 | 경기도 고양시 덕양구 통일로 140 삼송테크노밸리 A동 B224
전   화 | (02)353-9908 편집부(02)356-9903
팩   스 | (02)6959-8234
홈페이지 | www.hakgobang.co.kr
전자우편 | hakgobang@naver.com, hakgobang@chol.com
등록번호 | 제311-1994-000001호

ISBN 979-11-6586-126-1 94910
      978-89-6071-900-2 (세트)

값 16,000원

■ 파본은 교환해 드립니다.